Pour Stacey Kain Sweeney
Elle avance en beauté…

UN ÉTÉ
PAS COMME
LES AUTRES

Du même auteur

Aussi profond que l'océan
Calmann-Lévy, 1998
Pocket, 1999

Plus que tout au monde
Calmann-Lévy, 2000
Pocket, 2002

L'Enfant des autres
Belfond, 2003
Pocket, 2005

Tant de choses à vous dire
Éditions des Deux Terres, 2004
Pocket, 2006

Douze fois chéri
Éditions des Deux Terres, 2005
Le Livre de Poche, 2007

Comme des étoiles filantes
Éditions des Deux Terres, 2007
Le Livre de Poche, 2009

JACQUELYN MITCHARD

UN ÉTÉ
PAS COMME
LES AUTRES

roman

TRADUIT DE L'ANGLAIS (ÉTATS-UNIS)
PAR MARIANNE BERTRAND

ÉDITIONS DES 2 TERRES

Titre original :
Still Summer

Éditeur original :
Warner Books, Hachette Book Group USA, New York

© Jacquelyn Mitchard, 2007
ISBN original : 978-0-446-57876-9

Pour la traduction française :
© Éditions des Deux Terres, avril 2009

ISBN : 978-2-84893-061-9

www.les-deux-terres.com

Quand vous étiez au loin, en mer,
De quelles pensées fus-je prisonnière !
Souvent assise, des heures durant,
Par les longues nuits de mauvais temps
Seule, j'ai veillé, cherchant des yeux
La lune pâle dans les cieux.

Emily Brontë
« Faith and despondency »

REMERCIEMENTS

Ceci est une œuvre de fiction. L'auteure n'est ni marin ni géographe, et je suis bien consciente que certains des événements décrits dans cet ouvrage ne se seraient peut-être pas exactement déroulés comme dans un monde imaginaire. Toutes les libertés prises sont de mon fait. Pour leur empressement à faire en sorte que cette histoire ait l'air plausible à défaut d'être véridique, tous mes remerciements vont à Lenny et Michelle Amato, couple marié et talentueux cocapitaines du voilier *Opus*. Je dois également un grand *Mahalo* pour son aide à Patricia Kesling-Wood ainsi qu'à plusieurs de mes étudiants de la Maui Writers Conference de 2005. Les élèves nous élèvent, sachez-le ! J'aimerais remercier Stephanie Ramirez qui a bien voulu partager avec moi ses connaissances en espagnol, et Clarice Dewey pour son aide, d'une manière générale. Mes partenaires durant mon voyage de recherches – ma cousine Janis, mes amies Karen et Pamela – se sont avérées d'une compagnie inestimable. Je remercie Camille, jeune et ravissante cinéaste française, qui m'a gentiment autorisée à m'inspirer de son prénom et de son physique. Gratitude éternelle à la Ragdale Foundation de Lake Forest, Illinois, où l'essentiel du premier jet de ce livre a été écrit en octobre 2005, et tout particulièrement à Susan Tillett et sa formidable équipe de « sœurs en écriture », qui ont encouragé le moindre de mes progrès. À Jamie Raab et son équipe dévouée chez Warner Books, une ovation pour les remercier d'avoir parié sur moi et d'avoir surveillé les progrès du livre depuis le début. À mon agent et amie de toujours, Jane Gelfman, ma chérie adorée. À tous ceux qui m'acceptent toujours – miraculeusement – comme je suis, mes remerciements et mes sentiments dévoués. À mes enfants, pardonnez-moi de vous avoir dérobé le temps nécessaire pour écrire. Encore un mot pour la véritable Tracy Kyle, devenue personnage principal lors d'une vente aux enchères organisée pour lever des fonds pour la recherche sur la sclérose en plaques, mais qui a demandé que ce livre évoque plutôt sa belle-sœur bien-aimée Tunice et ses enfants, Kyle et Katie ; c'est chose faite. Si cette histoire traite de quelque chose, c'est bien du comportement de chacun dans l'épreuve ; et Tunice Kyle a vécu élégamment jusqu'à sa mort. Ce livre est dédié à sa mémoire.

PREMIER JOUR

Les trois hommes eurent terminé avant la tombée de la nuit. Il fallait appliquer la peinture rapidement, et c'était difficile. Ensuite, ils se reposèrent en fumant dans le crépuscule naissant, adossés à un énorme rocher. Le petit bateau était une *yola*. Ils l'avaient repérée dansant sur l'eau près d'une île, attachée à une bouée dans le port naturel que formait le rapprochement de deux petites langues de terre, et l'avaient halée sur le rivage. Ils avaient recouvert d'épaisses couches de noir son bleu-gris pâle d'origine, ainsi que son nom, *Bonita*, et les chiffres blancs de son immatriculation. Ils avaient passé une couche plus mince sur les feux. En mer, même s'ils devaient un jour naviguer feux allumés pour éviter quelque récif, ce barbouillage rendrait les lumières floues et changeantes ; et permettrait peut-être qu'on les prenne pour une curiosité marine phosphorescente. Il ne leur restait plus qu'à remplacer le moteur par celui, plus puissant, qu'on leur avait déposé la veille sous une tente de toile dissimulée par des branches et des broussailles. Les deux hommes les plus âgés vivaient depuis plus de quarante ans dans le même village de

Saint-Domingue. Le plus jeune, un Américain de vingt ans à peine, ne saisissait que quelques mots de ce qu'ils disaient. Il aurait pu parler couramment depuis le temps, mais préférait ne pas le faire. Il comprit tout de même que « la mer finit toujours par céder son poisson », entre autres choses. Il identifia les mots « temps » et « soupe ». Ces types étaient pour lui « Ernesto » et « Carlo » ; mais il soupçonnait ces noms de ne pas être les vrais. Pour ce genre de travail, les hommes passaient chaque année quelques semaines au Honduras, chez des gens dont on leur avait indiqué les noms. Il s'agissait à chaque fois de personnes différentes, de cousins de relations qui connaissaient ces types sous d'autres noms. Chaque fois qu'ils faisaient halte quelque part pour manger ou se reposer, ils croisaient d'autres hommes sans nom. Il semblait y avoir une quantité infinie de gens prêts à se défaire de leur nom et de leurs souvenirs pour cinquante dollars américains. Il ne les avait rencontrés qu'une seule fois auparavant. À l'époque, ils le dégoûtaient. Ils le terrifiaient à présent. Il espérait bien ne plus jamais les revoir.

Le jeune homme aspira la fumée suave, renversa la tête en arrière et songea à sa sœur. La dernière fois qu'il l'avait vue, elle avait sept ans, elle était déguisée pour Halloween en cheval de manège, une tenue fabriquée par leur mère avec des collants noirs et du papier mâché. Il se souvenait que son père avait dit que lui n'avait pas besoin d'un déguisement pour avoir l'air d'un monstre. Sa mère avait pris sa défense dans un réflexe protecteur tout naturel. Mais le jeune homme était conscient de lui avoir fait honte, à elle aussi, tandis que son frère, encore au lycée, lui faisait honneur. Lui n'avait même pas terminé le lycée. Son frère rapportait à la maison bonnes notes et trophées. Ses propres expériences en matière de drogue et d'ivrognerie avaient failli lui valoir la prison et coûté pas mal d'argent à son père, sans parler, pire encore, de ce que ce dernier pouvait éprouver au sein de son cercle d'amis fortunés. Le jeune homme n'aimait pas le sport. Après avoir passé l'âge des parties de base-ball au parc, il s'était tourné vers des activités plus tranquilles. Si c'était égal à sa mère, son père, en revanche, le considérait comme velléitaire. Les beaux gaillards avec leur grande gueule et leurs discours extrêmes le mettaient mal à l'aise, lui faisaient presque peur. Il ne ressemblait pas aux fils des amis de son père. Ceux-là étaient partis depuis longtemps pour l'université de Brown ou celle de l'État du Michigan. Un jour, son frère intégrerait lui aussi une bonne fac. Et pourtant, son frère l'aimait. Et sa mère ne l'aimait pas moins qu'elle n'aimait son frère. Elle pensait qu'il sortirait des chemins dans lesquels il s'était égaré malgré lui.

Il lui arrivait de le croire, lui aussi.

Il en était là de ses réflexions quand Ernesto suggéra en aparté à Carlo d'offrir une taffe de ce qu'ils fumaient au propriétaire de la *Bonita*. Carlo s'en amusa tellement qu'il tomba délibérément à la renverse, riant comme seul un homme servile peut le faire, comme un chien faisant le beau pour son maître. Carlo était stupide, ce qui ne le rendait pas moins dangereux qu'Ernesto aux yeux du jeune homme.

Le propriétaire de la petite *yola* était assis à distance, le dos calé contre un gros rocher lui aussi. Il n'émit aucun commentaire sur la proposition d'Ernesto pour la bonne raison qu'il était mort.

Tel un héron d'une espèce rare arraché à son milieu naturel, Olivia Montefalco fit une entrée royale dans la chaleur et le vacarme de l'aéroport international O'Hare. Bien qu'on soit en juin, elle portait un tailleur de laine blanche, des sandales blanches à talon haut et d'immenses lunettes de soleil serties de petits diamants. Tous ceux qui la croisaient étaient certains de l'avoir déjà vue quelque part, en photo dans un magazine, peut-être ? Et reculaient pour la laisser passer. Pour la grand-mère qui se hâtait de retrouver sa fille afin d'attraper le Sunjet à destination de Las Vegas, Olivia était cette actrice, vous savez, celle qui jouait dans ce film qui racontait l'histoire de cette artiste qui avait un petit ami fantôme… C'était un joli film, n'était tout ce sexe, sexe, sexe. Elle avait les cheveux courts, comme Olivia. Un pilote qui sautait d'une navette d'hôtel – de façon un peu trop athlétique, mais destinée à impressionner le personnel navigant, espérait-il – eut la certitude d'avoir eu cette femme à bord d'un charter qu'il avait emmené un jour en Crète. Contrairement à la grand-mère parieuse, il avait raison.

Inconsciente des regards que braquaient sur elle ses compagnons de voyage et les fumeurs matinaux hagards, Olivia se jucha sur la pointe des pieds pour balayer les rangées de limousines, de véhicules utilitaires et de voitures de police. Où était l'énorme engin que conduisait Tracy ? La dernière fois qu'elle l'avait vu, il était rempli jusqu'au toit par Cammie et une douzaine de ses coéquipières de football, jacassant toutes comme des pies dans une odeur de chaussettes sales. Olivia n'en revenait pas que Tracy parvienne à travailler à plein temps, cuisiner pour Jim, rendre visite à ses parents, écrire des lettres et entraîner *en plus* l'équipe de foot. Peut-être avait-elle une autre voiture, maintenant que Cammie était grande.

Deux porteurs traînaient à la suite d'Olivia, telle une paire de bœufs s'échinant à pousser les édifices chancelants de valises turquoise Henk van de Meene. Elle leur fourra dans les mains des liasses de dollars froissés et les gratifia d'un sourire si lumineux qu'ils eurent le sentiment d'avoir reçu davantage qu'un pourboire. Olivia avait expédié par bateau la plus grande partie de ses affaires, mais les petites choses indispensables qui la consolaient après ces vingt années passées en Italie voyageaient avec elle, dans quatorze bagages assortis.

Olivia se mordit les lèvres – geste qui, lorsqu'elle était mariée à Franco, était assuré de lui valoir sous peu quelque bijou – et se demanda si Tracy l'avait oubliée. Olivia n'avait pas écrit depuis des mois, pas depuis le déferlement de coups de fil et de propositions d'aide de Tracy pendant la maladie de Franco. Peut-être avait-elle mérité de se retrouver abandonnée à l'aéroport ? Mais c'était le genre de questions sur lesquelles Olivia évitait de s'attarder.

D'une main sûre, sa cousine Janis dans le fauteuil passager, Tracy manœuvrait son énorme fourgon au niveau des arrivées.

– La voilà ! C'est Olivia ! Derrière ces valises incroyables ! s'écria Holly Solvig depuis la banquette arrière. Je me demande combien ça peut coûter, un excédent pareil ! Jamais vu personne avec autant de bagages !

– Tu l'as déjà dit, répliqua sèchement Janis.

Tracy protesta gentiment :

– Jan, Hols. Allez… Si c'est vraiment Olivia, vous savez comment elle est. Vous savez bien qu'elle a de l'argent. Ce que j'espère, c'est que je ne me suis trompée ni de compagnie aérienne ni de jour.

Olivia n'était rentrée aux États-Unis que deux fois en vingt ans, l'une à l'occasion du mariage de son frère, l'autre pour l'enterrement de son père. Chaque fois que Holly et Tracy étaient venues la chercher, les retrouvailles s'étaient déroulées de la même façon : Olivia changeait complètement d'apparence, comme d'autres changeraient de vernis à ongles. Mais dans la mesure où Holly et Tracy Kyle restaient toujours les mêmes, Olivia ne manquait jamais de les reconnaître ; et elle n'y manqua pas ce jour-là.

– Je t'avais bien dit que c'était elle, Trace, redit Holly d'un ton triomphant. Regarde, elle nous a vues ! Elle nous fait le salut des Parraines.

Tracy jeta un coup d'œil derrière elle et faillit emboutir une Saab. C'était leur signe de reconnaissance, le *y* du langage des signes, petit doigt et pouce tendus.

– Regarde-moi ces lunettes. On dirait la mère de Mario SanGiaccamo à la piscine du country-club en 1970 ! Elle est westbrookienne à mort ! Maintenant, il va nous falloir une demi-heure pour faire le tour et la récupérer !

Holly se sentit ridicule, à quarante-deux ans, de faire le signe du *y* par la lunette d'une camionnette. Elle essaya de rectifier le tir en faisant d'autres signes glanés au cours des années qu'elle avait passées à l'hôpital, ceux pour « pas vrai » et « parlez-moi », de façon à ce que les passants croient qu'elle s'adressait réellement à un malentendant.

– Pas possible ! s'écria Janis à son tour. Qui que soit cette femme, elle a au moins dix ans de moins que nous !

Aussitôt, comme répondant à un starter, les trois femmes cherchèrent discrètement un support réfléchissant dans la voiture pour entreprendre le genre d'inventaire auquel on procède avant l'achat d'un maillot de bain. Chacune brodait mentalement sur le même thème : si cette femme était vraiment leur vieille copine, alors son apparence relevait plus de la magie que de la chirurgie.

– Mais c'est trop elle ! insista Holly qui, à genoux sur la banquette pour regarder par la lunette, retombait dans le langage adolescent. C'est Olivia Seno, la duchesse Monte-falco…

– La comtesse, la corrigea Tracy. Et ça fait huit ans que tu ne l'as pas vue, Hols.

– Le comte de Monte Crisco si tu veux, pour ce que j'en ai à fiche, dit Holly. Tout ce que je sais, c'est qu'elle aimerait bien que tu fasses marche arrière !

Tracy freina brutalement et, aidée de la toute-puissance de General Motors et sous les cris de Holly (« Il y a une femme gravement malade là-bas ! On doit lui porter secours ! Dégagez ! »), recula sa fourgonnette en direction d'Olivia, au milieu d'une horde de véhicules qui protestaient avec véhémence. Olivia bondit et grimaça de joie. Les gens sourirent avec divers degrés d'audace. L'aspect rutilant d'Olivia, qui avait l'air d'une publicité vantant les bienfaits de l'acide folique, leur faisait tous prendre conscience de leurs aisselles transpirantes et de leurs cheveux de jeudi matin, de leurs pantalons de yoga pour Jan et Tracy, et de ses jeans coupés dans le cas de Holly, si moulants qu'elle se serait luxé le pouce en essayant de glisser la main dans sa poche.

Vingt-cinq ans auparavant, elles étaient toutes les quatre inséparables, une véritable unité de combat en bas résille noirs sous l'uniforme scolaire en tissu écossais bleu marine, blouson en simili cuir de chez J.C. Penney jeté par-dessus l'épaule. Fausses innocentes, elles avaient arpenté les couloirs du lycée Sainte-Ursule en mâchant du chewing-gum et lâchant des vannes. Coriaces, mais n'ayant jamais balancé le moindre coup de poing, elles la jouaient hors-la-loi mais n'avaient jamais manqué un couvre-feu. Vingt-cinq ans auparavant, elles s'étaient baptisées les Parraines (en hommage au film de Coppola que tout le monde avait vu au moins dix fois). Holly, qui à la différence des autres n'avait pas une goutte de sang italien, avait même dû teindre ses cheveux, naturellement filasse, couleur chapeau-de-sorcière, et en adopter la texture. En classe de seconde, elles avaient hissé un soutien-gorge bonnet E en haut du mât. Du troisième étage, en plein cours de maths, elles avaient regardé sœur Mary Vincent se démener contre le vent de mars pour le redescendre, sans pour autant que le drapeau de l'ordre et celui des États-Unis ne touchent terre, tout ça parce que le concierge, un débonnaire nommé Vili, était trop gêné pour s'en charger lui-même. En première, une fois Janis et Tracy munies de leur permis de conduire et de l'autorisation d'emprunter la Bonneville de leur grand-père le samedi soir, elles étaient passées chez *Benny's Beef* ramasser des malins du lycée de Fenton, des petits durs à cuire. Elles avaient garé la voiture sur le parking réservé aux livraisons derrière le terrain de golf : quatre couples pour deux banquettes en cuir. Par défi, elles avaient bu du whisky chapardé par Janis dans le bar du grill de son père, assises sur la tombe d'Alphonse Capone au cimetière des Saints-Innocents. En terminale, elles avaient peint à la bombe sur la place de stationnement du proviseur : « *C'est nous qui faisons trembler les murs de Sainte-Ursule !* » Juste avant de quitter le lycée, Olivia tomba follement amoureuse d'un étudiant de Loyola et Tracy se retrouva couverte d'urticaire, à s'en lacérer les bras, accablée qu'elle était sous le poids de ses devoirs de fin de trimestre ajoutés à ceux d'Olivia, en anglais comme en cours de civilisation. Sur ce, le garçon de Loyola tomba amoureux d'Anna Kruchenko, et une semaine avant le bal de fin d'année, Olivia se servit des ciseaux du cours d'arts plastiques pour couper la tresse d'Anna, longue de cinquante centimètres.

Une semaine après le bal, la mère d'Olivia subit une hystérectomie. Tandis que les femmes adultes évoquaient à mots couverts et inquiétants un « carcinome », Olivia vint habiter un mois chez Tracy, durant lequel elle perdit neuf kilos, creusant ses joues sous les pommettes qui encadraient ses yeux immenses. À l'époque, les filles portaient du 38, du 40 et du 42 – pas du 36 ou du 34. L'extrême maigreur n'avait pas encore été érigée en norme. Mais la beauté spectrale d'Olivia poussa les garçons à se battre pour elle comme des élans en rut, parfois jusque sur le trottoir devant chez Tracy. Et même si Livy ne s'était quasiment plus jamais autorisée à être autrement que concave, elle avoua à Tracy qu'elle avait fait le vœu sacré de ne manger que du pain si sa mère s'en sortait, fourrant chaque soir les petits pois et les côtelettes de porc dans sa serviette. C'étaient les seules fois où Tracy avait vu Olivia pleurer. Elle n'avait même pas pleuré à l'hôpital, à Florence.

Leur mère supérieure, mère Bernard, avait été obligée d'expliquer à ses jeunes sœurs (il y avait encore des jeunes nonnes à cette époque, encore qu'un peu moins chaque année) qu'il y a deux sortes de mauvaises filles. La première est dépourvue de l'ADN qui fait mal tourner, et l'autre pas. Les Parraines appartenaient à la première catégorie. Elles finiraient enseignantes, mères, ou exerceraient un métier. Peut-être même que l'une d'elles aurait la vocation.

Les jeunes nonnes priaient pour que, le cas échéant, elle se fasse bénédictine et se cloître pour le restant de ses jours.

Sauf pour ce qui était de cette vocation, mère Bernard avait vu parfaitement juste. Holly était infirmière, et mère de jumeaux. Janis était restée au foyer jusqu'à ce que ses deux filles entrent au collège et commençait juste à restructurer son entreprise d'événementiel qu'elle gérait de chez elle. Tracy donnait des cours de gym au gymnase où elle avait appris à jouer au basket. Et Olivia ! Olivia avait fait de sa personne quelque chose d'exceptionnel, même si elle ne le devait qu'à son apparence et à la chance. Quand elles parlaient d'Olivia, c'était toujours Holly qui faisait remarquer qu'Olivia n'avait pas découvert la poudre : elle n'avait fait que se marier.

Et en dépit des protestations de Holly, c'était vrai : les vies des autres avaient été découpées dans un patron unique – différant seulement en ce que l'une avait choisi des manches courtes, et une autre un col échancré.

Toutes avaient grandi à Westbrook, sensationnelle banlieue branchée de Chicago, que Holly avait un jour qualifiée de ville sans âme.

Leurs parents étaient tous de récents immigrants de la côte ouest, ne possédant rien d'autre que le cran des ouvriers et les meilleures intentions du monde pour leurs enfants. Le père de Janis avait monté le *Grub Steak* et entrepris la création d'un club de golf avant même que les autres pères de famille de la ville (lui compris) aient réussi à bâtir leur église. Toutes les filles prenaient le bus scolaire jusqu'à la ville voisine de Belleview pour aller à Sainte-Ursule, et les garçons jusqu'à Parkview pour étudier à Fenton. Une école primaire fut construite à Westbrook dès la deuxième année de l'absorption de la ville. Mais personne n'aurait envisagé autre chose qu'une école confessionnelle pour son ou ses enfants.

Le père de Janis et celui de Tracy étaient frères et avaient épousé des cousines. Des six enfants des deux familles, Janis et Tracy étaient les seules filles et furent littéralement élevées comme des sœurs. Les huit petits-enfants Loccario fêtaient toujours leurs anniversaires dans le restaurant de Tony, le *Grub Steak*. Après leur avoir servi un Martini, celui-ci évoquait le temps où il n'y avait ni centres commerciaux ni cafés à Westbrook, qui n'était guère qu'une petite agglomération perdue dans une plaine désolée, où l'on n'entendait que les gémissements et les grondements des trains de marchandises qui faisaient s'entrechoquer la porcelaine dans tous les vaisseliers, et les hululements perplexes des chouettes perchées sur les bulldozers. Il y avait des feux de brousse et des rats musqués. Janis disait toujours que Grand-Père essayait de faire croire aux enfants qu'ils avaient été pionniers dans le Nord-Dakota.

L'heure venue, Tracy partit pour Champaign avec une bourse de basket-ball. Janis alla à l'institut universitaire de Triton, où elle s'essaya vaguement au marketing, ainsi qu'à tous les garçons dans un rayon de trente kilomètres. Janis était tellement charmante avec ses épais cheveux auburn coupés à la diable et son popotin aguicheur que Tracy avait du mal à croire qu'elles aient un patrimoine génétique commun. Janis se joua tant et si bien de Dave qu'à l'école dentaire, il finit par faire des avances à une camarade de cours délurée.

Janis lui avait rapidement accordé sa main, mais, à la différence de Tracy, n'avait pas renoncé à son nom de famille. De son côté, Olivia avait fait d'une idylle-de-troisième-année-à-l'étranger un véritable roman. Même la fin en avait été tragique à souhait, d'où le triste retour de Livy au pays natal.

– Il va falloir qu'elle s'asseye sur mes genoux si on doit faire tenir tout son bazar là-dedans, rouspéta Holly tandis qu'Olivia s'attelait à l'immense tâche consistant à superviser le chargement de ses bagages. *Mettez ça là – non, non, pas celle-là, il y a du verre dedans – au-dessus, là, c'est ça...*

– En tout cas, tu la sentiras pas, dit Janis. À ton avis, elle pèse combien, quarante-cinq kilos ?

– Mais *pourquoi* est-ce qu'il faut qu'on l'emmène, *elle*, en croisière ? demanda Holly à mi-voix.

Comme seule aurait pu le faire une enseignante, Tracy fusilla Holly du regard. Elle murmura :

– Parce qu'elle est veuve, et parce qu'on l'aime, et parce que pour ta gouverne, c'est elle qui a tout payé à part les billets d'avion ! Sois gentille !

C'était la loyauté de Tracy, et non la majesté d'Olivia, qui inspirait pareille dévotion, ce qui agaçait prodigieusement Holly. Elle avait toujours été de loin l'amie la plus attentionnée, celle qui n'oubliait jamais d'écrire à Tracy quand cette dernière était à la fac dans le sud de l'État, celle qui avait été la voir jouer, et perdre, les quarts de finale de l'État, qui avait accueilli la petite Cammie chez elle avec un tour de lit et dessus de lit assorti smockés à la main, celle qui ne ratait jamais un anniversaire et qui aidait Tracy à recevoir à l'occasion des fêtes de Noël. Et pourtant rien n'était trop beau pour Olivia. Si Holly comprenait, elle avait du mal à s'y faire…

La fille de Tracy, Cammie, dirait plus tard que sans leur propension, à *toutes* – exception faite de Holly –, à se comporter en obligées d'Olivia et de ses largesses, les choses se seraient peut-être passées différemment. Des vies auraient pu suivre leur cours, sans grande inspiration sans doute, mais indemnes.

Mais pour l'heure, tandis qu'elles sortaient toutes trois de la voiture pour étreindre Olivia d'un même élan, les années se refermèrent sur elles, resserrant le lien. Elles étaient à nouveau au complet. Seuls importaient la tendresse indéracinable et le trop-plein de souvenirs qu'elles partageaient.

– Vous pouvez croire que je viens de me taper neuf heures dans un avion et que je vais m'en taper neuf de plus dans l'autre sens demain ? demanda Olivia. Tout ça pour une bande de maboules comme vous ?

– C'est de l'italien ? demanda Holly.

– *Maboula*, rétorqua Olivia.

– Mais t'es une jet-setteuse, lança Janis. Autrefois tu prenais l'avion pour faire deux jours de shopping à Paris.

– L'Europe est minuscule ; la mer, immense, répondit Olivia.

– Tu as toujours été d'une grande profondeur, dit Holly avec un grand sourire.

Et, piaffant, elles s'étreignirent de plus belle.

DEUXIÈME JOUR

Pendant les courtes pauses entre deux croisières, Lenny rentrait chez lui retrouver les siens.

C'était parfaitement normal. Lenny était le capitaine, et Michel, qui arborait également ce titre auprès des clients, savait bien que son grade était purement fictif. Michel ne faisait que travailler pour acheter sa moitié des parts de l'*Opus*. Et il avait encore du chemin à faire.

Lenny sauterait à bord du camion qui devait le récupérer au port et le mener dans une prairie située aux portes de la ville de Charlotte Amalie. Il y avait là-bas un pré et une piste poussiéreuse qui conduisait à une maison de quatre pièces, faite de stuc et de vent, meublée pour l'essentiel de tapis en sisal, et de matelas et d'oreillers garnis de balles de blé noir. Les seules choses que n'aurait pu emporter une forte brise étaient le mobilier de salle à manger en ébène massive, cadeau de mariage, et l'amour qui unissait Lenny, quarante-six ans, et sa femme polynésienne de vingt-six ans, Meherio.

Après avoir quitté la marine, été maître charpentier au

Colorado, dresseur de chevaux, et sur la fin, skipper d'un bateau de plongée, Lenny avait épousé la première femme qu'il ait aimée véritablement. Au regard de Michel, Lenny avait pris son temps. Mais il avait rattrapé les années perdues. En ce coin d'amours passagères sous les lampions, Lenny avait désormais ce à quoi aspirent tous les hommes : un travail, un amour, un enfant.

Et il avait Michel, un associé qui aurait comblé n'importe quel ancien solitaire. Lenny avait confiance en Michel. Même si ce dernier manquait d'expérience, son instinct était sûr.

Juste avant que l'ouvrier chargé des pompes arrive pour vidanger les tinettes, Michel accepta de bonne grâce les quatre billets de cent dollars que lui pressaient dans la main leurs clients débarquant, un plongeur militaire à la retraite, sa femme et leurs deux fils adultes. Tout en hissant leurs bagages, il espéra qu'ils ne s'attarderaient pas pour bavarder.

Il y avait tellement à faire.

Il savait que son intuition était mince comparée à celle de Lenny – quant à la probabilité qu'une voile se déchire, par exemple, à un endroit et un moment précis. La reprise sur la grand-voile de l'*Opus* n'était pas plus longue que l'ongle de Michel, mais Lenny l'avait repérée et consolidée. Une voile neuve coûterait *grosso modo* ce que rapportaient deux croisières de quatre personnes, vingt mille dollars. Pour tout ce qui touchait à l'*Opus*, Lenny était aussi sensible et vigilant aux moindres bruit et mouvement qu'une mère avec un nouveau-né. Même s'ils prenaient un risque, Lenny était certain que le temps continuerait à dérouler des belles journées dorées et des nuits chaudes et étoilées. Michel, lui, savait que juin pouvait être traître, et que des tempêtes surgissaient parfois des profondeurs nocturnes. Pour autant, les six mille dollars supplémentaires que payait la femme qui voulait ces dates seraient les bienvenus. Ils les aideraient à passer l'hiver. Lenny et Meherio iraient à Trinidad, où Lenny travaillerait pendant cinq mois comme moniteur de plongée sous-marine. Michel donnerait un coup de main à Quinn Reilly en le remplaçant au pub quand Quinn effectuerait son pèlerinage annuel en

Irlande pour voir sa mère et son père âgés de quatre-vingt-dix ans. Michel logerait au-dessus du bar dans une chambre spartiate. Chaque penny mis de côté les rapprocherait du jour où le bateau deviendrait leur propriété et non plus celle de la Bank of America.

C'est donc avec détermination, et une certaine résignation, que Michel noua un bandana et s'attaqua au bateau, crasseux et souillé après une semaine d'occupation et de promiscuité. C'était chaque fois un rappel peu ragoûtant du bon temps qu'on y avait passé : odeurs, taches, cheveux et ordures. Et encore, ça pouvait aller. La maintenance qu'il effectuait n'était rien à côté de ce que Lenny avait fait tout seul pour restaurer l'*Opus*. L'épave, abandonnée par ses propriétaires d'un certain âge après un incendie au large de Tortola, avait été remorquée jusqu'à Saint Thomas par un bateau de sauvetage. Deux journées à bord du canot pneumatique avec une radio portable et une simple bouteille de deux litres de Coca light avaient eu raison de l'enthousiasme du couple pour la vie de marin. Lenny avait récupéré le bateau pour un dollar symbolique.

Tout en remplissant des sacs-poubelles, Michel observait Lenny qui, incapable de patienter, sautait par-dessus le bastingage et pataugeait pour rejoindre Meherio qui l'attendait au parking. Elle avait attaché un paréo mandarine et violet avec un anneau en or sous ses seins. On aurait dit des poires bronzées. Elle portait leur bébé – un petit garçon – sur la hanche, dans une écharpe. La sœur de Meherio, propriétaire de l'un des taxis locaux, l'avait conduite jusqu'au débarcadère. À moins que Meherio fût impassible au lit ou qu'elle ne se lavât jamais les pieds, il paraissait impossible à Michel qu'on puisse vivre avec une femme aussi rayonnante et en apparence imperturbable sans succomber à l'idolâtrie.

Il eut une pensée pour l'Australienne qui vendait des opales dans l'atelier situé entre le bar de Reilly et le marché en plein air. Elle était blonde et bien roulée, avec une tendance irritante à fredonner des thèmes de comédies musicales, y compris pendant l'amour. Même si elle lui offrait son corps de façon exubérante, elle prenait garde à ce qu'il ne laisse aucune empreinte sur son cœur. Cela blessait Michel, car si lui ne l'aimait pas, il aurait voulu qu'elle l'aime.

Il secoua la tête pour ne pas penser aux retrouvailles de Meherio et Lenny et chasser les images de ces prochaines heures, et entreprit d'ouvrir les fenêtres des cabines pour les aérer.

Il contrôla le niveau des batteries, testa la radio, s'assura que le fond de cale était sec, vérifia les flotteurs et veilla à ce que les conserves et les batteries soient en bon état, rangea les cartes pour la prochaine traversée dans une pochette étanche zippée sur le bureau de Lenny dans le cockpit, alluma toutes les lampes, les éteignit et remplaça quelques ampoules grillées, serra le foc d'un coup sec et rangea les voiles, fit le plein d'eau douce. Ils n'avaient presque rien utilisé cette dernière traversée, la femme du plongeur militaire ne désirant rien d'autre qu'aller dîner au restaurant tous les soirs et se balader entre Saint John et Saint Thomas avec leurs filets à provision. Ils referaient le plein de carburant à Soper's Hole, c'était inutile maintenant. Il inspecta le gréement et les drisses à la recherche d'effilochures, ainsi que la ligne de mouillage. Puis il entreprit de récurer – les sols, les toilettes, les banquettes puis, avec des chiffons propres, le dessus de la cuisinière, le réfrigérateur, le four et enfin le profond salon triangulaire, entièrement meublé de bel érable. Il ramassa ses sacs-poubelles et sauta à quai pour les jeter, passa l'aspirateur et brossa les coussins rembourrés, défit les lits et enleva le linge de table pour tout donner à laver à Meherio.

Chaque fois qu'il nettoyait l'*Opus*, il s'émerveillait en se rappelant que cette créature étincelante et magnifique, un trimaran de seize mètres doté de coques aussi gracieuses que les ailes d'un archange, avait été autrefois une épave couverte de concrétions. Lenny n'avait lésiné sur rien, payant de sa sueur et, plus tard, des travaux de couture de Meherio, ce qu'il avait pu récupérer de mieux sur d'autres épaves. Le cockpit et la descente étaient en teck et en cuivre. Les vitres étaient gravées de notes de musique. Les cabines doubles offraient de véritables petites chambres, pas des simples lits superposés de sous-marin. À la rigueur, ils pouvaient faire dormir un invité de petite taille, un enfant en quête d'aventure par exemple, dans l'un des flotteurs – les deux coques sur les côtés –, sans même avoir à empiéter sur la partie que Lenny avait, dans le premier, séparée par une cloison pour y entreposer sa malle de secours, et dans l'autre ses conserves. Lenny avait optimisé la lumière et l'espace. Même la couchette de Michel, plus petite, et celle de Lenny, à l'arrière, pouvaient être réunies pour former une belle suite. Par bon vent, l'*Opus* faisait facilement huit nœuds, volant telle une mouette. Michel l'avait déjà vue en filer onze, quand ils étaient seuls à bord.

Michel et Lenny s'étaient rencontrés alors qu'ils travaillaient sur le même gros bateau de plongée. Un jour qu'ils surveillaient les corps des plongeurs de toutes formes et de toutes tailles, brûlés par le soleil, en train de barboter dans l'eau trouble, ils avaient fait en même temps la même remarque : que ce spectacle leur évoquait le naufrage du *Titanic*. Les jours suivants, ils avaient appris à se connaître et à s'estimer mutuellement. Michel enviait à Lenny son talent inné pour ce métier, un sens surnaturel de ce qui pouvait surgir de derrière un rocher, l'instinct qui l'avertissait de l'imminence d'un grain qu'aucun radar n'aurait pu détecter. Lenny, lui, appréciait chez Michel son infinie patience avec les imbéciles. Il possédait le don de savoir ce dont les gens avaient besoin avant qu'eux-mêmes aient compris pourquoi ils étaient aussi contrariés que des bébés affamés : qu'il s'agisse d'une plaisanterie, d'un compliment, d'un en-cas, d'un mot d'encouragement, ou simplement qu'on les rassure. Il pouvait dissuader gentiment un frimeur de rital de plonger tout seul, quand Lenny devait s'éloigner de ce crétin présomptueux pour ne pas perdre son calme. Il était capable de renoncer à choyer l'Allemand le plus outrageusement fortuné, et de rester cordial sans tomber dans l'obséquiosité. En fin de journée, les poches de Michel étaient gonflées de pourboires. Avant même que l'*Opus* soit en état de naviguer, Lenny avait demandé à Michel s'il envisagerait de se lancer dans l'aventure avec lui. Et parmi ses nombreux amis et connaissances, c'est Michel qu'il avait choisi un an plus tard pour être témoin à son mariage.

Michel fit un rapide inventaire des batteries et des winches, des douzaines de petits anneaux susceptibles de céder, des manilles et des taquets sur le point de lâcher, de tout ce qui pouvait se fêler, se détendre ou casser, après quoi il s'assit pour faire la liste des provisions.

Il achèterait de quoi manger et en profiterait pour faire provision de ragots auprès de ses amis. Il prendrait une bière avec Quinn Reilly, le propriétaire du *Reilly's, bar irlandais et droguerie* sur Rosalia Street, tout en prêtant l'oreille aux lamentations du tenancier au sujet de la fille dont il essayait d'obtenir les faveurs (dans plus d'un sens du terme) au détriment de son rival qui possédait l'autre bar irlandais de Charlotte Amalie, *L'Homme tranquille*. Il convaincrait la boulangère, Marie, de lui rafraîchir les cheveux en échange de l'histoire excitante des deux frères qui s'étaient saoulés et poignardés sur leur voilier de location. Il avait entendu dire que Avery Ben, le bijoutier qui avait réalisé un bracelet en titane et en perles pour le cinquantième anniversaire de sa mère, avait vendu une bague, sa plus belle pièce, à une petite femme de Dallas qui pourtant semblait ne pas avoir les moyens de s'offrir une paire de lunettes de soleil. Elle n'avait même pas marchandé, alors qu'Avery aurait été prêt à descendre de quarante à trente mille dollars ! Abel, le rémouleur, venait d'apprendre qu'il était grand-père, cadeau de sa fille, une beauté qui vivait en Arizona.

À eux tous, ils formaient sa famille d'adoption. Ils gardaient pour lui le sac dans lequel il conservait la montre à gousset de son grand-père, ses livres et ses photos, les lettres de sa mère. Ils pensaient à lui quand il s'absentait.

Parmi les immigrants de l'île, Michel n'était pas un cas isolé.

On disait de ceux qui quittaient leur lieu de naissance

pour vivre la dure vie de marins qu'ils avaient été soit désirés, soit rejetés.

Michel appartenait à la seconde catégorie.

Descendant indigne d'une famille prospère exportant des vêtements chic de créateurs français depuis Montréal, il n'avait pas fini ses études secondaires, avait fait un temps, et comme beaucoup, le DJ, refusé d'entrer à l'université, et cédé sa place à son frère Jean dans l'élégante entreprise Eugène-Martin. Michel acceptait sans fierté la somme que son père lui envoyait tous les six mois. Elle couvrait presque, mais pas en totalité, ses besoins essentiels.

Peu de chose séparait le vagabond de l'homme établi. Et il espérait bien franchir ce pas un jour.

Il n'avait pas sombré dans la drogue ou la crasse comme Asa, le jeune Américain aux parents dix fois millionnaires. Derrière son étal ambulant, les yeux vides et les mains propres, Asa vendait des sorbets et il était destiné à faire la même chose jusqu'à un âge avancé. Michel prenait des risques, mais également soin de lui-même. Il assistait à la messe quand il était à quai et se rendait chez son médecin tous les six mois. S'il devait mettre de l'argent de côté pour aller chez le dentiste, il le faisait. Il prenait l'avion pour rentrer chez lui à chaque Noël.

Il s'arrêterait d'abord chez Reilly : il comptait sur leur vieille amitié pour obtenir de lui un service. Les amitiés s'usaient vite sur ces îles salées, où tant de gens ne séjournaient que brièvement. En pénétrant dans la taverne éternellement plongée dans l'obscurité, Michel héla Quinn :

– Il va falloir que tu m'ouvres la réserve. J'ai besoin d'ouvre-boîtes. Le dernier qu'on avait a rouillé.

– C'est toi qui l'as laissé rouiller, ou Lenny ? demanda Quinn. Il est au courant ?

Michel baissa les yeux et Quinn hocha la tête avec indulgence. Ils n'auraient certainement pas l'occasion d'ouvrir les boîtes de conserve ou d'éventrer les emballages des rations lyophilisées prêtes à l'emploi que Lenny s'obstinait à acheter, parce que « ça nourrissait bien pour pas cher » ; mais Lenny serait furieux s'il apprenait qu'il ne restait qu'un ouvre-boîte en état de marche à bord de l'*Opus* et que Michel n'avait pas entretenu les autres, stockés depuis trop longtemps. L'air scintillant rongeait tout.

Comme c'était son jour de congé, Quinn en était à sa cinquième pinte alors qu'il n'était pas midi, et il insista pour que Michel revienne le lendemain matin. Michel lui parla de leur croisière : quatre Américaines, amies d'enfance, une traversée de Saint Thomas à Grenade, carte blanche pour les escales et pas besoin de mouiller sans cesse pour des babioles. Ces dames s'occuperaient toutes seules – liraient, prendraient le soleil, papoteraient. Lui et Len proposeraient à l'occasion une plongée ou une histoire, un jeu de société ou un film les soirs de pluie. Il n'y aurait ni jeunes mariés en pleine guerre postnuptiale ni adolescents râleurs.

Michel salua Quinn et lui dit d'escompter son retour d'ici quelques semaines, à peu près. En sortant du pub, il entreprit de se frayer un chemin dans Rosalia Street, puis de traverser le marché pour déboucher sur Center Cove Street, où il chargea adroitement des caisses de bouteilles d'eau minérale et de vin à l'arrière de la vieille Dodge rouillée de Lenny. Il se surprit à espérer qu'avec quatre Américaines, il y aurait moyen de s'amuser un peu. Depuis trois mois, il avait mis sa bonhomie naturelle au service de jeunes mariés qui faisaient tanguer le bateau avec leurs gémissements et leurs querelles ; de familles qui auraient mieux fait de se démembrer ; et même de six Petits Guides ou Scouts, peu importe comment on les appelait aux États-Unis, qui n'arrêtaient pas de se chamailler. Il avait ri en tombant sur les notes de Lenny dans le journal de bord qu'ils tenaient de façon sommaire : « *Beau temps, bonne navigation. Hôtes bruyants.* »

Michel jeta un coup d'œil sur sa liste.

« *Cocktails et petites ombrelles* », avait inscrit Bridget, l'organisatrice des croisières. En quantité. Pour amuser Michel, elle avait dessiné un petit croquis représentant une dame en bikini avec un verre de Martini aussi grand qu'elle. L'une de ces dames, Tracy, était végétarienne et mangeait du poisson à l'occasion. Toutes buvaient du café. Pas d'allergies absurdes aux œufs, au blé ou aux cacahuètes. Michel s'adossa au capot du pick-up et ajouta des liqueurs à la liste habituelle, ainsi qu'un bon rhum bien fort, un Barbancourt blanc de Haïti, des vins australiens, des fruits de mer et du poulet. Il ne manquait aucune épice. Demain matin, il achèterait les produits frais à l'ouverture du marché, œufs, pain, légumes, juste de quoi tenir les deux ou trois premiers jours. Ils n'allaient pas faire le plein maintenant pour toute la traversée, mais trouveraient d'autres magasins à Saint John : Lenny était intraitable sur la qualité. C'est lui qui établirait les menus, cuirait des petits pains à la cannelle, préparerait d'impeccables œufs Bénédicte, pocherait de la lotte dans de la citronnelle, émincerait des légumes pour le gaspacho, braiserait du bœuf cubain avec des bananes plantain. Il veillerait à ce qu'on ne manque jamais de boissons agréablement acidulées, noyées dans la glace pilée. Michel raconterait des blagues et organiserait les plongées, se mettrait torse nu pour border les drisses, que ça ait l'air difficile et permette aux bourgeoises de se rincer un peu l'œil.

L'une des femmes était une plongeuse confirmée.

Une autre se disait prête à essayer.

Dix bouteilles plus le compresseur, ça suffirait. Largement.

Il ne devait pas oublier l'ouvre-boîte. Et il ne restait plus beaucoup de beurre de cacahuètes. Il prit note.

Michel passa chercher le linge de lit chez Meherio.

Ce soir, à l'heure où ces dames s'installeraient dans leurs chambres à *L'Iguane d'or*, Michel aurait joué avec Anthony, le bébé de Lenny, téléphoné à sa mère, passé une heure dans le lit de l'Australienne, tout apporté et rangé à bord, à l'exception des produits frais et du pain, et se serait jeté sur sa couchette pour y dormir douze merveilleuses heures d'affilée.

Après avoir fait les lits, lu une page de Tom Wolfe et s'être laissé gagner par le sommeil, Michel espéra que les maillots de bain des dames ne comporteraient pas de jupette. Ça l'agaçait prodigieusement. Les Américaines étaient trop grosses en général, mais Michel préférait celles qui l'assumaient à celles qui essayaient de le cacher.

– On a réfléchi, dit Cammie en faisant un grand pas dans la pièce pour s'affaler sur le matelas en mousse du lit de ses parents. On s'est dit qu'on pourrait prendre un semestre de vacances et voyager.

Tracy ignora sa fille, tout en remarquant que son short taille basse, coupé dans un minimum de jersey gris, affichait sur les fesses le mot MAUI en lettres presque aussi hautes que le short lui-même. Tracy se promit de pincer sa cousine Janis quand elle la retrouverait d'ici quelques heures, pour la remercier d'avoir rapporté ce short d'un colloque dentaire.

– Trent et moi. On n'a pas vraiment de plan fixe pour le moment. Mais Kenny viendrait peut-être avec nous. Et on n'irait que dans des endroits sûrs. Des pays *civilisés*. Irlande, Écosse, pays de Galles, France, Inde.

L'Inde, songea Tracy. Des rues grouillantes de monde, des bébés émaciés, des rats énormes et protégés paradant dans tous les coins, des rivières paresseuses remplies de cendres et d'excréments. Elle se mordit la langue en se disant qu'elle n'avait qu'une envie : s'en aller d'ici.

– On pensait… continuait Cammie.

– Hmmm, murmura Tracy.

Kenny, diminutif de Kendra, était une fille ; elle partageait la chambre de Cammie à l'université du Minnesota. Elles s'étaient connues à Westbrook. Kenny jouait au volley-ball dans l'équipe du lycée public contre celle de Cammie à Sainte-Ursule.

Tracy avait déjà entendu la chanson. L'été qui avait suivi la terminale, Cammie et Kenny avaient décidé de traverser l'Europe sac au dos, comme l'avait fait Jim « dans le bon vieux temps ». Ç'avait été facile de mettre le veto sur ce coup-là. Cammie n'aurait dix-huit ans qu'au début du mois de mai : il n'était pas question qu'elle parte seule à l'étranger. Mais si Tracy devait dire aujourd'hui ce qu'elle pensait du projet réactualisé – qui était que les temps avaient changé depuis « le bon vieux temps », que les voyageurs qui se promenaient sac au dos n'étaient plus perçus comme de charmants et naïfs vagabonds (si ç'avait jamais été le cas), mais comme des proies –, Cammie s'engouffrerait dans la brèche. Elle serra donc les dents et continua à rouler ses vêtements de coton, tels des bébés emmaillotés miniatures, et à les ranger au fond de son sac marin. Par la fenêtre ouverte, des cris d'enfants en train de jouer chez les voisins dans une piscine gonflable mirent en alerte son oreille d'enseignante avertie. Elle entendit bientôt la voix sourde d'une mère. Mmm, pensa-t-elle, en mettant de côté un débardeur bleu pervenche qui n'avait qu'un an. « N'apportez aucun vêtement que vous regretteriez de voir s'abîm er » était-il recommandé dans les instructions relatives aux bagages. Cammie poussa un profond soupir et se retourna sur le dos : le piercing de son nombril nargua Tracy comme un poignard dégainé.

Kendra était une gentille fille, avec les pieds sur terre. Tracy était certaine que ses parents ne savaient rien de tout ça.

Quant à Trent, c'était encore autre chose.

Ils n'avaient rencontré Trent que deux fois en six mois, depuis que Cammie et lui sortaient ensemble ; Tracy l'avait notamment invité pour le déjeuner de Pâques.

Il s'était comporté comme un malotru.

Il avait monopolisé la conversation, s'était resservi trois fois de tout ce qui était à sa portée, avant de repartir tôt pour l'*egg roll* annuel organisé par ses grands-parents sur leur pelouse de Lake Geneva. (« Grand-Père a instauré ça à l'époque où il était sénateur, aujourd'hui c'est surtout pour les pitchounes, mais on est bien obligés de faire acte de présence ! ») Il n'y avait eu aucun mot *en particulier* pour suggérer que Trent se considérait, tout comme ses cousins, comme l'équivalent des Kennedy pour l'Illinois. C'était juste évident. Ils n'arrivaient pas à savoir s'il était gentil, ou simplement bien habillé et joli garçon. On aurait dit un Viking. Tracy comprenait l'importance de l'attrait purement hormonal. Mais quand Tracy demandait des nouvelles de Trent à l'occasion des coups de fil hebdomadaires qu'elle passait à Cammie – qui rappelait parfois, et souvent à onze heures du soir –, tout ce que sa fille lui répondait, c'était : « Ça va. »

En fait, c'est tout ce qu'elle répondait quel que soit le sujet.

Jim et Tracy s'accordaient à penser qu'il serait déraisonnable de leur part d'éprouver au bout de quatre-vingt-dix minutes de conversation une telle aversion pour un gamin inoffensif. C'est juste qu'il était tellement... délibérément patricien. Jim rencontrait chaque semaine des types qui devaient ressembler au père de Trent – des types qui se faisaient construire des résidences tertiaires, qui construisaient des lotissements entiers de résidences tertiaires pour d'autres types dans leur genre. Et Jim aurait toujours autant de mal à se retenir de les détester viscéralement. Tracy ne nourrissait pas de sentiments aussi exacerbés. Mais le gosse était prétentieux. La famille de Trent habitait dans ce qu'il appelait avec désinvolture « les taudis de Kenilworth », ville où des avocats de vingt-cinq ans gagnaient deux fois le revenu annuel cumulé de Jim et Tracy. La précédente petite amie de Trent, qui avait conçu une nouvelle selle de bicyclette pour femmes, était déjà millionnaire. Le père de Trent avait gagné tellement d'argent à la Bourse qu'il avait pris sa retraite à cinquante ans pour jouer au polo. Trent portait ses mocassins sans chaussettes.

– Je suis peut-être dingue, Trace, avait dit Jim à sa femme, mais je crois que ce petit con joue au pauvre avec Cammie. À mon avis... il doit voir en elle la pépette des bas quartiers. Enfin... Seigneur, le *polo* !

Tracy contempla le stupide piercing du nombril de Cammie en songeant : Qu'est-ce que j'en ai à faire ? Pourquoi se laissait-elle contaminer par le mépris que lui manifestait son exquise enfant ? Pourquoi les tentatives évidentes – et même maladroites – de Cammie pour faire sortir Tracy de ses gonds réussissaient-elles immanquablement ? Était-ce parce que Camille ressemblait encore à l'oiseau exotique que Tracy avait dégagé, avec des mains aussi malhabiles que si elles avaient été gantées de maniques, d'un tissu de mensonges pour la nourrir au compte-gouttes ? Était-ce parce qu'il n'avait fallu que deux petits mois d'université – jusqu'à Thanksgiving – pour que son ruban vif et virevoltant de fille devienne cuir à aiguiser, et que ça n'avait fait que se détériorer depuis ? Tracy parvenait à prendre les choses avec philosophie. Mais lorsque Cam se pelotonnait nonchalamment au creux du bras de son père (alors qu'elle se raidissait quand Tracy l'étreignait), ça faisait mal. C'est tout ce qu'il y avait à dire.

J'ai juste envie de partir, pensa-t-elle. Qu'elle aille en Inde, tiens.

Tout était pour le mieux. Tracy inspira profondément pour se rasséréner.

Cammie venait d'avoir *dix-neuf ans*. La plupart des filles se rebellaient au moins trois ans plus tôt. Tracy avait de la *chance*. Leur amitié mère-fille avait duré longtemps. Elles avaient emmagasiné des souvenirs qui leur permettraient un jour de rire de cette époque détestable. Cammie se calmerait avec le temps. Quand elle aurait des enfants à son tour. C'est ce que disaient les gens. Si Cammie changeait d'avis aussi souvent que de vêtements, c'était normal. Si elle aspirait à ouvrir la porte de sa cage construite avec amour, qu'elle le fasse. La femme qui partageait son bureau à l'école avait une fille qui sniffait de la coke. Une autre, de son groupe de lecture, avait un fils qui avait passé deux années entières à fabriquer minutieusement des bulletins trimestriels sur son ordinateur, émis par une université où il n'avait jamais mis les pieds. Cammie avait un avenir, une vie sociale relativement agitée et modérément alcoolisée : Tracy se réjouissait de ne pas en savoir davantage. Tout cela était normal. Et parfaitement injuste.

Tracy tira la fermeture à glissière de son sac à moitié vide.

– Tu veux déjeuner ? demanda-t-elle à Cammie. Je vais faire une salade…

– T'as rien à redire ? Même pas une connerie ? Tu m'écoutais, au moins ?

– Je t'écoutais, Cam. Ne jure pas. Je t'en prie, ne jure pas.

– Papa a voyagé dans le monde entier avant votre mariage. Il n'aurait jamais pu faire ça s'il ne l'avait pas fait jeune. Et je suis dix fois plus dégourdie que ne l'était Papa.

– Sans doute, dit Tracy tout en se faisant la réflexion que Cammie était aussi dégourdie qu'un cornichon dans un bocal. Tracy, *elle*, avait eu une jeunesse plus délurée que son enfant. Cammie avait été élevée avec autant de précautions qu'une orchidée rare.

– Mais tu n'as pas vingt ans, non plus.

– Pourquoi est-ce que je perds mon temps avec toi ? soupira Cammie. Les parents de Kenny lui font confiance, eux.

– On te fait confiance.

– Ouais, c'est ça.

– C'est dans les autres qu'on n'a pas confiance.

Tracy sentit le frisson de triomphe qui parcourait Cammie. Elle avait obtenu une réaction de sa mère.

– Ça te fatigue pas de dire toujours ça ? demanda Cammie.

En réalité, si, pensa Tracy, j'en ai assez de répéter ça. Elle changea de tactique.

– Et tu as mis de l'argent de côté pour ce…

– Tu sais, on n'aurait pas besoin de grand-chose, dit Cammie. Quelques chemises, une jupe pour visiter les églises, des lunettes de soleil et des foulards, un pull et un blouson genre K-Way, une bonne paire de chaussures de marche…

Tracy faisait mentalement le compte : deux cents, trois cents, quatre cents dollars. Et tout ça, sans compter les soutiens-gorge et autres sous-vêtements. Mais qui peut bien en avoir besoin ?

– Je parle d'argent *en cas de problème*, dit-elle à Cammie.

– J'ai ma carte de crédit.

– Tu as une carte de crédit à ton nom, débitée sur celle de ton père.

– Tu vas encore trouver autre chose pour me pourrir ? Ça va, j'aurai essayé. La discussion est terminée.

Parce que ça ressemblait à une discussion ? pensa Tracy. Mais elle ne put s'empêcher de demander :

– Et pour l'assurance, Cam ? Et si tu tombes malade dans un de ces pays civilisés au point qu'on doive t'hospitaliser ? Et si par hasard notre assurance maladie arrête de te couvrir si tu interromps tes études plus d'un an, ne serait-ce qu'une minute de plus ?

– Un an ? Mais t'es sourde ? Est-ce que j'ai parlé d'un an ? Ou d'un *semestre* ? Oublie, M'man. Je t'en ai parlé… par pure politesse. Si j'ai envie, je le fais. Pourquoi tu piétines toujours tout jusqu'à en retirer le fun ?

– Cam, personne n'a envie de voir son enfant arrêter les cours. À t'entendre, on croirait que tu es en prison. Tu aimes les cours. Tu as toujours aimé ça.

– C'est une prison, rétorqua Camille. Et peut-être que, euh, je ne suis plus « comme avant ». Je trouve que les trois quarts de ce qu'on apprend, c'est de la vraie merde.

– Ne jure pas, dit Tracy de façon automatique.

– Oh putain, M'man. C'est pas vraiment un gros mot, « merde » !

Tracy sentit un battement significatif au niveau de ses tempes.

– Et ton boulot, ça se passe comment ?

– J'adore travailler avec Papa, répondit Cammie de mauvaise grâce. Et j'adore même mon casque de chantier.

– Et tu n'as pas envie de faire la même chose que ton père ?

Camille croqua l'ongle de son pouce.

– Si, un jour.

– Dans ce cas…

– Dans ce cas, quoi ? Seigneur, je ne suis pas en train de t'annoncer que je veux aller vivre dans un ashram. Et je ne suis pas en train de me faire la belle avec Trent ! Tu crois vraiment que j'ai envie de finir comme toi, avec un bébé à vingt ans ?

Camille la narguait, et ses yeux obsidienne brillaient de jubilation. Les yeux magnifiques de Cammie étaient si sombres quand elle était tout bébé que le pédiatre avait du mal à distinguer l'iris de sa pupille.

– Retourne à tes bagages, M'man. Désolée d'avoir parlé de ça. Je pensais qu'on pouvait discuter.

– Cammie, supplia Tracy, on peut discuter. C'est juste que je t'imagine… en train de pleurer dans une rue glacée d'Édimbourg ou de Dehli… abandonnée par… je ne sais pas qui.

– On laisse tomber. Allez ! Je supporte pas quand tu cherches à me culpabiliser.

– Très bien, je suis désolée. Tu as essayé de me parler et je t'ai sermonnée…

– Tu crois ? Tu passes ton temps à me dire : « Parle-moi, Cammie, parle-moi. Comment ça se passe en cours, Cammie ? Quoi de neuf, Cammie ? Est-ce que tu suis bien en arts graphiques, Cammie ? » Continue à plier tes affaires. Tu plies super bien. Non mais regarde-moi ces… bermudas.

– Ce ne sont pas des bermudas, répondit Tracy avec une patience à toute épreuve. Ce sont des shorts longs tout ce qu'il y a de plus normaux.

– Ils sont en tissu écossais bleu et mauve, M'man ! Je parie que t'as un polo mauve assorti.

C'était exact, Tracy en avait un.

– Il n'y en a qu'un seul écossais. Les autres sont unis. J'ai un jean. Un imperméable. Deux maillots de bain, échancrés dans le dos mais pas devant.

– T'auras des fesses énormes dans ce short. Alors qu'elles le sont pas. Pourquoi tu l'as acheté ?

– Parce que tu sais quoi, chérie ? Je m'en fiche. Je vais faire de la voile avec mes amies, et je ne me pose pas la question de savoir qui va regarder mes fesses.

– Si tu t'en fiches, pourquoi tu fais soixante kilomètres par jour sur un tapis de jogging ?

– C'est cardiovasculaire. Pour que tu ne me tues pas avant l'heure, répondit Tracy en s'asseyant sur le lit et en souriant à Camille, qui se leva aussitôt.

Tracy se demanda si Cammie se rendait compte que sa mère allait ressasser leur altercation pendant des jours. Cammie l'aurait oubliée d'ici ce soir.

Tracy se demanda ensuite si Trent n'était pour elle qu'un petit chéri sur place, élu par commodité. Ou était-ce le premier amour, ce coup au plexus, cette infection dans l'âme, avec son espèce d'éblouissement voluptueux pour effet secondaire ? Cammie était-elle devenue la reine de la pipe ? Trent était-il son premier amant ? Jim avait été le premier pour Tracy, l'été qui avait suivi la terminale. Et en dehors de deux aventures malheureuses à l'université de Champaign, il était aussi le dernier. Les yeux de Tracy se posèrent sur le derrière indigné de sa ravissante fille, qui quittait la pièce. Cammie lui lança un regard théâtral par-dessus l'épaule. Son menton carré était adouci par des lèvres pour lesquelles certains seraient prêts de nos jours à payer pour les faire copier par des plasticiens. Elle avait des mollets joliment galbés, un sublime ventre de mannequin, et de longs, longs cheveux noirs aux reflets bleus sous le soleil. Elle était tellement absorbée par sa sortie hautaine qu'elle manqua trébucher sur ses tongs à la semelle haute de dix centimètres – « garanties » bannir la cellulite pour la modique somme de 29,95 $.

Quel garçon ne la désirerait rien qu'à la voir ?

Cammie était néanmoins une fille intelligente. Elle avait déjà décidé de faire des études d'ingénieur, ce dont Jim lui était presque anormalement reconnaissant. Il avait passé des heures à stimuler la moitié gauche du cerveau de l'aînée de ses enfants avec des jeux mathématiques, des puzzles en bois compliqués, en démontant et remontant des postes de téléphone. Il s'était vanté auprès de son propre père de ce que sa fille était capable de réparer un moteur comme d'autres filles se nattaient les cheveux. (Cela n'avait pas impressionné Grand-Père.) C'était peut-être, ironiquement, la raison pour laquelle Tracy se plaisait à croire que Ted, élève de première, tenait de sa mère son amour pour toutes les activités physiques ou de plein air.

Comme je dois paraître terne à ma fille, pensa Tracy tout en se rendant à la cuisine où elle se mit à laver et couper la salade et les tomates. Aurait-elle pu se montrer si grossière avec sa propre mère ? Inconcevable. Si insensible aux émotions de sa

mère ? Impensable. Durant sa deuxième année de fac, exactement à l'âge qu'avait Camille aujourd'hui, Tracy avait dû subir
un avortement, du moins dans le principe. Ce n'était même
pas un choix personnel. Jim et elle s'étaient doublement protégés, sans savoir que ça augmentait les risques plutôt que de
les réduire. Et ils se seraient mariés sur-le-champ s'ils l'avaient
pu : ils s'étaient mariés l'année suivante. Mais la grossesse était
extra-utérine, et l'opération, assez lourde, avait compromis sa
fertilité. Toute seule à l'hôpital, avec Jim comme unique
réconfort, dans l'impossibilité d'évoquer son intervention avec
ses proches, soulagée au moins de n'être plus mineure et de
ne pas avoir eu besoin d'une autorisation parentale, Tracy
avait souffert et pleuré l'enfant perdu. Pour autant, elle
n'aurait pas plus parlé à sa mère de l'opération qu'elle ne lui
aurait proposé d'y assister. Sa mère n'avait même jamais vu la
cicatrice de Tracy : elle ne l'avait pas vue nue depuis ses onze
ans. Si Cammie avait dû se faire avorter, s'imaginait Tracy, elle
serait revenue *en courant* de l'université du Minnesota pour tor-
turer Tracy un peu plus encore avec cet événement.

Certes, Tracy et sa mère avaient davantage de choses en
commun. Et moins.

À peine plus âgée que Cammie, Tracy était mariée et mère
– tout comme sa propre mère, à vingt et un ans, était mariée
et avait déjà donné naissance au petit frère de Tracy, Edward.
Ainsi qu'elle l'avait expliqué un jour tranquillement à Tracy,
quand celle-ci lui avait fait part de sa décision de passer quatre
ans à l'université : « De mon temps, les filles de mon milieu
prenaient des cours de sténodactylo. » Elle avait été visiblement très soulagée quand Jim et Tracy s'étaient mariés. Et
Tracy savait parfaitement pourquoi. Sa mère craignait que
Tracy – timide comme elle était avec son mètre quatre-vingts
et ses épaules aussi larges que celles de Jim – termine ses
jours selon le bon vieux cliché de la prof de gym robuste et
vieille fille, de l'entraîneuse de basket-ball en tailleur polyes-
ter et talons plats, à la sexualité ambivalente, arborant une
permanente compacte et participant à des voyages organisés
en car dans la Napa Valley.

Mais même si elles portaient sur la vie un regard différent, Tracy n'avait jamais affronté ni abreuvé d'insultes sa mère, n'avait jamais quitté la maison comme une furie sans revenir pendant deux jours, n'avait jamais arraché ses rideaux aux petits pois en relief faits main pour les remplacer par des panneaux de velours noir mités et trop longs pour les fenêtres, ni roulé sa couette au tissu percé d'œillets et déniché à la place un dessus de lit qu'on aurait dit tricoté avec des tampons à récurer. De frustration, Cammie pouvait raccrocher au nez de Tracy à la moindre observation. Au bout de deux jours, juste quand les torrents de larmes de Tracy s'étaient enfin taris, elle rappelait toute gaie pour présenter des excuses et faire la description enthousiasmée d'une robe bustier trouvée dans une boutique d'occasion. Elle avait annoncé sa décision de se mettre à fumer, parce que les Françaises le faisaient sans mourir jeunes pour autant. Pris de panique, Tracy et Jim avaient discuté pendant des heures du moyen de lui faire entendre raison en jouant sur sa vanité. Mais avant qu'elle ait trouvé le temps d'envoyer la lettre détaillée rédigée par un ami médecin sur le vieillissement de la peau que provoquait le tabac, Cammie avait annoncé avec un soupir qu'au bout de trois semaines, elle avait arrêté de fumer : ses cheveux puaient la clope.

Cammie avait toujours été comme ça, un peu comme un train sur un chemin de fer escarpé, une timide avancée, suivie d'un recul vertigineux.

Mais aujourd'hui, son dégoût de tout ce qui venait de Tracy s'élargissait à Ted, autrefois non seulement son petit frère adoré, mais aussi son meilleur copain. Et ça semblait terriblement injuste. Ted était un fils à sa maman, disait Cammie dans son dos. Elle pouvait à peine dissimuler son mépris quand son frère déposait un petit baiser rapide sur les cheveux de sa mère en partant pour son entraînement de base-ball. Tracy se rappelait encore la petite fille qui grimpait dans son lit tous les matins avec des petits gémissements attendrissants, léchait le bout du nez de Tracy en le nommant « le petit chiot à sa maman ». Au point où on en était, ces souvenirs n'étaient plus que des silhouettes de papier par centaines.

– La salade est prête, cria-t-elle à l'attention de Cammie.

Lorsque Cammie entra avec humeur dans la pièce, Tracy dit :

– Je suis sûrement la personne la plus terne du monde, Cam. Mais quelque part, je le fais exprès.

Elle sentit Cammie s'arrêter pour l'écouter.

– La plupart des gens passent leur temps à rêver leur vie plutôt qu'à la goûter. Alors je m'efforce de ne pas trop en attendre, et du coup je suis souvent étonnée du bonheur que me procurent les petites choses. Regarde tante Olivia, elle a toujours vécu des tas d'aventures. Chacune plus extraordinaire que la précédente. Et j'ai l'impression qu'elle n'a jamais cessé de s'ennuyer.

Cammie rétorqua :

– Au moins elle a toujours été sexy. C'est une vraie Européenne sexy. C'est pas elle qui porterait un short écossais.

Elles rirent toutes les deux malgré elles.

– T'as jamais fait quelque chose de dingue, M'man ? implora Cammie. Même pas un jour ? T'as bien dû connaître dix minutes de passion à vingt ans. Tu as épousé Papa. Tu m'as eue.

– J'ai *essayé* de t'avoir, répondit Tracy – qui pensait : Si, j'ai fait la folle. J'étais une tête brûlée… dans mon genre –. Et avoir le droit de tomber enceinte, au lieu de le redouter comme les autres filles, m'a probablement permis d'apprécier le sexe plus qu'une autre. J'étais mariée. Alors, ouais, j'étais libre. Et qui a dit que je n'appréciais plus le sexe ?

– Stop, je veux rien savoir, dit Cammie.

Mais au bout d'un instant, et sur un autre ton, elle ajouta :

– Écoute, je sais que t'aimes pas que je sois grossière. Mais t'as pas arrêté de me chercher. Enfin bref. T'as essayé de m'avoir. C'est ce que tu viens de dire. Mais t'as pas pu. M'avoir.

Cam évoquait rarement son adoption. Pourquoi maintenant ?, songea Tracy.

– Non, je n'ai pas pu, répondit Tracy tout en songeant : C'est maintenant ou jamais. L'occasion rêvée de tout dire. Sois honnête. C'est elle qui le demande. Et elle lit dans mon cœur comme si elle avait un véritable scan dans les yeux ; elle l'a toujours fait.

Mais ce n'était pas le genre de conversation que Tracy souhaitait engager avant de partir dix jours. L'occasion passa.

– Tu sais, ma petite, aujourd'hui encore, je ne voudrais pas que les choses se soient passées autrement. Je ne voudrais pas d'un autre enfant que toi. Tu sais, ça ?

Le sourire aussi éblouissant qu'inattendu de Cammie enchanta Tracy. Elle aimait donc toujours qu'on l'aime.

Battant en retraite, Tracy retourna dans sa chambre pour vérifier bêtement si elle n'avait pas oublié quelque chose – ses lunettes de lecture. Ah, elle les avait autour du cou, accrochées à son collier de perles.

Elle entendit Cammie entamer le rituel matinal de l'été avec ses innombrables coups de fil assourdis. (Jim était au travail, mais peu lui importait l'heure à laquelle arrivait Camille. Si même elle venait tout court. Il la payait de toute façon.) Le soleil dessinait des pointillés sur les joues – soigneusement cirées – des lutins gravés dans le noyer de la tête de lit qui avait autrefois appartenu à la grand-mère allemande de Jim. Tracy l'avait huilé et poli la veille, avant d'aller chercher Livy. Elle appréciait l'ordre dans une maison, même quand elle devait en partir.

Le téléphone sonna.

– Pour toi ! cria Cammie du bas de l'escalier.

Jim refusait d'avoir un poste dans leur chambre, et Tracy dut se pencher au-dessus de la balustrade pour attraper le sans-fil que lui lançait Cammie.

– … a une hernie, disait sa cousine.

Cela ressemblait bien à Janis, en effet, même si sa voix était anormalement étouffée ; et elle parlait de toute évidence dans un portable en couvrant le micro de sa main.

– Dave ? demanda Tracy. Tout ça parce qu'on part en voyage ? Ça lui colle une hernie ?

– Je veux dire qu'il a une *vraie* hernie. Il est plié en deux On est à Sainte-Anne.

Tracy poussa un soupir. Le mari de sa cousine était l'homme le plus généreux du monde comme le plus grand bébé. Il n'avait pas cessé de geindre depuis que Janis avait annoncé qu'elle partait faire une croisière *seule* avec ses amies. Une idée diabolique vint la chatouiller : c'était du chiqué. Tracy répondit d'un ton résolu :

– Dis-lui de se remettre. Ce n'est que pour dix jours. Emma et Alexandra sont grandes. Elles peuvent s'occuper de leur père. Et tante Tess habite à cinq minutes.

– Je ne peux pas, dit Janis. C'est soit ça, soit une appendicite. Et dire que mes bagages sont bouclés, et moi prête à m'enfiler des cocktails avec petite ombrelle et à me faire rôtir au soleil...

– Ne me dis pas que tu ne viens pas ! Jan, il a une mère et deux grandes filles ! Arrête. La mère de Dave court deux fois plus que moi !

Jan gardait le silence. Puis elle demanda :

– Tu laisserais Jim s'il devait se faire opérer ?

Tracy réfléchit.

– Oui, dit-elle. Sauf si ses jours étaient en danger. Jim peut se prendre en charge.

– Eh ben, pas Dave, gémit Jan. Je suis vraiment désolée, chérie. Maintenant qu'il sait que je vais rester, il me dit de partir ! Mais il m'en voudrait... jusqu'à mon dernier jour. Ça ne vaut pas le coup !

– Mais qu'est-ce qu'on va faire alors ? On ne peut pas se faire rembourser !

– Demande à Kathy. C'est quoi son nom déjà ? Celle de ton groupe de lecture. Si t'arrives à l'aéroport avec une lettre du médecin, ils changeront...

– Je ne pourrais jamais passer dix jours dans un espace confiné avec Kathy ! Même pas dix heures. Il lui faut son fer à friser et son masque pour dormir. Elle ne fait pas la différence entre une écrevisse et une saucisse.

– Ça promet de vraies vagues, au moins ! Ne fais pas

comme si je n'avais pas envie de partir… Je suis désolée… (Tracy entendit Janis changer d'interlocuteur un instant.) Non, je parle à ma cousine… Oui, je suis désolée, je vais raccrocher. (La voix de Janis baissa d'un ton.) On n'a pas le droit d'utiliser de portable ici. Il faut que je l'accompagne aux analyses maintenant…

– C'était pour nous, pour nous quatre ! Pour Olivia !

– Je peux pas, je peux pas, je peux pas ! murmura Janis avant de raccrocher.

Tracy jeta le téléphone par terre. La batterie s'éjecta.

La journée était déjà foutue et il était à peine midi. Là, on avait un problème ! Quelle journée longtemps guettée tenait jamais véritablement ses promesses ? Ces billets avaient coûté une fortune ! Olivia ne pouvait voyager qu'en première, et même si ça n'avait pas été catastrophique pour Tracy et Jim, il avait malgré tout fallu faire un effort. Jim mettait chaque cent de côté dans l'espoir de monter son propre cabinet d'ici un an ou deux. Mais plus encore, un billet perdu contrarierait le tempérament rigoureux de Tracy, jetant une ombre sur tout le voyage. Janis paierait le billet. Mais ce n'était pas la question. L'équipage avait tout préparé pour recevoir quatre personnes.

Une minute. Elle envisagea une autre solution un instant, avant de l'écarter. Camille *savait* plonger : elle avait appris à neuf ans, quand elle avait rendu visite à la mère de Tracy en Floride. Elle avait plongé au Mexique avec des amies – une semaine, pour compenser le tour du monde projeté. Comment pourrait-elle présenter ça à Cammie ?

J'imagine que tu n'aurais pas envie de partir en croisière avec tes marraines et moi ?

J'ai une surprise pour toi, Cammie !

Cammie, ça te dirait de voir les îles Vierges, de lâcher ton boulot un moment ?

Mais avait-elle seulement envie que Cammie vienne ?

Oui, c'était une occasion de se rapprocher. Mais également un risque de se retrouver coincée sur un bateau avec une gamine capable de se mettre à bouder aussi soudainement qu'une enfant de six ans.

C'était discutable. Si l'idée venait de Tracy, Camille réagirait d'un renâclement de mépris surgi du plus profond d'elle-même. D'ailleurs, elle était déjà sur le départ. Tracy l'entendait s'agiter, elle entendait ses clés cliqueter.

– Cam, attends, appela Tracy. C'était tante Jan. Elle ne peut pas partir. Oncle David...

– J'ai entendu, dit Camille. Si seulement je pouvais quitter mon boulot. J'adorerais voir les îles. Comme s'il y avait une chance que tu me laisses venir...

En état de choc, Tracy suggéra lentement :

– Tu pourrais voir ça avec ton père. En fait, il se trouve que ça m'a bel et bien traversé l'esprit. Tu aimes beaucoup tante Holly.

– Il compte sur moi, M'man.

Tracy songea avec dépit que Cammie n'aurait pas hésité longtemps avant de laisser tomber sa mère si elle avait travaillé, comme elle l'avait souvent fait, pour le camp d'été de Sainte U. Cammie se serait défilée à la vitesse de la lumière.

– Je dois pouvoir en parler avec lui, poursuivait Cammie. J'allais juste partir au bureau, mais j'ai oublié de vérifier mes e-mails. Je vais commencer par ça. Laisse-moi y réfléchir. Ça me ferait chier de laisser tomber Papa.

– C'est tout à ton honneur, Cam. Je ne le voudrais pas non plus.

Tracy retomba brutalement sur le lit. Elle se sentait soudain abrutie de sommeil. Elle pouvait à peine garder les yeux ouverts. Elles étaient censées partir pour l'aéroport dans six heures et atterrir à Saint Thomas après minuit. Il fallait qu'elle se secoue. Merde ! Elle pouvait tout de même s'accorder vingt minutes. Une sieste de récupération, pour laquelle Jim gardait un oreiller et une couverture d'avion dans le tiroir inférieur de son classeur. Jim avait l'habitude de dire qu'un bon somme de dix minutes suivi d'un grand café lui redonnait des heures de punch.

Jim était le genre d'homme à se servir encore de mots comme « punch ».

Tracy se réveilla, aussi désorientée dans le temps que dans la réalité. L'histoire semblait s'être réorganisée pendant son sommeil.

Camille était allongée près d'elle, pas simplement sur le lit, mais du côté de Tracy, pour être plus proche de sa mère. On aurait dit de sa chevelure noire une plante grimpante étalée sur le lin blanc comme neige, qui fit naître dans l'esprit de Tracy des images de contes de fées et de princesses endormies à tout jamais. Tracy ignorait combien de temps elle avait dormi. Mais la pendule sur sa coiffeuse, de façon inexplicable, indiquait 14 heures. Jim serait là dans une heure. Cammie s'était allongée à ses côtés et, de toute évidence, comme sa mère, avait sombré comme un chat au soleil. Presque sans bouger, Tracy examina rapidement sa fille de pied en cap. Camille avait enfilé un bas de survêt' rose du lycée et un tee-shirt trop grand ayant autrefois appartenu à Ted. Tenue de déprime. Elle s'était frotté les yeux à en avoir les pommettes rouges.

Si Cam était là, c'est qu'il y avait une raison. Tracy la secoua par l'épaule.

– Je dois me lever et me préparer, que se passe-t-il, Cam ?

– Rien.

Cammie fit mine de bâiller. Elle ne dormait pas. Elle s'était comportée exactement comme Tracy quand elle avait trop le cafard : refuser de voir, oblitérer ses pensées en s'efforçant de perdre conscience.

– Allez, la poussa Tracy. Je dois bientôt y aller.

– Eh ben, t'as plus besoin de t'inquiéter, répondit Cammie d'une petite voix acide. Je prends plus de semestre de vacances. Je retourne en cours.

– Comment ? Bien. Mais pourquoi ?

– Ben, je suis allée vérifier mes e-mails…

– Et…

– Et là, Trent me dit que ça n'a rien à voir avec moi, bla bla, que je suis parfaite, bla bla, que s'il était deux personnes à la fois et pouvait vivre deux vies, bla bla…

– Ça ne sera pas pire si tu craches le morceau, Cam.

– Il est retourné avec sa blonde et riche salope Marie-couche-toi-là de son country-club, M'man ! Et ça ne date pas d'aujourd'hui ! Ça date d'avant ! Ils en ont *discuté*, et j'imagine exactement de quelle façon ils en ont discuté pendant les vacances de Pâques, et après il vient ici dîner avec nous ! Mais c'est maintenant qu'il m'écrit qu'il s'est rendu compte que je prenais tout ça au sérieux… que je parlais de voyages, et qu'il fallait qu'il me dise la vérité…

– Par e-mail, ce lâche petit merdeux.

– Je veux pas en parler.

– Je te comprends.

– Merci, M'man, dit Cammie, deux mots que Tracy n'espérait plus entendre avant le jour où sa fille lui demanderait de garder son premier enfant. Encore les montagnes russes.

Timidement, Tracy passa son bras autour des épaules de Cammie qui se blottit contre les côtes de sa mère avec une intimité inattendue et se mit à pleurer. Tracy versa, elle aussi, des ruisseaux de larmes du coin des yeux, nets, retenus, et qu'elle s'interdisait de laisser devenir sanglots pour que son ventre n'aille pas trembler. Elle ne voulait pas se trahir, ni gâcher cette précieuse parenthèse d'intimité.

– Qu'est-ce qui pourrait te faire du bien ? finit-elle par demander à Cammie.

– Rien.

– Pas même… aller aux îles Vierges ?

Étendue, Camille marqua une pause avant de répondre.

– Je sais pas. Je crois que je serais odieuse.

– Cam, tu peux aussi décider d'être odieuse à ton retour. Allez. Demande à ton père comment c'est quand je suis odieuse. Il dit que dix jours par an, il aimerait pouvoir m'enfermer dans une boîte et me nourrir par l'ouverture. Tu sentais bien… cette rupture venir, c'est tout. C'est pas vrai ?

– Me casse pas les pieds avec ça. Et arrête de te montrer aussi compréhensive, putain. On dirait ma conseillère conjugale.

– Je suis ta mère. C'est la même chose.

– Pas si tu étais mauvaise mère. La mère de Trent est une vraie salope. Elle n'a pas passé un seul week-end à la maison quand il était petit. Une fois, elle l'a laissé avec la nounou et elle est partie passer Noël à Hawaii avec son père et des amis ! Et pourtant il l'adore.

C'est comme ça que ça marche, pensa Tracy, passant mentalement en revue les douzaines d'enfants qu'elle avait vus grandir, des gosses que leurs parents traitaient avec autant de dévouement que des chiens de ferme leurs portées – pour recevoir en retour l'adoration la plus totale.

– Tâchons seulement de savoir ce qu'en penserait ton père. Il est encore au bureau. Il ne va pas tarder à arriver pour me conduire à l'aéroport.

– Et Olivia et tante Holly ?

– Elles seraient ravies de t'avoir avec nous.

Tracy se retint de croiser les doigts derrière son dos. Elle n'en avait aucune idée.

– Écoute, je vais parler à ton père.

Il s'avéra que pour Jim, cela ne valait même pas le prix de l'appel. Si Camille avait voulu escalader le K2, Jim serait déjà en train de commander un masque de ski. Tout en parlant à son mari qui rassemblait ses affaires dans l'entrée de la maison, Tracy leva un pouce victorieux à l'attention de Camille.

– Tu ferais mieux de te dépêcher. Il te faut une tonne de trucs sur cette liste. De l'écran total. Un coupe-vent...

– Oh, M'man, dit Cammie, je peux tout faire tenir dans un petit sac. Je peux prendre le sac de sport de Ted ? *Un* de ses sacs ?

– Il te faudra peut-être plus grand.

– Mais non, mes vêtements sont minus.

Le regard que lui jeta Tracy était contrit.

– Oh, ça va. Je prendrai une robe bain de soleil. Et un coupe-vent. D'un autre côté, si tu dois inspecter mes tenues, je peux aussi bien ne pas venir.

– Mais si, tu vas venir, dit Tracy qui songeait en même temps : Mais pourquoi est-ce que je cède ? Petite merdeuse pourrie-gâtée !

Une pointe de regret pour les choses dont elles auraient pu parler seules, ses deux amies et elle – et dont elles ne pourraient désormais plus parler que lorsque Cammie serait hors de portée de voix – lui jaillit du cœur. Mais Cam serait sans doute le plus souvent hors de portée, allongée, huilée comme une sardine, son iPod vissé sur la tête.

– Ça va être super, chérie.

– Au moins je resterai pas là à pleurer et à m'empiffrer de Mars pendant qu'il danse en boîte avec... Britt. T'imagines appeler ta fille *Britt* ?

– Tu tiens bien le coup, Cam. Ou alors tu donnes le change.

– Je fais semblant.

– Je n'y arriverais pas si j'avais traversé la même chose.

– C'est parce que t'es faible, répondit Camille, mais avec un grand sourire.

TROISIÈME JOUR

Holly ne s'était jamais abandonnée plus joyeusement au sommeil qu'à l'hôtel *L'Iguane d'or* de Saint Thomas, et le sommeil était pour Holly chose sacrée. Même si l'endroit faisait penser à un restaurant en terre crue de Juarez, avec ses murs roses décorés de dessins primitifs criards et démesurés, le lit était meilleur que dans le meilleur *Westin*, et on aurait dit qu'un délicieux narcotique avait été vaporisé dans la chambre. C'était un parfum inconnu de Holly, mais si elle l'avait pu, elle se serait dévêtue pour se baigner dedans.

– Je crois bien que c'est la troisième fois en douze ans que je ne me réveille pas dans une odeur de pieds moites et de chaussettes sales. Quelle est cette odeur merveilleuse ? demanda-t-elle.

– Celle du frangipanier, répondit Tracy. C'est plus fort la nuit. J'ai cherché pendant que tu dormais. (Elle brandit un petit guide vert.) Je n'ai jamais vu personne dormir comme toi, Hols. J'ai cru que je devrais te mettre un miroir devant la figure pour vérifier si tu respirais.

– C'est une équation infaillible. Holly moins Ian moins

Evan égale sommeil de plomb. Qu'est-ce que tu crois qu'on fait quand on passe une nuit à l'hôtel et qu'on te les confie ?

– Je pensais que vous… enfin tu sais, vous vous rattrapiez sexuellement. Vous ne pouvez pas franchement le faire chez vous, sauf quand ils sont au football. Ils ont l'oreille fine à douze ans.

– Quand on va à l'hôtel, on dort, Trace. On *dort*. S'il nous arrive de se rentrer dedans au matin, on est bien contents. Si on reste juste allongés à regarder les nouvelles en se faisant servir au lit, on est bien contents. L'essentiel, c'est de dormir. Pour les Japonais, le sommeil est sacré. À douze ans, ils n'ont pas seulement l'oreille fine. Ils sont aussi exigeants et intenables que des chevaux de course. Et maintenant, je meurs de faim. Allons manger. Je dois mettre un soutien-gorge ?

– Vous payez trois cents dollars rien que pour *dormir* ?

Elle essayait de se rappeler la dernière fois où Jim et elle avaient passé la nuit à l'hôtel sans baiser comme des malades.

– Ouais, et je compte bien passer le plus de temps possible à dormir profondément sur ce bateau.

– Tu es folle ! Tu manquerais… les îles Vierges et les Caraïbes, tout ça pour te coucher et dormir ?

– Sur-le-champ, dit Holly. Je n'ai pas dit tout le temps. Mais souvent.

Alors qu'elles partaient à la recherche du buffet continental promis, Holly expliqua que le plaisir coupable de certaines femmes était de lire des romans à l'eau de rose. Et que le plaisir coupable de certaines autres était le chocolat, ou d'enregistrer toute une semaine d'*Oprah* pour la visionner le dimanche. Tandis que le sien consistait à dormir un maximum pendant la journée. Elle ne pouvait pas le faire chez elle. Quand les garçons étaient à l'école, elle devait étudier pour essayer de venir à bout de sa formation de management d'infirmières. Pour Holly, dormir pendant la journée était comme un péché véniel, aussi délicieux qu'interdit : et ce voyage lui offrait une absolution formelle. Quand elle dormait pendant la journée, Holly avait le sentiment que les autres prenaient le monde en charge. Elle était en congé temporaire. Les nuits la rendaient souvent anxieuse, elle rôdait dans la maison, effrayant même ses propres chats. Sitôt que ses jumeaux de douze ans – de grandes choses gauches et bruyantes, semblables à des chiens d'arrêt humains, deux fois plus grands que Holly – étaient hors de portée, elle pouvait instantanément perdre conscience. Son unique problème avec Evan et Ian était un excès d'adoration. Elle souffrait trop pour eux. Chaque fois que l'un d'eux était exclu du jeu au cours d'un match, ou qu'un seul des deux était invité à un goûter d'anniversaire, Holly s'angoissait à un degré qu'elle considérait comme pathologique. Elle disait souvent à Tracy que les garçons l'avaient brisée. Elle n'était pas faite pour la torture mentale de la maternité.

– Mais tu les adores. Tu es une mère formidable, lui disait Tracy quand Holly lui confessait tout cela. Moi, j'en voulais six. J'en aurais bien un autre, si je pouvais.

– Tu pourrais, répondait invariablement Holly. Il y a bien des stars de cinéma qui en ont, à ton âge. Même des gens normaux. Tu pourrais adopter un bébé chinois. Moi aussi, j'aime être mère. Ce que je ne supporte pas, c'est l'inquiétude.

Tracy y avait songé, à l'idée d'adopter un autre enfant. Elle savait que Jim serait partant. Maintenant que Ted était en première, il déplorait d'avance la perspective du nid vide. Mais Tracy avait commencé si jeune. L'époque des bébés semblait appartenir au bon vieux temps. Holly, qui avait attendu d'avoir quasiment trente ans, était encore en plein dans les années collège.

– Ev est meilleur que Ian dans presque tous les domaines, dit-elle à Tracy tandis qu'elles arpentaient ce qui ressemblait à un labyrinthe de couloirs – et il y en avait certainement davantage qu'un hôtel de douze chambres ne devrait en contenir. Il a facilement de bonnes notes, et il est plus athlétique. Mais c'est Ian qui a un tas d'amis. Quand Ian est invité chez d'autres enfants, et que Ev reste en plan, je ne suis pas simplement désolée pour lui, j'ai envie de massacrer les petits salopards. Comme Kevin Wastawicky. Tu le connais ? (Tracy, qui s'efforçait d'écouter tout en se repérant, acquiesça.) Ce petit fumier télécharge des chansons sur des CD et les revend dix dollars aux élèves de CM2. Il finira à la prison fédérale. Bref, il y a deux mois, il invite Ian à son anniversaire. Pas de chance, ils habitent la maison d'à côté. Je vois Ev regarder par la fenêtre. Je lui dis : « Tu veux qu'on aille faire du shopping ? » Il secoue la tête. Il aimerait être à côté, avec tous les autres gosses en train de jouer avec le nouvel avion radiocommandé de Kevin. Je dois quand même dire que Ian, et c'est tout à son honneur, est rentré tôt pour emmener Ev au parc, jouer au ballon.

– Donc il a des qualités, lui aussi, la réconforta Tracy. Ils sont frères.

– Ils sont jumeaux. C'est autre chose. Ça fait froid dans le dos. C'est comme si Ian avait pu lire dans les pensées d'Ev pendant tout le temps qu'il a passé à cette fête.

– J'ai l'impression de pouvoir lire dans les pensées de Ted, parfois. Et ce que je n'entends pas, il me le dit.

– Ted est l'un des plus merveilleux êtres humains de ce monde.

– Tu ne dis ça que parce que tu sais... qu'elle, pas.

– Cammie ? J'adore Cammie. Qu'est-ce que tu racontes ?

– Elle était... dévastée hier. Jusqu'à ce qu'elle apprenne qu'elle pouvait venir avec nous. Elle avait une excuse, selon moi. Trent l'a plaquée.

– Ça tombe bien, tu disais que c'était un crétin prétentieux. Si j'avais dix-neuf ans, je pense que je me consolerais à la perspective d'une croisière gratuite sur un yacht, moi aussi.

– Ça t'ennuie qu'elle soit venue ?

– Pourquoi ça m'ennuierait ? On ne l'aura pas dans les pieds. Ça n'a jamais été son genre. Tu te rappelles ? Elle pouvait parler à ses jouets pendant des heures. Même à deux ans. À Noël, elle s'est assise par terre avec Evan et Ian pour construire ce robot.

– En tout cas, merci. Je lui ai proposé de venir parce qu'elle n'était pas simplement odieuse comme d'hab'. Elle avait une bonne raison, cette fois-ci.

Holly haussa les épaules :

– Elle a l'air de s'en être remise. C'était un vrai moulin à paroles dans l'avion. « Tante Holly, je me suis trouvé le plus joli… machin-chose. Tante Holly, tu crois que Dave me blanchirait les dents pour pas cher ? » Et je dois reconnaître que parfois c'était drôle, Trace. « Pourquoi est-ce que les ingénieurs doivent étudier l'anglais ? C'est de la connerie. Pourquoi est-ce que je dois lire Eugene O'Neill ? Pas étonnant qu'il ait été alcoolique. Si j'étais aussi chiant, j'aurais envie de me noyer dans l'alcool, moi aussi. Oh, et on a Virginia Woolf juste après. Je l'ai emporté. Ils devraient intituler ce cours « Personnages si Rasoirs que Suicidés Pour le Bien Public ». Ce que je ne pige pas, c'est comment ce type a pu larguer Cammie. Pour qui ? Lindsay Lohan ? Même mes fils trouvent Cammie plus sexy qu'une star de cinéma ; et ils ne sont pas pubères. Il faut les entendre dire à leurs copains : « Tu devrais voir ma cousine… même si c'est pas vraiment ma cousine… »

– Ils sont aussi proches que des cousins. Tu sais, Hols, les garçons ont dû changer depuis qu'on était gosses, parce qu'une fille avec le physique de Cammie obtenait ce qu'elle voulait de notre temps. Pas besoin d'avoir inventé la poudre. Moi aussi, j'ai pas tout compris, mais apparemment, c'était une histoire genre : Papa-et-Maman-rêvent-d'un-mariage-royal. Non pas que ce gosse soit un Astor ou je ne sais quoi, mais Kenilworth…

– À côté de la banlieue ouest…

– Exactement, et dire que j'étais furieuse contre elle une heure auparavant parce qu'elle me prenait la tête avec son idée de partir faire le tour du monde sac au dos au lieu de retourner à l'université… En fait, c'est simple : elle ne peut pas me supporter.

– Trace, elle t'adore. Sinon, pourquoi se donnerait-elle autant de mal pour te pourrir la vie ? se moqua Holly, avant de faire remarquer : ce prétendu petit-déjeuner relève du mythe. C'était censé se passer près de la piscine. Il n'y a pas de piscine.

– Elle m'a dit hier que je n'avais jamais éprouvé de passion, croit-elle. Tu t'imagines disant à Heidi qu'elle n'avait jamais ressenti de passion ?

Heidi était la mère de Holly, décédée depuis deux ans maintenant.

– Pas si j'avais voulu rester consciente jusqu'à la fin de la phrase. Ma mère m'a dit que j'étais grossière quand je lui ai confié que j'avais une infection urinaire. Et j'étais mariée !

– Je ne m'attends pas à ce que Cam soit parfaite, Hols. Et je sais que ça a quelque chose à voir avec le fait qu'elle a été...

– Qu'elle est adoptée.

– Qu'elle *a été* adoptée, Holly. Combien de fois est-ce que je t'ai dit que je ne considère pas l'adoption comme un état ?

– Mais je ne pense pas à Cammie comme à une enfant adoptée...

– Tu vois ! C'est comme si tu disais : « Oh, je ne remarque jamais qu'elle boite ! »

– Tracy, tu sais bien ce que je veux dire.

– Je sais, et ça ne me plaît pas beaucoup.

– Tu sais qu'il n'y a rien de négatif dans mes propos.

– Bien sûr que je le sais. Je suis une vraie peste. Mais on était si proches. Pendant toutes ses années de lycée. Cam était une rebelle mais, putain, elle nous aimait, Jim et Ted et moi. Maintenant, elle aime Jim. Point barre.

– Et plus Ted ?

– Plus du tout. Ted est un ennemi parce qu'il m'aime bien, lui.

– Ted n'est pas... n'a pas été adopté.

– Parce que c'est de ma faute ? Seigneur, quand mes règles se sont arrêtées, j'ai cru que j'avais un cancer ! Je n'ai jamais imaginé qu'on aurait un autre enfant.

– Peut-être qu'elle a juste besoin de temps. Est-ce que ça l'aiderait de... savoir ?

– Tu crois, toi ?

– C'est difficile à dire, Trace. Ça pourrait l'aider... comme lui rendre les choses encore plus difficiles. Enfin, lui avoir caché un truc pareil si longtemps...

– Je n'avais pas le choix. C'était la condition. Que je ne lui dise pas.

– Bon, je ne veux plus entendre parler de Cammie. Elle grandira et on se rappellera seulement les bikinis qu'elle aura achetés pendant le voyage. Elle était en grande forme ce matin, dit Holly. Cammie et Livy sont allées courir et prendre un petit-déjeuner. Et puis, ajouta Holly, Olivia voulait aller acheter quelques opales.

– Acheter quelques opales ? dit Tracy, le souffle coupé.

– C'est ce qu'a annoncé ta fille. Livy a vu une femme hier soir qui portait un bracelet en diamants qui lui plaisait bien, aussi.

Tracy s'étonna :

– J'étais tellement sonnée hier soir que je n'aurais pas remarqué une personne à poil, même avec un bracelet de diamants ! On n'est même pas censées emporter des boucles d'oreilles. La brochure stipule que tout part dans tous les sens. On doit prendre un minimum de produits de beauté, aucun bijou, pas même une bague. Je voulais trouver un collier pour Ted, tu sais, une chaîne ; mais j'attends qu'on soit à Grenade. Je n'aimerais pas l'acheter et la perdre.

– Ah, pour ma part, j'ai apporté un maximum de produits de beauté, continua Holly. Je ne sors jamais de chez moi sans mascara.

– Mais tu laisserais pendre tes lolos au petit-déj'.

– Je ne reverrai jamais ces gens. La chauffeuse du taxi hier soir devait avoir des nibards de cinq kilos chacun et elle les laissait à l'air libre.

– Elles ne pouvaient pas prendre leur petit-déjeuner ici, tout simplement ?

– Le petit-déjeuner d'ici ne serait pas assez bien pour Olivia. Il ne lui serait pas servi.

L'hôtel était aussi désert et silencieux que si une bombe à neutrons avait explosé au cours de la nuit. Holly se demanda comme elles feraient pour régler leur note.

– Oh, Holly, ne commence pas. C'est juste que tu n'aimes pas Livy, n'est-ce pas ? dit Tracy. Tiens, le voilà ton iguane d'or, continua-t-elle en montrant du doigt un lézard incroyablement grand sur le mur, juste au-dessus d'elle. Il cligna de ses yeux de pierre précieuse à leur adresse et détala, pas assez rapidement au goût de Tracy.

– Ils ne peuvent pas les laisser dehors ?

– Je ne crois pas qu'ils aient le choix, dit Holly. Les lézards n'en font qu'à leur tête.

Ses cheveux blonds étaient dressés sur son crâne, formant comme un halo.

Tracy sourit. Holly était un réconfort dans n'importe quelle situation – la seule femme de sa connaissance qui ne gâchait jamais vos vacances, et se montrait toujours prête à accueillir cinq convives supplémentaires au pied levé, bref, quelqu'un qui, n'étaient ses angoisses de mère, savait vivre. Aujourd'hui, elle ressemblait à Ian, qui avait tellement d'épis qu'il ne parvenait jamais à se lisser les cheveux, même en les enduisant de gel au point de les faire ressembler aux bonnets de bain rigides et ringards que sœur Boniface les obligeait autrefois à porter à la piscine.

– Tu ne veux pas que je te dise ce que je pense vraiment d'Olivia, Tracy, continuait Holly. C'est pour ça que tu changes de sujet à chaque fois, même quand c'est toi qui l'as mis sur le tapis. Ah ! Ça sent le café. On y est, une oasis !

Au détour d'un couloir et donnant sur une splendide piscine entièrement taillée dans la roche, surgit une véranda. Un buffet présenté avec raffinement embaumait croissants, confiture, fruits et pots de café fumant, sans doute apportés par des lutins. Tracy étala avec gratitude de la confiture sur un croissant et tendit l'assiette à Holly.

Holly engloutit la moitié de la viennoiserie avant de dire :

– Trace, quand on a été chercher Olivia l'autre jour, je me suis rendu compte que ce qui me gêne vraiment, c'est qu'elle n'a pas changé, alors que nous, oui.

Elle leva une main pour prévenir l'objection de Tracy.

– Non, je ne suis pas en train de dire qu'elle a les moyens de se faire refaire les seins – et oui, Trace, je suis infirmière et elle s'est bel et bien fait refaire les seins – et nous, non. Ou qu'on ne le ferait pas, même si on le pouvait : parce que c'est un mensonge, je le ferais. Elle n'a jamais grandi. Elle n'en a pas eu besoin. C'est ça qui me fait chier. Je ne peux pas le cacher. Tu as raison. Je n'apprécie pas Livy. Mais je l'aime. C'est juste que je n'ai pas d'elle une vision romantique. La petite fille de Westbrook devenue comtesse... tout ça. Elle a même été infecte à son propre mariage. Tu te rappelles ? « Toi, tu t'assieds ici. Et toi, là ! » Je me suis retrouvée à côté d'un type qui ne parlait pas un mot d'anglais et qui n'arrêtait pas de passer sa main poisseuse le long de ma robe. Oublie, Trace... Mmm, délicieux, ce croissant, frais et feuilleté.

Elle tapota son petit ventre légèrement rebondi qui ne se laissait voir que si elle portait les hauts les plus moulants ; mais décelable, dans l'imagination de Holly, depuis un avion de ligne volant à dix mille mètres d'altitude.

– T'as fini, Trace ?

Tracy s'était tue.

Elle pensait à Anna Maria Seno, la mère d'Olivia. Elle se remémorait un après-midi ordinaire au cours duquel Anna Maria avait asséné tout de go à Olivia, devant Tracy, que Joey était un enfant désiré mais qu'Olivia, née dix ans plus tard, était un accident. Non contente de s'en tenir là, elle avait ajouté que de son temps, les femmes ne faisaient pas d'enfant à trente ans. La pauvre Anna Maria avait donc eu peur qu'Olivia naisse avec deux têtes et qu'elle soit obligée de passer le reste de ses jours dans un berceau de taille adulte avec les religieuses du mont Carmel. Elle resongea aux pièces minuscules et étouffantes de la maison des Seno, quatre pièces bourrées à craquer d'arbres en plastique dans des bacs, de philodendrons en plastique sur des socles de plastique en simili bois, avec des housses en plastique sur les chaises et les ottomanes, comme des sandwiches surdimensionnés, et depuis les abat-jour jusqu'aux causeuses en tissu tufté doré. (« Elle pourrait sans doute passer toute la maison au jet, avait un jour dit Olivia à Tracy, si elle trouvait le moyen de plasti-fier les murs. ») Des idoles religieuses dans toutes les pièces. Le Sacré-Cœur. Les branches de buis flétries d'anciens dimanches des Rameaux clouées au-dessus des lits. La Vierge dans sa grotte éclairée par une ampoule bleue, son visage ovale avec des yeux qui vous suivaient partout et terrifiaient Tracy chaque fois qu'elle passait la nuit chez eux et devait aller aux toilettes.

Pour Olivia, ils avaient aménagé un placard.

Le placard était grand et profond, et Sal, le père d'Olivia, était menuisier. Il y avait construit un lit encastré, et les tiroirs encastrés et les étagères au-dessus étaient si intelligemment conçus qu'on les aurait dits inventés par un New-Yorkais qui aurait eu accès à toutes les astuces de gain de place d'un magasin Ikea. Livy avait des casiers pour ses livres, son petit combiné de téléphone filaire et même des penderies en hauteur pour ses manteaux. Mais ça n'en restait pas moins un placard. Joey avait des lits superposés, une chaîne stéréo, de la moquette rouge à poils longs, des étagères remplies de trophées de baseball de la *PONY league* et de photos, des murs pour ses posters, un grand bureau surmonté d'une croix travaillée, en argent si lourd qu'elle aurait pu provenir du Vatican. Rien n'était trop beau pour Joey.

Tracy se remémora l'après-midi où Olivia était rentrée chez elle pour apprendre que son père et sa mère avaient décidé que la chienne d'Olivia, Pickles, avait fouillé la terre autour des pivoines une fois de trop. Sal l'avait emmenée à l'heure du déjeuner chez le vétérinaire pour la faire piquer. Quand Olivia s'était mise à hurler, Anna Maria l'avait giflée. Elle avait fermé les fenêtres et pressé des citrons pour faire de la limonade, enjoignant à Olivia de se taire, disant que tout le voisinage allait l'entendre, que Pickles était sale, qu'elle perdait ses poils et lui donnait sans doute des allergies. Mais Olivia avait continué de hurler à s'en faire vomir.

Anna Maria et Sal, pensait Tracy, qui fermaient la porte de leur chambre après le dîner pour être tranquilles et regarder la télévision pendant que Joey et ses amis se recoiffaient devant le miroir de la salle de bains ou, plus tard, tourmentaient Olivia – et sans doute pire, soupçonnait Tracy. Joey était irréprochable.

Olivia n'avait pas trouvé d'autre moyen pour attirer l'attention que d'épouser du sang bleu.

Holly n'avait pas compris. Personne n'avait compris, à part Tracy.

Tracy se revoyait à Montespertoli, aidant Anna Maria à descendre du train, tandis que cette dernière se frottait les jambes tout en faisant remarquer qu'Olivia avait bien du toupet de se marier en blanc.

– Tu ne la connais pas comme moi je la connais, dit soudain Tracy.

Il était inutile de mettre un prénom sur ce « la ».

– Manifestement, concéda Holly.

– Ce n'est pas ce que je veux dire. Les choses n'ont pas toujours été roses pour elle.

– Pour aucune de nous, Trace. Mais ça n'a pas fait de nous des « Miroir, mon beau miroir… »

– Tu es jalouse.

– Sûrement, dit Holly. Ou peut-être pas. Quoi qu'il en soit, ça reste entre nous. Je ne veux pas gâcher le voyage. Je lui suis reconnaissante de nous avoir invitées.

Tracy consulta sa montre étanche à double cadran. Elle saurait toujours l'heure qu'il était à la maison.

– Le minibus sera là dans trois quarts d'heure. Tu crois qu'elles sont rentrées ?

Tracy et Holly regagnèrent leur chambre pour ranger leur brosse à dents et leur pyjama.

– Avant qu'elles arrivent, Tracy, dit soudain Holly en posant la main sur le bras de son amie. Ne va pas t'imaginer que ce que j'ai pu dire sur Olivia ait le moindre rapport avec Cammie.

– Regardez ! s'écria alors Cammie qui entrait en trombe dans la pièce. Regardez ce que tante Olivia m'a offert ! Et ne commencez pas ! J'ai de bonnes raisons pour que ce soit important…

Tracy et Holly échangèrent un regard furtif au-dessus de la

tête de Cammie. Puis Tracy s'exclama devant le bracelet, délicat avec sa double épaisseur de fil métallique mais serti d'un rang de saphirs d'un indigo profond, tous taillés en facettes et légèrement différents les uns des autres : des lumières chatoyaient à l'intérieur de chaque pierre.

Tracy préférait ne pas imaginer ce qu'il avait pu coûter.

Cela ne l'avait jamais préoccupée, au fil des ans, qu'Olivia envoie à Cammie d'immenses boîtes de cashmeres italiens et de lingerie en dentelle. C'était gentil ; c'était extravagant ; ça restait lointain. À les voir toutes les deux ensemble, penchant avec avidité leurs têtes brunes sur le bracelet qu'exhibait Cammie, elle sentit un vieux fer de lance lui fourrager le cœur, cherchant où faire sa saignée. Olivia l'avait battue. Olivia éclipsait toujours tout le monde.

– Tu t'es acheté quelques opales, Liv ? demanda Holly.

Livy acquiesça.

– Attendez de voir ça.

Incapables de se retenir, Tracy et Holly se penchèrent tandis que Livy ouvrait lentement un écrin en velours. Les pierres, grandes ou petites, allaient du brun roux au pêche rougeoyant, avec du vert à l'intérieur, de forme ovale ou équarries. Elles brillaient comme des petites planètes sur les fibres noires du tissu.

– Mais qu'est-ce que tu vas bien pouvoir en faire ? demanda Tracy. Tu as déjà plus de bijoux que la reine mère.

– Des boucles d'oreilles, un pendentif peut-être. Ou une grosse broche. Il va falloir que je les envoie quelque part. Je ne ferais confiance à personne à Chicago. Je connais quelqu'un à Montespertoli. Les îles Vierges sont réputées pour leurs opales, dit Olivia. On ne peut pas passer à côté. C'est comme de ne pas rapporter de vin d'Italie.

Elles ne dirent rien, par respect. Franco Montefalco avait produit des vins exceptionnels sur leur propriété en Ombrie, ainsi que de l'huile d'olive. Mais Olivia semblait heureuse d'évoquer sa vie d'autrefois. Si elle portait le deuil, c'était de façon toute personnelle. Elle s'était enveloppée dans un sarong noir ton sur ton, mais l'ouverture découpée dans son maillot dévoilait une peau sans défaut, ferme, non du blanc maladif qu'a toute peau en hiver mais d'une sorte de beige exquis, comme un bel ivoire ancien.

– Je connais un joaillier qui fait des choses magnifiques dans Rush Street, dit Tracy.

– Vraiment ?

– Oui. Il a réalisé une bague pour notre vingtième anniversaire de mariage, d'après un dessin qu'a fait Jim. Tu pourrais passer le voir.

– J'irai peut-être, Trace. Maintenant que je suis à nouveau américaine, dit Olivia. Merci. Je ne dis pas ça pour avoir l'air snob.

– Mais tu l'es quand même, dit Holly.

Elle fronça le nez à l'adresse de Tracy et se mit à rire.

– Peut-être bien, dit Olivia.

– Eh bien, on dirait que vous avez fait une chouette trouvaille, ma petite demoiselle, lança Tracy en se tournant vers Camille.

– Une femme devrait toujours avoir quelques beaux bijoux, M'man, répondit Cammie. C'est intemporel.

– Ça vient de sortir ? la taquina Tracy.

– Tracy, je n'ai pas vu ma filleule depuis huit ans, répondit Olivia, cherchant sincèrement à se justifier. C'est normal que j'aie envie de la gâter.

– C'est ma filleule à moi aussi et je l'ai vue hier, dit Holly. Elle râlait parce que sa mère conduisait trop lentement. Je n'ai pas ressenti le même besoin.

Cammie fit mine de foudroyer Holly du regard.

– Sois honnête, Cam. Parfois tu traites ta mère comme une reine ses sujets. Une mauvaise reine.

Camille lui tira la langue.

– Je reconnais, dit-elle. Mais tante Holly, ajouta-t-elle en la chatouillant sous les côtes jusqu'à ce que Holly lui écarte la main d'une tapette, toi tu m'as *fait* un pull en cashmere pour Noël. J'ai pratiquement pas eu besoin de manteau de l'année, tellement il est beau et chaud. Ça revient aussi cher qu'un bracelet si on compte le temps que tu y as passé.

Holly se radoucit et se pencha pour rabattre la casquette de Cammie sur ses yeux.

– En tout cas on ne peut pas emporter ça avec nous, dit Tracy nerveusement. Il va falloir demander à ce type… là, je ne sais pas où il est, de l'envoyer à la maison par FedEx.

– Pas question que je l'enlève ! dit Cammie.

– Je ne confierais un objet de cette valeur à aucun service postal, intervint Olivia. S'il te plaît, Tracy, laisse-la le porter. Il ne faut pas mettre de côté les belles choses, les cacher. Elles sont faites pour être vues, tout comme les perles ont besoin d'air. Regarde-le sur son bras. C'est magnifique, et avec son nouveau maillot de bain et ses cheveux…

Le maillot de bain était également un cadeau d'Olivia, un bon gramme de tissu azur qui, par bonheur, recouvrait sillons et courbes critiques. Entre les cadeaux de Janis et ceux d'Olivia, Camille se retrouverait nue d'ici la fin du prochain semestre.

Tracy protesta pour la forme.

– Olivia ! Si tu dois lui offrir un truc pareil…

– Je ne lui ai jamais fait de cadeau pour ses dix-neuf ans…

– Tu lui as fait un chèque de mille dollars ! Et pas plus tard qu'il y a un mois !

– Pour la fac, M'man ! protesta Cammie.

– Et ce n'était pas un *cadeau* ! Un cadeau est un hommage à la beauté ! C'est ce que disait Franco, renchérit Olivia. Et j'emporte aussi mes pierres. Qui sait si l'hôtelier est vraiment honnête ?

Elles entendirent le minibus klaxonner sur le parking.

– J'ai même pas eu le temps de me coiffer ni de prendre une douche ! gémit Camille.

– De toute façon, tu vas te salir, dit Tracy. C'est un… bateau. Et si on n'y va pas tout de suite, on va le rater. Tu ne t'habilles pas un peu, Liv ? demanda-t-elle en attrapant son sac.

Olivia sourit avec indolence et demanda :
– Pourquoi ?

Ils allèrent au bordel. Ils l'avaient fait la dernière fois. C'était un endroit où Ernesto devait aimer se rendre quand ils effectuaient ce boulot, devinait le jeune homme. Il se vantait de prendre au moins deux filles à chaque fois. Difficile de ne pas comprendre le mot « deux ». Tout marié qu'il était, Carlo l'accompagnait.

Le bâtiment, misérable et souillé par des années de débauche, n'était guère qu'une cabane de planches irrégulières, comme autant de dents mal alignées, avec un toit fait de papier goudronné irrégulièrement recouvert de shingles de mauvaise qualité. Le sol en terre battue semblait ratissé à l'occasion. Mais il y avait un superbe bar en zinc et de hauts tabourets en cuir souple. Les boissons étaient des verres de liqueurs claires sans nom, servies non coupées, ou, curieusement, de la *root beer* fabriquée par le propriétaire des lieux.

Certaines des filles étaient si jeunes que boire de la gnôle les rendait malades : on leur servait donc plutôt de la *root beer* avant de les faire monter.

Aucune d'entre elles n'avait l'âge de mener ce genre de vie, songea le jeune homme. Personne n'était jamais en âge de faire ça. Cela ne pouvait que vous faire vieillir.

Toutes ces filles, de toutes races, avaient été enlevées. Il n'avait pas la moindre idée de la façon dont elles avaient pu atterrir ici, sur cette île dont il ignorait jusqu'au nom. On devinait des maisons, avec des lumières accrochées à des mâts, comme des espèces de décorations de Noël, au loin entre les arbres ; mais Ernesto, Carlo et lui ne s'aventuraient pas si loin, seulement ici, sur le port. Le jeune homme restait assis au bar pendant des heures, avec un livre, et patientait.

L'une des filles, une petite blonde, s'était approchée du jeune Américain par trois fois en l'implorant ardemment dans une langue qu'il avait prise pour du hollandais. La dernière fois, il avait payé pour rester assis seul avec elle dans sa chambre d'un mètre vingt par un mètre quatre-vingts et lui avait donné un crayon, la pressant de lui dessiner une carte. Elle était tellement terrifiée et, selon lui, déjà contaminée on ne sait trop par quoi, qu'elle n'avait fait que pleurer et s'agripper à lui en répétant ce qui ressemblait à « Mutti ? Mutti ? », ce qui devait signifier la même chose dans toutes les langues, imaginait le jeune homme. Il lui avait caressé les cheveux en rêvant de trouver le moyen de l'acheter et de la renvoyer chez elle. Peut-être pourrait-il dénicher un inter-prète, dans une station balnéaire, qui sait ? Mais sur ces entrefaites, le propriétaire était entré, avant écoulement des heures qu'il avait réglées, pour faire redescendre la fille sous la menace de son *pistola*.

Le jeune homme se demanda si elle serait toujours là quand ils reviendraient après leur prochaine livraison. Il y avait une autre gosse la fois précédente, blonde comme celle-ci, mais plus grande et plus âgée, aujourd'hui disparue. La femme qui, selon lui, devait être l'épouse du propriétaire, était gentille avec lui, elle l'appelait « Brad Pitt » en raison de ses cheveux courts, et elle le traitait avec une bonhomie toute maternelle. Mais lorsqu'il essaya de s'enquérir, par gestes, de l'autre blonde, la grande, elle l'envoya promener. Existait-il un endroit encore pire que celui-là, où l'on mettait ces filles lorsque leur fraîcheur venait à faner et que leurs yeux s'étaient vidés de tout, même de la peur ? Il existait toujours pire ailleurs, songea-t-il. Ici au moins, il avait vu une dénom-mée Alita, d'un certain âge, appliquer du baume sur les lèvres gercées des filles, et poser des serviettes remplies de glace sur les hématomes qu'elles avaient dans le cou.

Pourquoi pensait-il à elle ? Elle était foutue de toute façon, se consolait le jeune homme. Quelque chose en elle lui rappellerait-il sa sœur ?

Elles étaient toutes perdues. Il l'était lui-même. Il en avait assez de cette galère. Il avait laissé passer la grande occasion de sa vie quand il avait été sélectionné pour le championnat d'État de saut en longueur. Sa mère en avait pleuré d'orgueil. Son père, qui avait été remplaçant dans l'équipe olympique du 4 × 100 mètres quatre nages, avait opiné du chef.

Il se demanda quand ses associés en auraient terminé. Il n'avait qu'une envie, s'enrouler dans son sac de couchage sous sa moustiquaire et se trouver un recoin près du bateau où dormir.

Le jeune homme ne couchait pas avec des prostituées. Il n'avait connu que trois femmes, une gentille fille à El Salvador, une Américaine rencontrée sur une plage, puis celle dont il était tombé amoureux alors qu'elle finissait tout juste le lycée. La dernière fois qu'il avait eu de ses nouvelles, la fille, qui avait son propre cheval, suivait des études universitaires dans le Massachusetts. Elle avait toujours voulu aller dans le Massachusetts, lui avait-elle dit, *to see what she could see in the sea sea sea…* Ils avaient plus ou moins grandi ensemble, dans le nord de l'État de New York, près du fleuve Hudson. Quand Ernesto et Carlo grimpèrent sans bruit l'étroit escalier, il prit place au bar, fumant, un verre de gin aux rebords sucrés entre les mains. Son livre l'ennuyait. Les autres hommes se mirent à rire quand le plafonnier commença à se balancer.

Le jeune homme en avait assez de tout ça.

Cette traversée jusqu'au rendez-vous avec l'homme qu'ils ne connaissaient que sous l'appellation de « Boss » serait sa dernière.

Le Boss, une armoire à glace, peut-être tout à la fois amérindien et africain, les retrouvait à bord d'un bateau, propriété d'un homme fortuné, entre New York et le Honduras, au large d'une île sans nom qui n'était guère plus qu'un tas de cailloux et de broussailles. La Cigarette, qui avait dû coûter plusieurs centaines de milliers de dollars, volait littéralement au-dessus de l'eau, et son moteur n'était qu'un murmure. Leur cargaison était enveloppée dans deux épaisseurs de caoutchouc, auxquelles s'ajoutait une épaisseur de la toile goudronnée qui recouvrait le moteur, et le tout était entreposé dans des casiers à poisson. Une fois qu'ils la lui auraient remise, le Boss leur tendrait sans mot dire des liasses de billets, également enveloppées dans du caoutchouc étanche, avant de filer jusqu'au coin désolé de la côte où il la remettrait à celui qui avait mêlé le jeune homme à ce trafic, un avocat, une connaissance de son père. L'avocat l'emporterait dans sa luxueuse maison de Long Island, et de là, à New York. Il la revendait à des hommes aux costumes criards, à des milliers de kilomètres des champs du Salvador où poussaient les pavots.

C'est à ce moment-là, lorsqu'ils avaient fait demi-tour pour repartir, que le jeune homme avait cru que Carlo et Ernesto allaient le tuer, la fois précédente.

Mais ils ne l'avaient pas fait. Peut-être parce qu'il restait tranquille dans son coin et qu'il parlait anglais. Peut-être parce qu'ils pensaient qu'il pourrait leur être utile si d'aventure la marine ou les gardes-côtes les arraisonnaient à bord d'un bateau badigeonné avec une peinture noire granuleuse faite maison, et sans papiers. Durant le trajet du retour, ils avaient ri, bu, de plus en plus somnolents et défoncés, et le jeune homme avait barré toute une nuit et un jour, toute une journée et une nuit – comme dans l'un des livres qu'il lisait à sa petite sœur quand elle était petite – jusqu'à Saint-Domingue. Après avoir planté un pieu dans le fond de la *yola* pour la couler, le jeune homme enfilerait une combinaison de plongée. Mais Ernesto et Carlo, baraqués et agiles comme des phoques, nageraient jusqu'au rivage, parfois distant de près d'un kilomètre. L'heure venue, ils trouveraient une autre *yola* ou un bateau puissant, un petit voilier, peut-être sans propriétaire à éliminer cette fois. Après s'être partagé l'argent, ils se quitteraient. Il se passerait quelque temps avant qu'Ernesto n'envoie un autre mot et l'argent nécessaire au jeune homme pour prendre l'avion à destination du Honduras, dans la boîte postale la plus proche de la pension où habitait le jeune homme, relativement luxueuse selon les standards de Saint-Domingue. Entre-temps, il ferait de la plongée et des randonnées. Il adorait la splendeur tranquille du pays. Et les gens étaient chaleureux.

Il se remémora cette fin d'après-midi, avec le soleil exténuant qui commençait tout juste à s'adoucir, un jour où il revenait de baignade dans la propriété d'été de ses parents, dans les Hamptons. L'ami de son père marchait dans la direction opposée sur la route sablonneuse de la plage. Ils venaient de s'adresser un signe de tête au passage quand l'autre l'avait hélé. Le jeune homme s'était retourné.

– Qu'est-ce que tu fais ? avait demandé l'homme.

Le jeune homme avait haussé les épaules.

– Tu as arrêté tes études. D'après ton père, tes emplois ne durent jamais plus d'un mois.

– Il a certainement raison, avait répondu le jeune homme.

– Tu n'es pas très bavard. Plutôt réservé. Que dirais-tu d'une occasion de gagner vraiment de l'argent ?

– Comment ça ?

– J'ai un ami. Une activité parallèle. Ce n'est pas pour…

Le vieil homme, cet ami de son père, avait éclaté d'un rire qui lui donnait encore aujourd'hui la chair de poule.

– … pour les dégonflés. Mais c'est relativement sans risque, et c'est l'occasion de quitter Papa-Maman et de voir autre chose…

– Qu'est-ce que j'aurai à faire ?

– Je t'expliquerai ça plus tard. Viens me voir la semaine prochaine au *Circé*, disons mardi à une heure ? On en reparlera à ce moment-là. D'ici là, fais-toi couper les cheveux.

Le jeune homme s'était rendu au restaurant. Il ne savait pas pourquoi, mais sa résolution avait été renforcée après qu'il eut surpris l'homme et son père en train de discuter de « l'avenir du garçon », le soir même de leur rencontre sur la route de la plage.

– C'est un peu difficile à voir pour l'instant, avait dit son père dans un doux tintement de glaçons. Peut-être qu'il y a quelque chose à deviner au télescope. Minuscule. Peut-être que c'est au futur antérieur.

Il s'était fait couper les cheveux et avait enfilé une veste de sport sur un col roulé en cashmere, malgré la journée étouffante. Et lorsque l'ami lui avait expliqué en quoi consistait son « activité parallèle », le jeune homme avait compris qu'il le savait déjà, dans un recoin de son cerveau, depuis bien longtemps. Tout en acceptant, il se détesta.

Dans sa chambre, propre et spartiate, il y avait aujourd'hui une rangée de livres sur la table éraflée, avec deux jolis cailloux polis par la mer en guise de serre-livres. Derrière l'un des livres, identique aux douze autres de la rangée, une encoche dans le mur. Sous l'encoche, un minuscule carré de plâtre que le jeune homme enlevait et repeignait chaque fois qu'il repartait pour l'un de ses voyages. À l'intérieur du carreau de plâtre découpé, sept mille dollars emballés dans un sac plastique alimentaire. Avec cette somme, ajoutée à sa part du butin de la prochaine expédition, le jeune homme irait s'installer à Missoula, dans le Montana. L'endroit avait l'air chouette.

La prochaine fois qu'une note tomberait dans la boîte postale à côté de son hôtel, le jeune homme n'irait pas la réclamer.

Le capitaine était bel homme dans son genre, pensa Olivia, avec une calvitie naissante mais sec et hâlé, comme l'avait été son Franco. Le jeune homme à l'accent français était absolument magnifique : ses bras et son dos ondulaient sous sa chemise déchirée tandis qu'il lançait leurs sacs marins dans le petit bateau à moteur – et même sa valise de toile : Olivia ne possédait tout simplement pas de sac marin. Elle vit le jeune homme jauger Cammie du regard, et de quelle façon Cammie, de ses grands yeux, soutenait le sien sans broncher, avant de les détourner avec une indifférence excessive et ostensible. Olivia doutait fort qu'elle le fût. C'était le truc le plus vieux du monde, et Cammie était visiblement consciente que ça marchait la plupart du temps. Olivia ne pouvait pas lui en vouloir. Avec un corps pareil... et quels yeux ! Mais elle surprit également l'infime hochement de tête négatif du capitaine, Lenny, et l'acquiescement abattu du jeune homme. Si Cammie n'était pas mineure, la maison avait manifestement pour principe de ne pas s'amuser avec les rejetons d'une mère louve comme Tracy.

Ils s'éloignèrent au moteur en direction du bateau. Il était splendide, plus grand mais tout aussi luxueux que celui à bord duquel Franco et elle avaient navigué en Méditerranée, avec leurs amis les Antonini.

– L'air est si pur, dit-elle en français.

Le jeune homme s'illumina.

– *Vous parlez français* ? demanda-t-il.

– *Pas mal*, répondit Olivia.

– Bienvenue dans votre demeure des dix prochains jours, la nôtre à l'année, dit Lenny avec galanterie. Avant de lever l'ancre, avant même de porter un toast, je voudrais vous faire faire la visite de rigueur.

Elles rangèrent rapidement leurs affaires, et se serrèrent sur les banquettes contenant les gilets de sauvetage.

– L'*Opus* est un trimaran, leur expliqua Lenny. Vous avez sans doute plus l'habitude des catamarans, qui n'ont que deux coques. L'*Opus* a trois coques en fibre de verre. En réalité, c'est un monocoque avec des petits stabilisateurs. Tous les cordages d'un bateau deviennent des « bouts » dès lors qu'on quitte la marina. Quand vous nous entendrez ordonner de « larguer les amarres », c'est du langage ancien. C'est comme ce que disent les pilotes d'avion aux contrôleurs aériens. Nous utilisons le vocabulaire en vigueur, même entre nous, c'est une seconde nature. Voici la grand-voile, et là, c'est le génois. Nous allons les hisser pour vous et naviguer un peu à la voile, sans le moteur. Est-ce que l'une d'entre vous a déjà fait de la voile ?

– Je ne suis montée que sur des vedettes à moteur. Avec des amis qui vivaient dessus, et sur un petit que nous possédions, dit Olivia. J'adorais dormir au large. Il y avait des hamacs abrités sous des tauds.

– On a des hamacs, enfin quelque chose d'approchant, mais pas de tauds, dit Lenny. Mais on n'annonce pas de pluie.

Tracy leva un doigt.

– Moi, j'ai juste fait du Hobie Cat sur celui de mon grand-père quand j'étais petite ; et ma fille, un peu de voile. Est-ce qu'elle pourra… plonger elle aussi ? Vous avez assez de matériel ? Je sais qu'elle n'était pas censée venir. C'est une plongeuse confirmée, elle aussi. On a apporté nos licences.

– Bien sûr, répondit Lenny. Avant de faire la traversée pour Grenade, nous irons à Norman Island. C'est la véritable île au Trésor, celle qui a servi de modèle à Robert Louis Stevenson pour son livre. Son grand-père a pris la mer quand il était enfant, et on raconte que Stevenson a pratiquement recopié son journal de bord. On peut plonger dans des grottes là-bas, et en refaisant surface, on voit les noms des pirates gravés sur la paroi. On dit aussi qu'il y a une cache secrète remplie de lingots d'or, du trésor espagnol, frappés du sceau, toujours visible, de la reine Isabelle.

– On vous raconte cette histoire de trésors où qu'on aille. Je ne veux pas dire que ce ne soit pas vrai, dit Cammie. Peut-être qu'on le trouvera, tante Liv. On pourra s'acheter une île.

Holly fit la moue.

– Tu crois que personne n'y a jamais pensé ?

– Tante Holly ! Tu adorerais posséder ton île…Tu pourrais y avoir une équipe de foot au complet. Mais pas des petits garçons. Des *grands* garçons ! la taquina Cammie.

– La ferme, dit Holly en rougissant.

La façon qu'elle avait de regarder les entraîneurs de foot de ses fils était un vieux sujet de plaisanterie entre elles.

– Ça arrive, continua Lenny. Que des gens achètent leur île, je veux dire. Des ermites millionnaires ou des stars de cinéma possèdent certaines de ces îles. Sidney Poitier en a une. Je crois qu'il est né sur Cat Island. Mel Gibson en a une aussi. Il a sa propre église dessus. On n'a pas le droit d'y accoster – à moins d'y être invité ou de devoir s'abriter d'une tempête. C'est une convention par ici. En cas de nécessité, les règles de la propriété privée ne s'appliquent plus.

– Comment sait-on lesquelles sont habitées ? demanda Cammie.

– Grâce aux cartes marines, lui répondit Lenny. Le problème, c'est que ça change tout le temps. Il y a une île par là-bas… Salt Island, je crois. Il y avait plein de maisons dessus.

Maintenant elles sont toutes à l'abandon. Le gouvernement les a mises en vente à cinquante dollars. J'aurais dû en acheter une. En cas de grosse tempête, il arrive que les gens bazardent ces endroits. Parfois, ils s'en vont, tout bonnement. Ils abandonnent aux lézards des maisons qui valent des millions de dollars. Imaginez un peu.

Il passa abruptement à une présentation du matériel de sécurité. Olivia se déconnecta, se laissant aller au gré du bercement sensuel du bateau. Tout ça, c'était seulement au cas où, comme il disait. Sans véritable raison, mais il fallait en passer par là.

Tracy tendit l'oreille, en alerte, comme un chien de chasse. Les professeurs de collège sont toujours attentifs aux directives.

– Ça, ce sont les fusées, dit-il, pour attirer l'attention si nous nous empoisonnons avec ma cuisine. Chaque siège du bateau est un coussin flottant. Les radios. Les radios VHF portatives. On peut communiquer entre nous et avec les bateaux à proximité. La BLU. Elle a un canal pour tout, depuis l'urgence jusqu'aux potins. Le GPS, même si vous n'aurez pas à l'utiliser ; le poste principal est dans le poste de pilotage. Il y a des piles, plein, dans ce casier étanche. Elles sont toutes neuves. La BLU et les radios portatives marchent sur piles. Elles peuvent même fonctionner avec le panneau solaire si vous les connectez, ça donne un minimum de jus. Les gilets de sauvetage sont là-dedans. Il faut toujours avoir quelque chose aux pieds car le pont peut être glissant. Voici la balise de détresse EPIRB qui indique notre position. Si vous êtes perdues ou si vous devez sauter dans le canot de sauvetage, à moins qu'on en ait simplement marre de vous et qu'on vous jette par-dessus bord, allumez-la : dès qu'elle touchera l'eau, elle indiquera l'endroit où vous vous trouvez et quelqu'un pourra venir vous récupérer. (Il fit un large sourire.) Je plaisante. La conférence est presque terminée, les enfants. Vous n'aurez jamais à utiliser tout ça. Voici les serviettes de bain. Et la crème solaire. Si vous en manquiez, nous avons toutes les sortes qui existent... sous le soleil – si je puis dire. Et vous en aurez vraiment besoin. Même les personnes à la peau mate. Voici la trousse de premier secours, des bandages, des coussins thermiques, des antibiotiques qu'on n'est pas censés avoir, des antidouleurs qu'on n'est pas censés avoir…

– Comment font les gens pour s'attirer de très gros pépins, genre tomber par-dessus bord ? demanda Cammie.

– Eh bien, dit Lenny, pardonnez-moi si j'ai l'air grossier, mais la plupart des types qui se noient sont retrouvés braguette ouverte, parce qu'ils essayaient de se tenir debout sur le rebord pour pisser et qu'au lieu de ça, ils ont fait un plongeon. Un bateau qui semble immobile avance tout de même assez vite. Et une fois sous le bateau, on risque de se heurter la tête sur le gouvernail…

Olivia leur accorda de nouveau son attention lorsque le ton de Lenny changea – son discours touchait visiblement à sa fin. Il décrivait les ailes du trimaran – les flotteurs –, où étaient rangés les rations de survie, des couteaux, des ouvre-boîtes, des boîtes étanches remplies de barres chocolatées, il ouvrit les portes capitonnées qui se fermaient de l'extérieur avec des moraillons.

– Je vous demanderai juste de ne pas toucher à ce casier, dit-il d'un air excessivement grave en indiquant un caisson blanc cadenassé, de soixante centimètres par quatre-vingt-dix. C'est mon matériel de secours. Sinon, le bateau est à vous.

Alors qu'il inspectait les flotteurs, toutes décelèrent que la voix du capitaine était soudain descendue d'un ton. Quelque chose de personnel venait de s'immiscer entre lui et le jeune homme qui baissa les yeux sur ses mocassins éculés. Cela n'échappa à personne.

– Quoi qu'il en soit, continua Lenny après s'être discrètement raclé la gorge, nous commençons chaque traversée sur l'*Opus* par un toast. Moët tout court ou champagne-orange ?

Seule Tracy opta pour l'adjonction de jus d'orange. Olivia effleura d'un long doigt impeccable la paume de Michel en prenant son verre, ce qui ne provoqua chez lui aucune réaction. Il se contenta de sourire. Dents blanches régulières et parfaitement carrées.

– M'man ? demanda Cammie, et Tracy hocha la tête.

Cammie accepta une coupe de champagne.

– La demoiselle est-elle votre sœur ? demanda à Olivia le jeune homme à l'accent.

– C'est la fille de mon amie, la fille de Tracy. C'est ma filleule. Je crois qu'elle me ressemble, répondit Olivia. Je sais que c'est impossible. Mais son grand-père, le papa de Tracy, est un Italien aux cheveux bruns. Un Italo-Américain, pas comme mon mari. Enfin, mon défunt mari.

– Ah, dit Michel, mes sincères condoléances.

Olivia inclina la tête. Pour meubler le silence, il ajouta :

– Vous devriez dormir sur le trampoline, c'est notre version du hamac, par une nuit aussi chaude que celle-ci, ou à l'occasion en tout cas. Je le fais souvent. C'est divin comme sensation.

Olivia pensa avec un vif plaisir : Est-ce qu'il me drague ? A-t-il compris que Camille est strictement zone interdite ?

Non pas qu'elle ait l'intention d'en profiter.

Mais après tout, pourquoi pas ?

Ce qui arrivait dans les îles ne restait-il pas dans les îles ? N'était-ce pas ce qu'on disait aujourd'hui en Amérique ? Elle jeta un regard plein d'une soudaine affection en direction de Holly et de Tracy. Elle était américaine elle aussi, et non plus la *contessa* de Montefalco. Veuve, à quarante-deux ans. Une riche veuve, mais cela n'entrait pas en ligne de compte. Un mois à peine après la mort de Franco, un rapide séjour dans un spa aux alentours de Milan lui avait ôté, après deux semaines d'isolement, facilement cinq ans, voire dix. Mais cela avait l'air naturel. Pas comme ces épouvantables visages Kabouki qu'elle avait pu croiser dans les rues de Paris. Le chirurgien était un vrai magicien. Elle était restée recluse, sans trouver le temps de répondre aux lettres pressantes de Tracy, que lui transmettait la gardienne de la villa.

Franco avait adoré les moindres de ses rides et courbes, mais les autres hommes n'étaient pas aussi indulgents que les Italiens pouvaient l'être. Et Olivia n'avait pas l'intention de passer seule le reste de ses jours.

Lenny garderait sa réprimande pour la fin de la traversée.

Ce n'étaient que des ouvre-boîtes après tout. Il s'assurerait que Michel en achète d'autres à Saint John, même s'il préférait les modèles américains. Il ne comprenait pas comment Michel, qu'il avait formé comme son propre fils, avait pu commettre une erreur aussi stupide. Il n'y a pas de grands magasins en mer, avait-il dit à Michel. Seulement des Shipchandler où l'on pouvait trouver du rhum, des biscuits et des friandises. C'était la première chose qu'il avait expliquée à Michel. Il lui avait lu des passages du *Vieil homme et la mer*, de Hemingway, notamment celui dans lequel le vieil homme affamé regrettait de ne pas avoir emporté de pierre à utiliser avec son couteau afin de pouvoir atteindre l'aliment qu'il avait dans les mains, aussi hermétiquement inaccessible qu'en rêve.

Michel savait qu'un ouvre-boîte pouvait sauver des vies.

Un ouvre-boîte peut éviter à un homme ou à une femme de se trancher les poignets en essayant d'ouvrir une conserve de haricots à coups de poings, comme l'avait fait ce vieil homme.

Néanmoins, Lenny attendrait.

Pour autant qu'il puisse en juger, Michel avait fait du bon boulot pendant que Meherio et lui s'allongeaient sous la moustiquaire abricot de leur lit pour se perdre et se reperdre ensemble, riant tandis que Willie Nelson chantait des histoires pleines d'une nostalgie qui n'était pas la leur. Anthony, qui commençait à marcher à quatre pattes, s'était mis debout pour les observer au beau milieu d'un de leurs ébats. Toujours nus, ils l'avaient pris dans leur lit, leur bébé dauphin, qui complétait si parfaitement le tableau.

– Tu l'aimes, ce bébé ? Tu l'aimes, ton fils ? le taquina Meherio (Il avait embrassé son sein si doux.) T'en voudrais peut-être un autre, tout pareil ?

– Un jour, avait répondu Lenny. Quand tu en auras envie.

– Certains bébés viennent quand *ils* en ont envie, dit Meherio en posant la main sur son ventre ferme dont Lenny remarqua soudain le léger renflement. Il y en a un là-dedans qui viendrait bien voir son papa dans cinq mois environ.

Lenny crut mourir de bonheur.

– Tu es trop vieux pour avoir de nombreux fils, dit Meherio, mais il faut plus d'un enfant pour faire une famille.

Lenny savait que Meherio n'était au regard de Michel qu'un fruit tropical, une jolie pépée en sarongs ou jean baggy. En réalité, elle parlait quatre langues et avait reçu, tout comme sa sœur et son frère, une éducation irréprochable, dispensée essentiellement par leur père, un missionnaire britannique réservé à un point frisant le ridicule. Meherio n'en finissait pas de pleurer son père, Arthur Midwell, décédé deux ans auparavant, qui aimait les enfants avec érudition, de la seule manière dont il fût capable, disait-elle. Meherio tenait sa gaieté, son calme et sa connaissance de la musique de sa mère, Sela, qui coulait toujours des jours heureux, mais solitaires, à Saint Thomas. De sorte que Lenny et sa femme pouvaient se combler mutuellement de bien des façons, et espérer vieillir ensemble en harmonie.

Il était en partie redevable à Michel de ces instants. Il ne le réprimanderait pas. Ces femmes étaient gentilles – d'après ce qu'il avait perçu. Il avait vu comment le visage de Michel s'était éclairé à la vue de la jeune fille, son respect mêlé d'admiration qu'il ne cherchait pas à dissimuler, et il se sentit plein de compassion. Il était quasi certain que la mère lui briserait les reins si d'aventure Michel touchait à sa fille. Bref, une croisière qui promettait d'être agréable et facile. Il avait préparé et congelé du chili végétarien et du Strogonoff aux champignons, ainsi que plusieurs tartes au citron vert. Ce soir, il ferait des *fajitas* au thon braisé, des légumes, de la sauce aux cacahuètes, et les feuilletés au chocolat amer et au rhum dont Meherio lui avait appris la recette. Il ferait chauffer le mixer. Il consulta l'écran de l'ordinateur. Vents favorables au moins jusqu'à la fin du week-end, ciel dégagé.

Lenny adorait son bateau.

Il inscrivit sur le journal de bord : « *Norman Island. Plongée demain à Madwoman Reef et dans les grottes. Beau temps.* »

Michel sentait bien que la fille était excédée et que cela n'avait rien à voir avec les autres femmes. Elle était un peu impatiente avec sa mère – comme il pouvait l'être lui aussi, il le reconnaissait – et par moments débordante d'affection envers ses tantes. À part ça, elle restait plutôt à l'écart. Il l'aperçut penchée au-dessus du bastingage, le regard perdu sur un horizon qu'elle ne voyait sans doute même pas, devinait Michel. Lenny appelait ça le « regard à mille mètres de là ». Lorsqu'il lui parlait, elle répondait poliment mais par monosyllabes. Une gosse de riches, gâtée sans doute, qui se trouvait trop bien pour échanger trois mots avec un vagabond des mers. Pourtant, il n'arrivait pas à la quitter des yeux. Avec son dos droit, ses épaules basses, comme si elle s'efforçait de maintenir une charge en équilibre, elle avait le port altier d'une toute petite reine, même sur le pont d'un bateau. Et quand elle le regardait, c'était bien en face, sans fausse coquetterie. Elle lui adressait ensuite un sourire narquois, comme contrarié ou ennuyé. Peut-être qu'elle le trouvait vieux, que ça la dégoûtait de se sentir épiée dans ses moindres mouvements. C'est qu'il allait bientôt se faire vieux, pour ici. Bizarrement, la fille semblait s'intéresser vivement au bateau et à ce qu'en disait Lenny. Elle voulait savoir comment on lestait les flotteurs, par exemple, et connaître la puissance du moteur.

Peut-être qu'elle était homosexuelle.

La plupart des filles le *regardaient*, au moins.

Mais, pour être honnête, elle avait l'air d'une fille bien, cultivée, pas d'une fille des îles. S'il avait choisi une autre vie, ou s'il avait seulement possédé la moitié de ce bateau, peut-être aurait-il pu envisager une vraie relation avec elle, pas un simple jeu. Non, elle était trop bien pour lui, sauf pour jouer. Et ce serait à elle d'en décider. S'amuser un peu n'avait jamais fait de mal à personne. Michel s'efforça donc de l'ignorer. En général, ça marchait. Mais elle n'avait pas l'air de faire d'efforts pour l'ignorer, lui.

Ce n'était que le premier jour. Ça pouvait s'arranger.

Lorsqu'elle se hissa sur la pointe des pieds pour grimper sur l'avant du pont, il ne put s'empêcher d'imaginer ses mollets musclés lui enserrer la taille. Lenny, implora-t-il mentalement, rien que cette fois-ci. Sous ses yeux, la fille s'enduisait les bras d'huile solaire, lentement, trop lentement, puis les épaules, qu'elle avait fines et puissantes, et entre les seins, à l'endroit où elle portait un minuscule crucifix d'enfant, en or. Elle se rendit compte qu'il la regardait, abaissa ses lunettes, et une lueur surgit au fond de ses yeux noirs. Mais ce fut tout. Elle ouvrit son livre et se mit à en tourner réellement les pages. Michel dut se retrancher dans le carré. Il lui fallait de la glace dans son pantalon.

De son côté, Cammie essayait de calculer l'âge que pouvait bien avoir l'homme à l'accent français. Vingt ans, peut-être ; ou trente ? Et même quand elle s'appliqua consciencieusement son huile solaire – un truc qui mettait normalement les garçons en hyperventilation –, il continua tout bonnement à affaler le foc ou Dieu sait quoi. Très bien, qu'il aille se faire foutre. Sa conversation devait probablement être aussi intéressante que celle d'un gilet de sauvetage mouillé. Elle pensa à Trent, un bref instant, sans pouvoir s'en empêcher, comme on reconstitue le début des orages dévastateurs qui se sont abattus sans prévenir. Elle n'avait jamais été portée sur les adages ; mais, Seigneur, peut-être que les hommes étaient réellement tous les mêmes – hypnotisés par leurs propres besoins et oublieux du reste de l'univers.

Michel se demandait s'il y avait la moindre chance que Lenny lui fiche la paix cette fois-ci, si jamais les choses devaient évoluer favorablement et que la mère de la fille se montrait compréhensive. Lenny avait toujours ignoré les autres jeux de Michel – un rendez-vous galant à bord du bateau d'un groupe d'amies qui fêtait un enterrement de vie de jeune fille (pas avec la future mariée, Michel avait des principes ; la fille aussi, supposait-il, dans ce domaine en tout cas – même si les jeunes Américaines et Britanniques étaient assez libres).

Il y avait eu une jeune Allemande, en vacances avec sa tante, qui mettait autant de passion dans l'échange physique qu'il y en aurait à brancher un mixer, et la plus émouvante, une veuve d'un âge mûr, pas aussi froide et séduisante que l'étrange femme également d'âge mûr à la peau mate de cette croisière – mais jolie à sa manière, douce et franche. Elle s'était jointe à une croisière organisé par e-mail, à un groupe de femmes qu'elle ne connaissait pas. Michel avait fait abstraction de son âge – le double du sien –, de ses cuisses – deux fois la taille des siennes –, et l'avait amenée dans sa cabine pour lui faire l'amour ; elle avait pleuré, et dit que c'était la première fois qu'elle s'était imaginé pouvoir ressentir de nouveau pareilles sensations. Il avait reçu une carte de sa main par la suite. Elle s'était remariée et avait eu un bébé. Il en avait été heureux.

Seul Lenny était au courant. Lenny était toujours au courant de tout. Et il serait fatalement au courant si Michel faisait des avances à cette fille – avec sa mère protectrice et toutes ses tantes à bord. Faisant mine d'être absorbé par son travail, Michel laissa traîner ses oreilles. Bombe ou pas, la fille n'était qu'une adolescente.

Interdite. À qui que ce soit.

Ils naviguèrent au moteur pendant un moment et mouillèrent dans Saltpond Bay pour l'après-midi : bain de mer et de soleil, suivi du dîner et d'une nuit en mer.

Tracy accepta l'offre que lui fit Lenny de les emmener en ville avec l'annexe pour qu'elle puisse poster des cartes à Ted et Jan ; et Michel emmena Cammie plonger à Rhone Reef, avec ses deux grottes coralliennes à seulement une dizaine de mètres sous l'eau. Elle portait une combinaison de plongée sur un une-pièce noir, mais Michel était comme hypnotisé. Elle ne se comportait pas comme une gourde, ainsi que peuvent le faire certaines femmes pour charmer, l'invitant à les toucher sous le prétexte de se faire aider. Elle avait un mouvement régulier, puissant et bien allongé sous l'eau, et malgré son ravissement enfantin lorsqu'une tortue de mer battait paresseusement des nageoires près d'eux, elle ne bougeait pas pour éviter de la déranger, contrairement à tant d'autres. Il lui indiqua les coraux, leur profusion de minarets et de tourelles, leurs pastels inquiétants, qu'aucun humain n'aurait jamais dû voir.

– Merci, dit-elle lorsqu'ils refirent surface.

– Tu es bonne plongeuse.

– Je n'ai plongé qu'une douzaine de fois, pourtant.

– Une vraie fille des îles, dit Michel.

– Euh, sûrement, répondit brièvement Cammie.

– Tu es d'où ?

– De l'Illinois.

– Je n'y suis jamais allé.

– Ce n'est pas vraiment un endroit où on va, lui dit Cammie en s'essuyant. La plupart des gens ne voient que l'intérieur de l'aéroport.

– J'aimerais bien connaître Chicago.

– C'est pas mal. Une ville super pour faire du shopping.

Merde, pensa Michel. C'était une gamine stupide et gâtée.

– Tu vas à l'école ?

Cammie se mit à rire, et à son grand soulagement, d'un rire agréable et munificent.

– C'est comme ça qu'on dit université en français ? Oui, je vais à la fac. Je fais des études d'ingénieur.

Elle poussa un soupir et ajouta :

– Je finirai à Chicago dans un immense building qui sera la copie conforme de celui d'à côté.

– C'est ça que tu veux ?

Elle rit à nouveau.

– En fait, oui ! Ne fais pas attention à ce que je dis. C'est juste qu'il y a un truc que je n'arrive pas à me sortir de la tête, et ça me met de mauvais poil.

– C'est un bon endroit pour tout oublier, dit Michel avec l'impression d'entendre une publicité d'agence de voyages.

– J'y compte bien, répondit Cammie en esquissant un sourire forcé.

Une histoire de mec ? s'interrogea Michel. Ou un grave problème familial ?

– Et pourquoi ingénieur ? demanda-t-il pour continuer la conversation.

– Ben, quand les gens pensent « environnement » à protéger, ils ont un décor comme celui-ci en tête. Mais la ville fait partie de l'environnement, elle aussi. On doit la soigner. Entretenir les abords. La planifier. Enfin bref, c'est pas très intéressant…

– Mais si, s'empressa de répondre Michel. Tu as raison. On ne pense pas d'une ville qu'elle a besoin d'être protégée.

– Tu le penserais si tu voyais les grands ensembles Robert Taylor, lui répondit Cammie en ôtant sa combinaison.

Michel déglutit péniblement, ce que Cammie nota du coin de l'œil avec satisfaction. Ce type était… vraiment, vraiment sexy, quel que fût son âge. Elle ne lui laisserait certainement pas deviner que… mais d'un autre côté, si elle… bref. Dans ce cas, elle pourrait se dire, en tombant sur Trent à la rentrée et en pensant à sa cavalière inventeuse-de-corde-à-linge : Va donc te pendre dessus, Trent. Peut-être qu'elle pourrait couler Trent comme une épave.

Elle s'éclipsa pour s'habiller pour le dîner et ressortit les cheveux raides et mouillés, sans maquillage, en short et simple tee-shirt. Michel nota qu'elle mangeait de bon appétit. Il ne supportait pas les femmes qui faisaient mine de picorer pour que les hommes les trouvent délicates. Plus tard, quand ils eurent avalé la tarte aux citrons verts jusqu'à la dernière miette, ils se rassemblèrent avec leur mug de café à la main comme des enfants au coin du feu et demandèrent à Lenny de leur raconter des récits de bataille.

Avant de commencer, Lenny annonça :

– Je veux que vous sachiez que demain, je vais devoir descendre à terre présenter vos passeports : on quitte le territoire des États-Unis. En arrivant à Norman Island, on sera dans les eaux territoriales britanniques. Il faudra présenter nos passeports deux fois encore pendant la croisière. Donc, si vous avez besoin de quoi que ce soit, dites-le-moi tout de suite ou venez avec moi demain. Compris ?

– D'ac', mais maintenant, une histoire. Une histoire de

cape et d'épée ou de supplice de la planche chez les pirates, tout ça, supplia Holly.

– Pour commencer, ils n'ont jamais fait ça.

– Quoi ?

– Le supplice de la planche. Ç'aurait été gâcher une planche. S'ils voulaient tuer quelqu'un, il leur suffisait de lui attacher les mains et les pieds et de le pousser par-dessus bord. Je ne sais pas d'où vient cette légende de planche et de bandeau sur les yeux, sauf si c'était réservé à un membre de l'équipage et qu'ils voulaient donner l'exemple.

Les gens avaient toujours envie d'entendre les mêmes choses, pensa Michel tout en se mettant à faire la vaisselle après avoir poliment refusé l'aide de Holly. Et pour qui ne les avait jamais entendues avant, les histoires de ces îles mystérieuses, ballottées entre différentes cultures depuis des siècles… elles étaient captivantes, il devait le reconnaître. Ils voulaient savoir si quelqu'un avait jamais été tenté de faire rôtir et de manger un camarade de bord, qu'on leur parle de bateaux fantômes et de flibustiers. Ils étaient déçus d'apprendre que les pirates modernes étaient les équivalents des gangsters de L.A. et que l'activité principale des îles était le trafic de drogue.

Heureusement, les îles avaient toujours regorgé de personnalités légendaires, depuis l'époque de Christophe Colomb. Et ça continuait. Et la plupart d'entre elles étaient réelles. Barbe Noire avait bel et bien existé.

– À vrai dire, certaines des choses vraiment étranges qui ont pu se produire ne figurent pas dans les livres, commença Lenny tandis que les femmes terminaient leur deuxième bouteille de vin.

Michel savait ce qui allait suivre.

Lenny ne se lassait jamais de raconter l'histoire du voilier *Annabeth*, venu se mettre à couple pour saluer son ami Lee Wikowsky en 1994, par une nuit claire et sans nuages. D'après Michel, Lenny était jaloux de ce que Lee, un homme parfaitement quelconque, ait vu l'*Annabeth* et pas lui. La lune brillait tellement, leur raconta Lenny, que Lee pouvait lire le nom du bateau, tout voir, mais pas le visage de l'homme qui l'avait hélé – un homme, remarqua-t-il, qui portait des bretelles.

– Ma femme est malade, avait lancé l'homme, à en croire Lenny. Vous pouvez m'aider ? Elle est en train d'accoucher. Vous avez un cuisinier à bord ?

Lenny ajouta que son ami avait été étonné : un cuisinier ? Il se tut, laissant le suspense monter. Puis il reprit enfin :

– Lee répondit qu'il avait été toubib dans l'armée. Il dit : « Je peux vous aider, si le bébé ne se présente pas par le siège, si on peut faire quelque chose. Ça se présente mal ? » « Je ne crois pas, répondit l'homme. Mais elle souffre beaucoup. » Ce sont ses mots. Cependant « souffrir beaucoup » est une expression toute faite. On ne l'utilisait pas à la légère dans les parages. Et ça n'a pas échappé à Lee.

Les femmes étaient penchées en avant, subjuguées, tandis que Lenny décrivait Lee en train de descendre en vitesse pour chercher sa trousse de premier secours et des ciseaux aiguisés, de la ficelle, des couvertures, une casserole pour faire bouillir de l'eau.

– J'ai froid, dit Cammie malgré la douceur de la nuit.

– Tu veux que j'arrête l'air conditionné ? demanda Lenny.

S'essuyant les mains, Michel se glissa auprès d'elle et lui passa un châle autour des épaules, pris dans un coffre en cèdre.

– Merci, dit-elle en levant les bras.

Leurs doigts se frôlèrent, rugueux comme de la corne pour l'un, doux comme des pétales pour l'autre. Merde, pensa Michel. Plus tard, Cammie jurerait avoir remarqué le bref mouvement de tête de Lenny – et s'être demandé si c'était sa façon à lui d'imposer sa loi à son associé. En réalité, elle ne savait pas si Michel était homo ou si ses antennes ne fonctionnaient plus depuis Trent : d'habitude, elle sentait bien si le courant passait quand un type la touchait. Celui-là s'employait à la traiter de la même façon qu'il traitait sa mère.

– Ça va mieux maintenant ? demanda-t-il.

– Ça allait bien avant, dit-elle. Mais merci quand même.

– Le fin mot de l'histoire, continua Lenny, c'est que la nuit était d'un calme absolu. Pas un souffle de vent. Nulle part. Et si le bateau avait eu un moteur, Lee l'aurait entendu démarrer. Mais quand il est ressorti, le bateau avait disparu. Totalement disparu. Ça s'est passé là où on va après-demain. Il n'y avait aucun port naturel ni relief d'aucune sorte derrière lesquels l'homme aurait pu aller se cacher, en tout cas pas un bateau tout entier. Et à l'horizon, rien, pas une ombre.

– Mais alors, c'était qui ?

– C'est toute la question. On se parle tout le temps ici, ça papote, tout ça, sur la BLU, comme le font les routiers sur leur Cibi. Le canal 23 est réservé aux urgences. Le lendemain matin, Lee a contacté un type qu'on connaissait tous les deux, il est mort maintenant, le pauvre. J'étais là quand il a eu sa crise cardiaque. On a tout essayé. Depuis, on s'est équipé d'un défibrillateur portable.

– Allez, allez ! s'écria Holly. Non pas que je ne sois pas désolée pour votre ami, pardon. Je le suis, sincèrement.

Lenny arbora ce sourire que Michel connaissait si bien, enchanté qu'il était d'avoir accroché son public, de savoir que cette nuit, elles se dévisseraient toutes le cou par les hublots pour voir la goélette noire *Annabeth*.

– Donc, cet ami commun, Jack Trijillo, Lee jure qui l'a entendu pâlir à la radio quand il a mentionné l'homme aux bretelles. Et il a dit : « Laisse-moi deviner, sa femme était en train d'accoucher ? » Et Lee a répondu : « Ah bon ? Il est venu te trouver ? Le bébé s'en est tiré ? » Et Jack a dit : « Il n'a jamais accosté personne. Pas dans cette vie-là. » Alors, Lee lui fait : « Mais qu'est-ce que tu racontes, Jack ? » Là, on a tous prêté l'oreille, chacun de notre côté, Sharon et Reg, tout le monde, quasi. Jack a dit, très lentement : « Lee, cet homme n'existe pas. Enfin, il a existé, mais il n'existe plus. Ce bateau a coulé en 1890. Vérifie les archives du *V.I.* – c'est notre journal, le *Virgin Islander*. Il a dit : « Vérifie les archives si tu ne me crois pas. Il a coulé corps et biens – Charles Quillen, un marchand de textiles, ses fils et leurs femmes, sa fille de cinq ans…

– Et sa femme enceinte, conclut Holly.

– Et c'était comme le… ? Vous avez entendu parler de la *Mary Celeste*. On a retrouvé la *Mary Celeste* en train de dériver, la table mise pour le petit-déjeuner, la nourriture encore chaude, le pont couvert de sang…

– Oh mon Dieu ! Je ne vais plus pouvoir dormir, maintenant !

Olivia était haletante.

– Ben moi si, et ne t'imagine surtout pas que tu vas pouvoir laisser la lumière allumée ! s'écria Holly. Ce sont des fadaises. Comme cette ferme éclairée près de chez nous, qui existait bien avant que Westbrook ne devienne une ville, et dans laquelle un pasteur itinérant a massacré toute une famille un soir de Thanksgiving…

– Je vais dormir dans le filet, dit Olivia. Vous auriez un… comment vous appelez ça ?

– Un harnais ? demanda Lenny. Bien sûr, mais vous allez peut-être vous réveiller trempée si on croise quelques vagues.

– Je suis plutôt coriace, dit Olivia.

– Le sang de qui ? demanda Cammie.

Lenny haussa les épaules.

– Ça me paraît louche, cette affaire. Comment deux bateaux aussi distants l'un de l'autre auraient-ils pu voir le même voilier la même nuit ?

– Est-ce qu'ils ont été attaqués par des pirates ? demanda Holly.

– Personne n'en sait rien, répondit Lenny en débarrassant les verres. C'est l'explication la plus logique. Mais voyez-vous, c'est que ça ne s'est pas passé la même nuit, Cammie. Jack Trijillo a vu l'*Annabeth* une bonne *année* avant Lee…

– Oh allez, dit Cammie. Vous racontez ça aux touristes. Ça n'est jamais arrivé, et vous le savez bien !

– Je ne sais que ce qu'on m'a dit, répondit Lenny avec un haussement d'épaules. Quant à Lee, eh bien, vous ferez sa connaissance. C'est lui qui tient le bar du *Willie T.*, le bar-restaurant flottant le plus célèbre des îles Vierges. Un gros cargo reconverti en restaurant avec piste de danse. On y fera un saut demain après la plongée. Vous lui demanderez vous-même. Lee ne boit pas une goutte. Il n'a plus jamais bu après ça. Et à ma connaissance, il n'a jamais menti. Il a vendu son bateau au printemps suivant, pour aller travailler sur le *Willie T.*, qui doit son nom au pirate William Thornton. Pour ce qui est de l'*Annabeth*, ce n'est pas une vieille légende. Ça s'est passé il n'y a pas si longtemps. Ce bateau a bel et bien existé. Et Lee n'est pas le seul à l'avoir vu. J'ai parlé à trois ou quatre personnes qui l'avaient vu elles aussi. Et chaque fois, la même histoire.

– Je meurs de trouille, maintenant ! dit Tracy. Cammie, tu es prête à te coucher ? Je ne vais plus nulle part toute seule !

Cammie et Tracy s'installèrent sans bruit dans leur cabine, et Michel vit la lumière s'éteindre une demi-heure plus tard. Celle de Holly ne s'alluma pas du tout. Il se brossa les dents et s'allongea pour lire sur son lit fait au carré.

Puis il se dit qu'il devrait peut-être aller jeter un œil sur la comtesse pour s'assurer qu'elle n'était pas passée par-dessus bord. Il se faufila donc furtivement sur le pont avant. Elle était appuyée sur ses deux mains, son dos nu long et pâle, le haut de son maillot ouvert là où elle avait défait le nœud.

– Tout va bien ? demanda-t-il.

– Très bien, lui répondit Olivia de sa voix rauque. Vous fumez ?

– Personne n'est censé être au courant. Une de temps en temps seulement.

– Moi aussi. Vous en avez ?

Il s'assit en tailleur à côté d'elle, et elle retint la couverture contre sa poitrine quand il gratta pour elle une allumette entre ses mains.

– Vous devriez… je ne voudrais pas paraître grossier, mais vous devriez vraiment mettre un survêt' ou quelque chose. Vous pourriez prendre froid, dit Michel.

Olivia fuma sa cigarette délicatement sans répondre. Elle

repoussa son épaisse chevelure noire et ondulée de son visage, et regarda Michel sous des paupières lourdes et artistement fardées. Enfin, elle jeta le mégot à l'eau d'une chiquenaude, et tourna vers lui un visage interrogateur.

– C'est biodégradable, dit Michel. J'utilise du bio.

– Vous pourriez peut-être me prêter le sweat-shirt que vous portez. Je suis sûre que vous en avez dix comme ça, dit Olivia.

– Pas de problème, dit Michel passant les bras au-dessus de sa tête pour l'ôter.

– À moins que… il y a d'autres moyens de se réchauffer.

Elle retira la couverture et se découvrit, nue.

Michel sut avant même de sourire qu'il le regretterait. Mais c'était un garçon poli ; et elle était séduisante, cette femme étrange, pas aussi belle que Cammie. C'était à Cammie, le fruit défendu, qu'il devait de se sentir mal dans sa peau, et consumé de désir. On s'offrait à lui… Il retira son sweat-shirt, mais ensuite le plia pour en faire un oreiller.

QUATRIÈME JOUR

Cammie se réveilla la première et s'apprêtait à préparer du café.

Lenny, déjà vêtu d'un tee-shirt et d'un short effrangé, la devança et la fit s'asseoir dans le carré.

– Vous êtes censée vous reposer, dit-il.

– C'est tellement beau. Le bateau. Même l'air. D'où vient l'eau, celle des robinets ?

– On a des réservoirs remplis d'eau douce. Pourquoi cette question ?

– On peut faire de l'eau potable avec de l'eau salée ?

– On a un désalinisateur, mais il faudrait des jours pour obtenir de quoi prendre une douche.

– Le sel doit finir par vous irriter.

– Oui, c'est vrai. (Lenny sourit.) Mais j'ai la peau bousillée de toute façon. Je n'ai jamais mis d'écran solaire jusqu'à ce que ma femme m'y oblige. Elle a exigé d'aller voir un médecin avant qu'on se marie pour vérifier que je n'avais pas de mélanome. Elle disait qu'elle s'en fichait d'épouser un vieux, mais qu'elle ne tenait pas à en épouser un mort.

Tous deux se mirent à rire.

– Je trouve que vous ne vous en sortez pas trop mal.

– Moi aussi, dit Lenny. Qu'est-ce que tu veux faire plus tard ?

– Je fais des études d'ingénieur.

– Ça doit être difficile.

– Ça va. Je n'aime pas le reste. La poésie et ce genre de trucs.

– Bizarre. Je vois un tas de gosses pendant nos traversées, avec leurs copains ou leurs parents. Ils sont tous stressés au sujet de leur futur métier. Stressés par l'école, ajouta Lenny.

– Hmmm, dit Cammie. Ben, j'ai un boulot garanti. On va créer notre propre société mon père et moi, quand j'aurai fini.

Lenny dit :

– C'est ça qui me plaît. J'aime être mon propre patron. Je m'inquiète trop au sujet du bateau. Et on tient à ce que tout soit parfait, moi surtout. Ça me rend dingue. Je ne peux pas te dire comment on y arrive. C'est du boulot, même si je sais que ça ressemble à de longues vacances. Mais on adore être ici. Et ça nous permet de rester et de garder le bateau.

– Ouais. Mais vous travaillez au paradis.

– Il y a un revers à la médaille, lui dit Lenny, souriant, tâchant d'éviter qu'elle ne voie Michel qui se glissait en silence dans sa cabine. Zut, songea-t-il. Ce qu'il avait entendu cette nuit, de son ouïe aiguisée, était bien réel. Même pour Michel, ça n'était jamais arrivé, découcher dès le premier soir. Lenny ne tenait pas à ce que cette gosse l'apprenne. L'idée était déplaisante. Il tenta de détourner son attention en lui montrant où trouver le sucre.

– Il y a plein de gens ici qui veulent profiter des autres, ou qu'on profite d'eux.

– On dirait une chanson d'Annie Lennox, dit Cammie.

Lenny ignorait totalement qui était Annie Lennox, mais il hocha la tête.

– Vous avez des enfants ? demanda Cammie alors que le mélange noir, riche, commençait à passer.

– J'ai un enfant, mais pas de ton âge, dit Lenny. Il est à peu près grand comme ça (il écarta les mains d'environ soixante centimètres). Pour lui, je suis le roi chaque fois que je lui donne un biscuit.

– Un bébé ! dit Cammie. Maman adore les bébés.

– Elle n'a pas l'air mal lotie avec toi.

– Ah, c'est que moi aussi, j'ai ma face cachée. Vous voyez, ma mère et ses amies ? Elles formaient une super bande au lycée. Elles ont des photos d'elles avec leur choucroute sur la tête et des minijupes noires, genre cathos gothiques. Elles s'étaient surnommées les Parraines. Vous connaissez le film *Le Parrain* ? Elles se voyaient en rebelles. Mais elles n'étaient que des petites banlieusardes. À mon avis, aucune d'elles n'a jamais pris ne serait-ce qu'une amende pour excès de vitesse. Le genre d'histoires qu'elles racontent, c'est qu'elles faisaient courir un bâton le long de la barrière métallique du monastère Saint-Dominique pour exciter les dobermans que gardaient les moines. Elles sont ridicules. Je me moque d'elles.

– Ta face cachée n'est pas si noire que ça.

– Je pourrais basculer si je voulais, dit Cammie, en versant au moins trois décilitres de lait dans son café.

– Pourquoi ?

– Ben, pour énerver ma mère, pour commencer. Elle se fâche jamais. Ça fait dix-neuf ans que j'essaie.

Lenny se demanda pourquoi elle se confiait si volontiers. Puis il se remémora ses dix-sept ans, quand il avait quitté l'Iowa pour se rendre dans un camp d'été et qu'il avait raconté sa vie à une vieille dame à bord de l'autocar. On trouvait une consolation auprès d'un inconnu dans le train, qui ne vous reverrait jamais – de la même nature que la moisson psychologique des tenanciers de bars. Il n'osait pas imaginer les histoires que recueillait Quinn Reilly dans son pub.

– Peut-être que tu devrais prendre une année sabbatique après la fac, traverser l'Australie en stop, t'enrôler dans les Peace Corps, revenir ici et te faire engager comme équipière. On ne peut pas apprécier un lit chaud et quatre murs avant d'avoir essayé d'affaler une voile, complètement trempé, dans un ouragan.

– Je pensais à quelque chose de ce genre. Vous croyez que ça me donnerait une bonne leçon de vie, c'est ça ?

– C'est ce que ça m'a fait. Je ne me suis jamais senti plus seul. Ni plus libre.

– Vous avez vraiment traversé un ouragan ?

– À ton avis ? rétorqua Lenny, pour se repentir aussitôt. Tous ceux qui ont passé un peu de temps ici l'ont fait. Je l'ai vu aspirer l'eau dans son œil pour rebondir en tous sens comme une balle, explosant les maisons partout où il frappait. Des bandes de nuages étaient aspirées vers le bas aussi. Et pendant tout ce temps, on était dans un calme absolu, pendant que ça pétait à deux cents mètres de là.

– Doux Jésus, souffla Cammie.

– Mais c'est excitant ! Et une fois, avant que je sois avec Michel, j'ai charté un bateau dans une dép' tropicale – c'est-à-dire une dépression tropicale – de niveau deux, avec des creux de plus de cinq mètres. On ne faisait que monter et descendre, d'un côté, de l'autre. Et c'était un catamaran. C'est assez facile de dessaler en catamaran, parce que quand ils prennent de la vitesse, ils se lèvent sur une seule coque. Ça volait dans tous les sens, les cartes et les papiers, la bouffe, les portes des placards se détachaient, les boîtes de conserve roulaient partout.

– Waouh… Ça fait un sacré souvenir. Si on survit, dit Cammie sans être effrayée pour autant, plutôt comme si elle savourait l'idée sous son palais, pour la goûter.

– C'est quoi le souvenir, si on survit ? demanda Tracy qui baissait la tête pour passer avec précaution de la clarté éblouissante du matin ensoleillé aux ombres du salon. J'ai dormi comme un sonneur.

– C'est ça, ou le contraire, lui répondit Lenny. Pour ma part, j'aime le bercement. Ça me réconforte. D'autres disent que ça les désoriente.

– M'man, Lenny a un petit bébé, dit Cammie. Elle vous accompagne, votre femme ?

– Pas souvent. Meherio aime l'océan par moins d'un mètre de profondeur, et chaud. Mais on va naviguer à Trinidad cet hiver. Quand on est uniquement en famille, c'est plus facile.

– C'est un très joli nom, dit Tracy tandis que Lenny songeait à part lui : Qu'elles sont sympas. Sauf la beauté entourloupe là-haut sur le trampoline. Qui était peut-être, pour autant qu'il le sache, sympa elle aussi. C'est juste que ce n'était pas l'impression qu'elle lui faisait au premier abord. Tracy était ce que sa mère aurait qualifiée de « belle femme », solide et séduisante, sans l'éclat de sa fille.

– Qu'est-ce que ça veut dire ?

– Meherio ? En maori, je crois que ça signifie sirène ou celle qui apporte des cadeaux. Elle me les a apportés. On attend un deuxième enfant.

– Félicitations, lui dit Tracy en acceptant son café.

– On peut plonger après le petit-déjeuner ? demanda Cammie.

– Pas tout de suite. Mais dès que j'ai fait les papiers et qu'on aura mouillé, promit Lenny. Montez maintenant. Je vous apporte des roulés à la cannelle dans quelques minutes.

Resté seul, il balaya l'horizon du regard. Quelque chose n'allait pas. Il n'y avait rien au large. Il appela sur la BLU pour joindre Lee et vérifier si le bar était ouvert, mais aussi pour demander s'il avait entendu parler de mauvais temps.

– Tu vas m'obliger à raconter cette vieille histoire encore une fois, lui reprocha Lee. Eh ben, venez. Quand je pense que c'est l'unique expérience surnaturelle de mes cinquante-cinq années d'existence, on peut dire qu'elle retient l'attention. Non, il n'y a rien qui se prépare, Len.

Lenny appela tout de même Sharon Gleeman, son capitaine préféré. À soixante ans, et naviguant toujours avec son partenaire, Reginald Black, Sharon arrivait pour ramener son bateau dans les Hamptons pour la saison après une croisière de trois semaines. Sharon était riche, elle n'avait nul besoin de faire des croisières. Mais elle adorait le métier. Reginald était pédé comme un phoque, disait Sharon qui avait passé ses plus jeunes années avec un amant dans chaque port, selon l'expression consacrée. Mais ils avaient possédé ensemble le *Big Spender* durant trente d'entre elles. Sa maison dans les Hamptons, que Lenny connaissait, comportait sept chambres. Il n'y a rien à l'horizon, Lenny, lui dit-elle. Mais elle lui recommanda de ne pas faire de trop grosses provisions. Elle avait plein de restes : un de ses hôtes avait dû écourter une croisière pour raison familiale.

– Qu'est-ce que je te dois ? demanda Lenny pour la forme.

– Une visite à Noël, répondit Sharon. Pour la bouffe, c'est toi ou les requins, Lenny. Ça m'est égal de te l'offrir.

Ils se quittèrent chaleureusement. Ce devait être la nouvelle de la grossesse de Meherio qui le rendait à cran, se dit Lenny.

Olivia se hasarda hors de sa cabine. Elle portait un ample pantalon blanc et un tee-shirt transparent par-dessus un maillot de bain. Elle engloutit deux tasses de café et prit un roulé.

– Vous avez bien dormi ? demanda Lenny.

– Si on peut dire, dit-elle en le regardant droit dans les yeux. Ce bateau me réussit.

– J'ai entendu dire que vous viviez en Italie.

– Mon mari est mort il y a six mois. Il avait un cancer du pancréas.

– Je suis désolé, répondit Lenny tout en refoulant l'idée d'une vie sans Meherio.

Olivia ajouta :

– Je suis heureuse qu'il soit en paix. Au moins, il y a ça. Son associé a acheté la *fattoria*, et je suis rentrée au pays.

– Vous vous sentez chez vous ? demanda Lenny.

– Pas encore. Mais bon, je n'y ai passé qu'une journée. On est venues ici le lendemain de mon arrivée. Je n'ai vu que ma mère, un après-midi.

– Vous croyez que ça sera chez vous un jour ?

– Je n'en sais rien, dit Olivia pensivement, rompant une autre miette.

Holly avait émergé de sa cabine et s'était jetée sur la banquette à côté de Tracy.

– Si ce n'est pas le cas, je rentrerai en Europe. Ou ailleurs. J'ai la chance d'avoir le choix. Mais quand on est seule, on a envie d'avoir ses amis autour de soi.

– Elle n'a pas voulu qu'on vienne à l'enterrement, dit Tracy.

– Parce qu'il n'y en a pas eu. Franco a été enterré sur les terres familiales, par un prêtre qu'on connaissait à peine. Il n'y avait aucune raison de venir.

– On aurait pu être là pour toi. Et rapporter tout ce vin à la maison, répondit Holly d'une voix étouffée.

– Vous n'avez pas idée du nombre de caisses que je vous ai envoyées ! Des douzaines et des douzaines ! J'ai pris tout ce qu'il y avait de mieux, dit Olivia, sur quoi Holly fit mine d'applaudir. Puis elle reposa ses mains sur ses genoux.

S'assurant que Tracy remarquait sa générosité, Holly poursuivit :

– Tu aurais dû nous laisser venir, Livy. Je sais que tu n'avais pas d'amis dignes de ce nom là-bas.

– Ça allait. On avait des connaissances proches et une infirmière à domicile. Ç'avait été une mort tellement atroce, même avec tous ces antidouleurs, et c'était un homme si gai… J'ai envisagé de rester et de gérer l'affaire. Mais l'associé de Franco m'a racheté l'affaire et la villa. Franco avait également une ex-épouse. Vous le saviez ? Elle était très belle et très chic. Andrianna. Elle naviguait. Elle avait son propre bateau. *Felicia.* Le bonheur. Elle est morte pendant un orage au large de la Riviera Italienne. Elle était seule.

– On dirait Rebecca de Winter, dit Holly.

– C'est qui, Rebecca Dee Winter ? demanda Cammie.

Les trois femmes poussèrent un soupir.

– On ne lui a pas fait lire *Rebecca* ? demanda Holly.

– J'en ai un exemplaire, dit Lenny. Je le lui passerai.

– Elle est morte sur un voilier ?

– Ouais. Plus ou moins, répondit Tracy.

– Mesdames, si vous voulez téléphoner chez vous, c'est le moment. Quand on aura pris le large, il ne nous restera plus que les radios.

Tracy appela Jim et Ted. Ted demanda à parler à Cammie, et Cammie lui proposa joyeusement de lui rapporter un tee-shirt. Qu'est-ce qu'il voulait dessus ? Elle s'extasia sur le temps, dit à son père qu'elle l'aimait, et lui demanda de faire le nécessaire pour que l'intérimaire dépose les permis de construire pour la maison du lac des Serrano. Tracy téléphona à Janis. Dave allait bien, évidemment, il pouvait se tenir assis et mangeait du pudding au tapioca. Il s'agissait d'une simple appendicite – pas vraiment le bout du monde.

– Je te l'avais dit, la réprimanda Tracy.

– Pas la peine d'insister, dit Janis. Si ça peut te faire plaisir, je me sens super mal. Il fait tellement chaud que si tu étais ici, tu voudrais acheter un appart en enfer. Même le *chien* a une infection urinaire. Qu'est-ce que vous faites ?

– On finit des roulés à la cannelle et des Mimosas. Ensuite on va plonger à l'île Norman, la véritable île au Trésor.

– J'espère que vous vous noierez. Comment va Livy ?

– Elle va bien, franchement, elle va bien. Je crois qu'elle a eu le temps de se faire à la mort de Franco avant. C'était sans doute une espèce de soulagement. Il faut que j'y aille. Je t'aime, cousine.

– Moi aussi. Amuse-toi bien, Trace. Sincèrement.

Michel apparut, affichant une mine de chien battu.

– Len, j'ai tout vérifié. Alors, je prépare les bouteilles ? Deux plongeuses ? Une autre plongeuse avec masque et tuba ?

Len haussa les épaules et regarda les femmes.

Holly déclara :

– Je prends le masque et le tuba.

À son crédit, songea Michel, elle se couvrit la tête d'un turban en éponge et elle portait un discret deux pièces avec un voile autour de la taille. Elle n'était pas comme certaines des femmes qui venaient ici et oubliaient qu'elles avaient dix kilos de trop.

Tracy se glissa hors de son short. Elle portait un maillot rouge vif tout droit sorti d'un catalogue de bon ton. Michel était surpris. Cette femme était toute en muscle. Un moment plus tard, Cammie émergea, magnifique dans son bikini string bleu-vert.

– Je dois mettre une combinaison aujourd'hui, Lenny ? demanda-t-elle.

– C'est ce que font la plupart des gens. Tu pourrais t'écorcher ou te faire piquer, et le soleil ici est plus fort que tu ne le penses. Mais tu n'es pas obligée. Moi je le fais. J'ai toujours froid.

– Alors je vais essayer sans. J'avais chaud dans la mienne hier, dit Cammie.

Lenny secoua la tête.

– Bien, assieds-toi. On fait d'abord un petit tour. Michel va te descendre. Tu verras des choses magnifiques. Comme un aquarium où tous les poissons tropicaux auraient grandi. Des raies. Peut-être un ou deux requins des récifs. Certainement. Très belle journée.

– Je suis partante, dit Olivia.

Michel n'en eut l'air que plus malheureux. Bien fait pour lui, songea Lenny. Puis Olivia se reprit :

– Mais je suis trop fatiguée. J'ai besoin de dormir.

– J'ai cru que vous disiez que le bateau vous réussissait. Peut-être que vous avez besoin de pastilles au gingembre, dit Lenny en descendant d'un bond pour sortir une grande bouteille d'un placard. Tout ça suggère de la Dramamine.

– Ce n'est pas ça, répondit Olivia. Je me suis juste laissé distraire par les étoiles.

Elle envoya un mince sourire à Michel et s'éclipsa en dessous. Personne ne remarqua, à part Cammie.

Cammie dévisagea Michel avec un léger sourire railleur. Michel fut le premier à détourner les yeux.

Le temps qu'ils gagnent Norman Island au moteur et s'ancrent sur un corps-mort blanc, la matinée touchait à sa fin. Ils avaient dépassé Madwoman Reef, envahi par les derniers noceurs de la saison : Lenny avait les plongeurs idiots en horreur. La mer était d'huile. Les femmes étaient équipées, et Michel avait brièvement passé en revue les façons d'entrer dans l'eau, les règles pour éviter le corail et ne jamais toucher quoi que ce soit, à l'exception peut-être d'un concombre de mer qu'il leur donnerait à tenir un moment chacune. Olivia dormait toujours. Ils décidèrent de ne pas la réveiller.

Cammie était manifestement fâchée. Elle fit une grande enjambée pour entrer dans l'eau avant que Michel lui ait donné le feu vert et roula de côté pour attendre, le regard perdu au loin.

Michel alla chercher son appareil photo.

– Tu veux bien que je prenne quelques photos de toi sous l'eau ? On pourra te les envoyer et peut-être en utiliser certaines pour notre nouvelle brochure. D'habitude, on n'a pas de plongeuses aussi... euh...

– Il essaie de dire « belles », lança Lenny.

– Je m'en fous, lui répondit Cammie. Peu importe.

Bénissant la fatigue d'Olivia, Michel était soulagé de ne pas avoir à gérer plusieurs hormones par plusieurs brasses de profondeur.

Pendant que Holly battait joyeusement des palmes au-dessus de leur tête, Michel, Tracy et Cammie se laissèrent descendre le long de la corde, pas paliers d'un mètre, jusqu'à quatre, cinq mètres de profondeur. Il leur montra du doigt des poissons-perroquets, des poissons-clowns, un barracuda plus long que Cammie. Un requin des récifs coupa lentement la lumière du soleil au-dessus d'eux. Quand ils tombèrent sur un mérou énorme et affreux, Michel leur fit signe qu'il s'agissait d'un excellent poisson à manger, tout comme les thazards, apparentés aux maquereaux, qu'ils aperçurent. Il tendit un concombre des mers à chacune pour leur permettre de soupeser cette masse trompeuse, mousseuse. Quand il eut vérifié toutes les bouteilles, ils s'élevèrent lentement pour pénétrer dans l'une des grottes. En quelques mètres, ils purent se mettre debout. Tracy bascula son masque en arrière et eut tout juste le temps d'ôter son régulateur avant de s'exclamer :

– C'est l'une des plongées les plus fabuleuses que j'aie

jamais faite. Mieux qu'au Mexique. Je n'ai jamais vu autant de poissons.

– Personne n'arrive à les prendre. C'est pour ça qu'ils ont l'habitude des gens. Avec un fusil à harpon, on pourrait, dit Michel.

– Vous l'avez déjà fait ?

– Oui. Pas par ici. Lenny en garde un dans sa cabine, avec le vrai fusil.

– Ah, le vrai fusil, dit Cammie. Très macho. Et ça sert à quoi ?

– C'est une carabine. C'est juste par mesure de sécurité. Il ne la charge pas. On ne sait jamais. Il est arrivé que des gens se fassent attaquer dans le coin, violer ou voler. Mais on parlait du fusil à harpon. C'est facile, comme de se servir d'un... comme un lance-pierre. Tu tires et tu rembobines. Comme un pistolet à bouchon, sauf qu'il est pointu. On porte des gants et on bosse en équipe, et il faut avoir un filet tout prêt et attraper la ligne rapidement, avant qu'ils plongent.

– Pourquoi ?

– Ben, vous avez vu la taille de ce truc. Et il se mettrait à saigner.

– Et on éviterait de prolonger son agonie ?

– Je ne voudrais pas attirer les requins. Mais les poissons sont protégés ici, et ils le savent, dit Michel.

Cammie se détourna, contemplant l'horizon.

Tracy s'aventura sur une saillie et ôta ses palmes, les insérant soigneusement dans une fissure.

– Imaginez ces gens en train d'essayer de cacher des choses ici il y a plusieurs centaines d'années, dit-elle en se faufilant plus loin le long de la paroi. Michel ! le héla-t-elle, ravie. Il y a bel et bien des trucs écrits ici !

– N'allez pas trop loin, Tracy. Vous pourriez glisser. Oui, il y a des graffiti. Mais quelques érudits disent qu'il y a aussi des inscriptions qui remontent au temps des explorateurs et des pirates.

Il ajouta que nul n'avait plus le droit d'écrire ou de toucher quoi que ce soit, dans la mesure où les deux tiers de Saint John étaient désormais parc national.

– Évidemment, il y en a qui viennent se planquer ici pour faire des trucs, comme ils font partout ailleurs.

– Il y a toujours des gens qui se planquent pour faire des trucs, murmura soudain Cammie.

Michel se sentit complètement stupide – ce qu'il était. Il avait espéré qu'elle ne se rendrait compte de rien. Raté.

– Écoutez, lui dit Michel en lui faisant face et en ramenant ses cheveux fauve en arrière. Je suis vraiment désolé. C'était grossier de ma part.

– Oh, vous trouvez ça grossier ? Est-ce que le sexe fait partie du deal ? Ma tante n'est veuve que depuis cette année, vous savez.

– Je ne savais pas.

– Écoutez, ça m'est complètement égal, mais ne faites pas comme si vous n'étiez pas au courant.

– *C'est la vie*[1], lâcha Michel en haussant les épaules d'une manière étudiée. On dirait que cette conversation vous fait perdre votre temps.

– C'est bien ça. Je préférerais entendre parler des grottes.

Ils s'assirent, se tournant délibérément le dos. Cammie cracha dans son masque et le frotta consciencieusement. Les minutes s'étiraient. La voix étouffée, Tracy s'extasia sur une autre éraflure sur les parois de la grotte.

Finalement, Michel ajouta :

– Vous êtes vraiment la plus belle fille que j'aie jamais vue.

– N'importe quoi, répliqua Cammie d'une voix cassante. S'il vous plaît, arrêtez. C'est gênant.

Tracy s'approchait, et pour masquer sa déconfiture, Michel fit mine d'achever un discours touristique :

– ... et donc, ce Barbe Noire, il mettait des mèches de poudre à canon dans sa barbe et les allumait pour faire peur aux gens, il s'est littéralement brûlé la barbe. Ils emmenaient les autres bateaux dans les goulets pour les attaquer, ils les attrapaient

---

1. En français dans le texte.

101

avec d'énormes grappins. Ils n'avaient jamais besoin de tuer. Les gens leur donnaient ce qu'ils avaient, simplement. Quelques-uns partaient pirater avec eux. En fait, l'un des plus fameux pirates était un dénommé Dingdong Wilberdink.

– Seigneur... dit Tracy en remettant ses palmes. Avec un nom pareil, il est certainement devenu pirate pour se défendre. Il se serait fait tuer au collège !

– Il avait partie liée avec la maison close des pirates de l'île Olago, qu'on appelait autrefois *Love and go*, voyez-vous.

– Comme Ojibway est devenu Chippewa avec le temps... Vous savez, le nom de la tribu indienne... c'est à cause de la façon qu'avaient les gens de le prononcer, souligna Tracy.

– Exactement. Donc, ce Wilberdink, il a ouvert des bars, un hôpital pour ceux qui étaient rattrapés par leurs méfaits, ou qui avaient choppé un cas de... bref, vous imaginez, et il a monté un chantier naval – un atelier de carénage pour les bateaux pirates ! Prêtes à y retourner ?

Les femmes hochèrent la tête.

Cammie murmura :

– Pas trop tôt.

Mais une fois au fond, elles s'émerveillèrent de nouveau devant les anguilles qui détalaient, et purent profiter du spectacle quinze minutes de plus. Elles observèrent un requin nourrice, endormi loin dessous. Puis Michel leur désigna la surface, et ils entreprirent leur lente ascension.

– Vous vous êtes amusée, Holly ? demanda Michel quand ils surgirent dans la lumière éblouissante et découvrirent Holly flottant paresseusement sur le dos.

– Je vous voyais comme si je pouvais vous toucher, répondit-elle gaiement. Et j'ai aussi chaud que dans une piscine. Mais j'ai l'impression que j'ai été attaquée. J'ai une piqûre.

– Vous l'avez vu ? Ce n'était pas une méduse, par hasard ?

– On les voit ? s'esclaffa Holly. Je croyais qu'elles étaient transparentes.

– Allez, on grimpe, dit Michel. Passez-moi vos affaires, Holly la première ; je vous enlèverai les bouteilles. On peut y retourner après le déjeuner si vous voulez. On devrait mon-

102

trer cette piqûre à Lenny pour savoir s'il faut consulter un docteur à notre retour.

– Je ne veux pas aller au dispensaire. Je veux aller voir le bar du type au fantôme, dit Holly.

– Je me disais qu'on pourrait peut-être aller au *Bight* cet après-midi, dit Michel à Lenny quand ils regagnèrent l'*Opus*. C'est un chouette petit…

– Mais il y a un peu de clapot dans le coin, dit Lenny.

– Peut-être que c'est qu'une impression. C'est l'effet que ça fait, lui dit Michel. Et la paperasse, finie ? Météo ?

– Rien à signaler. On verra pour le *Bight*. C'est un chouette endroit, le *Pirate's Bight*, l'Anse du pirate, une jolie crique avec un bar magnifique, mon bar préféré, sur une petite plage. Pourquoi ne pas manger un morceau ? Vous avez dépensé plus d'énergie que vous ne l'imaginez. Appelle Olivia, Michel. Peut-être qu'on ira au *Bight*. On prendra le canot sans faute pour le *Willie T.* à la tombée du jour.

Si Holly ne s'était pas fait piquer et n'était pas tombée ensuite, Michel ne l'aurait peut-être jamais embrassée, se dirait Cammie plus tard.

Elle regretterait – amèrement – ce qui était arrivé à sa tante Holly. Elle se le remémorerait avec une douleur froide qu'elle ne parviendrait jamais à nuancer de philosophie. Et en même temps, elle se sentirait infiniment reconnaissante, paradoxalement, que Michel ait eu l'opportunité de l'embrasser.

Tante Holly s'était bousillé le dos à Noël et avait pris du poids. Elle n'était donc pas aussi agile que les autres pour descendre dans le petit bateau à moteur.

– Alors, Lenny, c'est une annexe ou un youyou ? Je vous ai entendu utiliser les deux mots.

– C'est une annexe. C'est comme ça qu'on devrait l'appeler. Je ne sais pas pourquoi on se trompe parfois. J'imagine que c'est parce que les gens ont plus l'habitude du mot *youyou*. Là-haut, le radeau de survie qui est attaché au mât, c'est un canot pneumatique. Dedans, il y a des rations de survie en réserve.

– Qui sont ?…

– Des plats lyophilisés, prêts à consommer, comme à l'armée. (Lenny se tapa le front.) Les gens trouvent ça infect. Moi, j'aime bien. Et de l'eau et des couvertures, ce genre de choses… De quoi survivre un certain temps, quelques jours, en fait, si aucun requin ou corail ne déchire l'annexe. C'est livré comme ça. Avec les avirons et tout.

– Donc on ne peut pas mourir à bord de l'*Opus*, comme les gens sur l'*Annabeth*, dit Holly qui s'apprêtait à suivre Olivia dans le canot.

– Eh bien, on peut, mais il faudrait que tout un tas de choses tournent vraiment mal. Il est insubmersible, par exemple, à moins que le mât ne soit cassé et qu'il n'entraîne le reste. C'est un bateau sûr.

– C'est ce que je vais me dire, dit Holly. Et il faut que vous me donniez le nom de ces pastilles au gingembre, si jamais je me décide à avoir plus d'enfants et que j'ai des nausées le matin, ou des nausées tout court. Elles sont miraculeuses. Sauf qu'elles ne marchent pas pour l'instant. Lenny, Trace, je suis désolée. Je ne me sens pas bien du tout.

Elle descendit la dernière marche en direction du canot puis glissa, s'écorchant le tibia et y ouvrant une vilaine éraflure.

– Seigneur Dieu ! Putain, ça fait un mal de chien ! Vous pouvez imaginer qu'il y a deux millions d'années j'étais voltigeuse dans l'équipe des pom-pom girls ? Maintenant, je vais me retrouver avec un melon sur la jambe, pour aller avec la piqûre !

– Vous avez pu vous écorcher sur le corail, dit Lenny. Il faut qu'on mette de la glace là-dessus, Holly. Et peut-être qu'on laisse tomber cette sortie et qu'on cherche un dispensaire…

– Non, si vous avez des strips, ça ira. Je suis infirmière, Lenny. En général, les choses ont l'air pires qu'elles ne sont.

Avec précaution, elle s'extirpa pesamment du canot. Sa blessure saignait franchement.

Lenny annonça :

– Dans ce cas, je reste avec vous. Eau oxygénée. Glace. Gaze. Et deux grands verres, qu'est-ce que vous en dites ? Michel, tu peux emmener les autres.

– Je reste avec elle, insista Tracy.

– M'man ! Laisse faire Lenny ! Viens voir le type du fantôme. On restera pas longtemps, l'implora Cammie. Tante Holly, je ne dis pas ça méchamment. Mais elle sait se prendre en charge, M'man.

L'idée d'aller où que ce soit seule avec Olivia et Michel suscitait chez Cammie une anxiété manifeste, mais que sa mère ne pouvait comprendre.

Tracy insista :

– Je connais l'histoire. Je crois qu'on va jouer au gin, Holly et moi. Autant que je me souvienne, elle me doit de l'argent.

La blague ne datait pas d'hier. Quand elles étaient à l'université, Holly avait pris à Tracy tout l'argent reçu pour son anniversaire en une soirée pendant les vacances de Noël, et fourré deux cents dollars dans son soutien-gorge avant de s'en aller. Tracy avait été furieuse, rappelant Holly plusieurs fois le lendemain, en insistant pour avoir une chance de récupérer son argent. Holly avait écouté poliment avant de se diriger posément vers le centre commercial pour y acheter un blouson de cuir véritable, avec sac à main frangé assorti. Tracy n'avait jamais supporté de la voir le porter. Elle répétait : « C'est ma veste, espèce de salope. »

Olivia fit la moue.

– J'imagine que ça veut dire que je dois rester, moi aussi, dit-elle.

– Oui, en effet, lui répondit Cammie avec une politesse sirupeuse. Avec tes amies de toujours.

– Une minute, non, interrompit Lenny. Personne n'est obligé de… Olivia, allez. Allez-y avec Michel.

Mais l'atmosphère était tendue. Il sentait bien, maintenant, qu'envoyer Michel dans l'annexe avec Olivia et Cammie équivalait à jeter du carbure de calcium dans l'eau.

– Tant pis, lâcha Olivia.

Ce devait être sa pénitence, se dit-elle : regarder la belle

Cammie s'éloigner au moteur avec le beau Michel. Pourtant, elle était contrariée. Olivia était une femme vaniteuse, et les femmes vaniteuses font souvent plus d'histoires qu'elles n'en ont l'intention – même si elles en trament souvent plus qu'elles n'en ont conscience. Les polissonneries avec Michel avaient non seulement fait diversion, elles avaient également prouvé une chose. En tant que jeune épouse en Europe, elle jouissait d'une relative liberté ; mais aujourd'hui elle se retrouvait privée de la protection qu'offraient le nom et la stature de Franco. Et n'étant ni jeune ni vieille, elle était sur le fil. Il aurait été difficile pour une femme comme elle de prendre de l'âge de toute façon. Mais la mort de Franco l'avait prise à revers, la laissant châtelaine certes, mais sans le portefeuille. Son visage avait fait sa fortune, au sens littéral. Elle n'avait aucun talent, pas plus qu'elle n'en avait eu besoin, et peu d'intérêts au-delà d'elle-même. Chaque année serait pire qu'une soustraction : une amputation. Le besoin qu'avait Olivia d'être désirée était prodigieux. Et aujourd'hui, se retrouver coincée ici à tripoter des cartes poisseuses, pendant que Lenny caressait sa tête dégarnie et brûlée par le soleil, l'oppressait. Olivia s'était réjouie d'aller au bar. Elle aurait peut-être rencontré quelqu'un d'intéressant là-bas. Mais bon, il y aurait d'autres bars. Il était exclu que Michel tente quoi que ce soit avec Cammie. Tracy n'en ferait qu'une bouchée.

Elle pouvait au moins tirer satisfaction de ça. Elle avait battu une fille de la moitié de son âge, une fille plus belle que l'avait été Olivia.

Il serait mal élevé de filer en coup de vent et de s'enfermer avant qu'un délai convenable se soit écoulé. Quinze minutes ? Une demi-heure, vraiment ? Olivia lança un nouveau regard en direction de Michel et Cammie qui gardaient farouchement le silence tandis que Michel posait le pied à bord de l'annexe et s'apprêtait à aider la jeune fille à descendre. Elle avait enfilé une robe de plage pas plus longue qu'un tee-shirt d'homme. On aurait dit qu'ils partaient tous les deux donner leur sang. Quand Olivia releva les yeux, elle vit Holly, le visage délibérément neutre, qui déchiffrait l'expression d'Olivia comme pour y lire l'heure. Holly avait toujours eu le don de donner à Olivia l'impression qu'elle venait de lui demander de se garer sur le côté en inspectant ses plaques d'immatriculation.

Les quatre délaissés se lovèrent sur les sièges et banquettes du salon pendant que Lenny préparait un mélange d'antibiotiques et de bicarbonate de soude qu'il appliqua sur la cuisse de Holly. Puis – non sans adresse, se dit Holly – il nettoya et pansa généreusement la coupure au tibia, fixant dessus une poche de glace retenue par des bandelettes Velcro.

Seigneur, songea Olivia, mon royaume pour un livre. Elle demanda si elle pourrait descendre plus tard examiner la bibliothèque de Lenny. L'esprit ailleurs, il donna son accord. Annonçant qu'elle serait de retour dans un moment, Olivia s'éclipsa en direction de la cabine de Lenny. Les photos de Meherio lui coupèrent le souffle. Qu'est-ce que cette fille pouvait trouver à… Mais elle avait bien épousé Franco. Il y avait une télévision inclinée au-dessus des étagères et des centaines de DVD soigneusement étiquetés, rangés par ordre alphabétique. Mais les étagères étaient remplies de foutus classiques. Elle avait donné. *Anna Karenine* – voilà bien un bouquin qui vous ôtait le goût de l'adultère. Les nouvelles de Grace Paley. Une biographie de Lyndon Johnson. De savants thrillers juridiques. Olivia avait envie d'une bonne enquête policière enlevée. Découragée, elle remonta rejoindre ses amies en traînant les pieds.

– Bon, je sais ce qu'il vous faut, entendit-elle Lenny dire à Holly. C'est ma spécialité. Le Libertin de Len. Une recette de mon invention.

– Il y a quoi dedans ? demanda Tracy. Et pourquoi est-ce que ça s'appelle comme ça ?

– Dedans, il y a tout ce qu'on trouve à bord du bateau, plus du jus d'ananas, répondit Lenny. Et ça s'appelle comme ça parce que c'est ce qu'on devient quand on en a fini un. Normalement, je le garde pour les couples qui fêtent leur anniversaire de mariage. Ils ont besoin d'un coup de pouce.

Tout le monde se mit à rire. Olivia poussa un soupir et décida de s'accorder trois Valium et un long sommeil réparateur. Ce n'est pas qu'elle ne s'intéressait pas à elles ; elle s'en souciait, dans l'absolu. Mais elle pouvait déjà sentir la lente, inexorable contamination exercée par la vie de banlieue. Shorts dissimulant des genoux pleins de graisse. Quiches et ateliers de couettes surpiquées. Golf et vide-greniers. Paillassons sur le pas de la porte annonçant « *Attention au foutoir !* ». Bientôt, elle remplirait des bons de réduction et recevrait chez elle les membres du club de jeux de dés. Elle frissonna. Plus que les autres, elle demeurait celle qu'elle avait été vingt-cinq ans auparavant à Westbrook. Elle rêvait de choses auxquelles ces femmes avaient renoncé il y a des décennies. Elle les avait bien aimées ; elle n'avait jamais été comme elles. Holly la ronde, la musclée, à l'époque assez légère pour virevolter dans les airs comme une pom-pom girl, avait toujours été aussi agile qu'un Shetland. Et elle avait traversé la vie comme un brave petit poney. C'était presque une métaphore. Et Tracy, parcourant le court de tennis en trois bonds, en nage, qui faisait rire à ses dépens mais s'en fichait éperdument. Janis, quasi vagabonde mais loin d'être idiote, avec ses cils collés avec une quantité de mascara qu'on aurait pu peser sur une balance.

Olivia écrivait dans un magazine littéraire.

Certes, elle avait été une *greaser,* comme elles toutes, mais plus cultivée et, soupçonnait-elle, dotée d'une intelligence plus subtile qu'aucune des trois autres. C'est elle qui ourdissait leurs frasques, les autres qui les mettaient en œuvre et qui l'en remerciaient, même si elles étaient punies par la suite. C'est elle qui avait séduit le prof de chimie – un garçon sans doute guère plus âgé que Michel – et imploré « je jette un œil, c'est tout » durant l'examen de fin d'année, invoquant des parents qui la puniraient sévèrement si elle rentrait avec un *C.* Il l'avait laissée seule dans la salle, sans doute pris d'une érection, et Olivia avait copié toutes les réponses à l'intérieur de son bras gauche. Holly avait raison : Olivia aurait fait une excellent épouse de mafieux, n'étaient l'obéissance et les bébés qui, tels des poissons ferrés, pendaient au sein de ses copines. Des seins qui s'étaient étirés au point de lui faire penser aux poitrines des femmes africaines qu'elles avaient un jour observées dans le *National Geographic*, hilares et terrifiées. Elle avait régulièrement assisté à la messe en Italie, mais seulement pour y trouver une diversion sociale : elle était sublime dans sa longue jupe de soie noire, un châle jeté sur ses magnifiques épaules, et elle relevait le menton quand elle entendait les femmes du village, dans leurs robes à fleurs, parler à voix basse de *la contessa*.

Les seins d'Olivia, un rien remontés par la faculté, se tenaient toujours haut perchés. Et ses cuisses étaient aussi lisses que celles de n'importe quelle jeunesse – fruit d'une liposuccion, certes, mais à quoi servait l'argent ? Même si elle avait bien ri quand Holly lui avait confié qu'elle pesait soixante-dix kilos, Holly avait raison : Olivia se serait tuée, ou aurait jeûné un mois, si une calamité quelconque l'avait amenée à faire autant de lard.

Tracy était la seule à être restée mince, mais elle avait perdu son agilité et son tempérament aventureux. Et voilà à quoi ressemblait leur idée d'une grande escapade. Olivia s'était imaginé bien plus d'occasions de s'habiller, de bijoux à rapporter, et d'hommes à allumer – au-delà du jeune marin. Au moins, il y avait eu ça. Aucune d'elles n'aurait fait ce qu'elle avait fait hier soir. Aucune d'elles n'aurait transgressé ses vœux ou n'aurait été capable de le combler. Olivia poussa un soupir de satisfaction. L'art de se relaxer devait être une espèce de talent, supposait-elle. Elle se tourna de nouveau vers ses amies. Elles gloussaient maintenant, ayant chacune descendu un verre – Olivia ne buvait jamais si ce n'est une petite flûte de champagne de temps à autre – elles *pouffaient*, comme le faisait sa mère avec tante Tina en prenant un café et des *cannoli*.

– Je n'en fichais pas une au lycée, racontait Tracy. Je n'étais pas très enthousiaste comme étudiante. Rien ne me parlait. Je ne savais absolument pas ce que j'aimais. Je jouais au basket. Les gens me trouvaient débile.

– Mais non, répondit Holly. Ils te croyaient homo.

– Toi, tu faisais partie de l'élite. Tu étais voltigeuse.

– Peut-être bien, mais Janis était pom-pom. On nous considérait comme membres de l'équipe à part entière. Les Dallas Cowboy Girls. Janis a eu le premier ventre à l'air de toute l'histoire de Sainte-Ursule.

– Sans compter sainte Ursule elle-même, évidemment, ajouta Tracy. Je te parie qu'elle avait des tenues d'enfer.

– Mais certainement pas de bottes au genou bordeaux. Tu peux croire qu'on les laissait nous appeler les Oursonnes ?

Holly se tourna vers Lenny.

– Vous savez, Ursa, l'Ourse. L'équipe de foot venait de l'école de garçons, père Fenton. Mais c'est pas évident de trouver un bon nom d'équipe avec Fenton. Les Fenton Fonceurs. On dirait le nom des voisins d'à côté. Alors ils nous ont emprunté le nom de notre école : les Ours batailleurs.

À entendre le monologue de Holly, ça sonnait comme l'un des points culminants de son existence. Jamais, jamais je ne succomberai à cette morne vie de bonne épouse, songea Olivia. La vie était une prune juteuse, et elle la sucerait jusqu'au noyau.

– Prends la radio, Michel, cria Lenny d'une voix retentissante sur l'eau calme alors que l'annexe s'éloignait en glissant.

Et Michel décrivit docilement une boucle pour revenir.

– Prends le GPS aussi.

– Mais je vois le *Willie T.* d'ici, Lenny.

– Prends-le quand même. Pas de risque inutile, lui dit Lenny.

Michel et Cammie se remirent donc en route, avec les crachottis du moteur pour seul fond sonore. Michel prit enfin la parole :

– Tu vas lui demander de te parler de l'*Annabeth* ?

– Pourquoi j'irais, sinon ?

Il distingua dans l'obscurité son sourire aux dents bien alignées.

– Pour pouvoir dire que tu y as été. Avec moi. Avec le capitaine Michel Eugène-Martin.

– En tout cas, au moins je pourrai dire que j'y ai été. Quel dommage que ma tante n'ait pas pu venir !

– C'est sans doute préférable, dit Michel avec gêne.

– Vraiment ? demanda Cammie. Seigneur, c'est pas toi le type qui a juré de ne pas m'adresser la parole ?

– Très bien, dit Michel, poussant le moteur.

Ils s'approchèrent du bar flottant. À son étonnement, il ne parvint pas à garder le silence.

– C'est mort à cette époque. Tu devrais voir cet endroit en pleine saison touristique. On ne peut pas monter à bord. Les gens dansent avec une piña colada dans chaque main. Ils débordent des garde-corps. Ils vont fermer cette semaine, pour la saison. Il n'y a plus beaucoup de bateaux dans le coin. Mais normalement, cet endroit est un repaire flottant de… comment vous dites ? Triple A ?

– Alcooliques anonymes ? AA ? suggéra Cammie. Pourquoi tu fais tout ce cirque ? Je ne suis pas une mamie prête à tomber dans le panneau. Ça fait combien de temps que tu vis aux States ?

– Six ans. Mais j'ai étudié l'anglais.

– Bref, ils se bourrent la gueule. Ensuite, ils retournent dans leur bateau, dit Cammie. La belle affaire. Tu parles d'un rade pourri.

– Les capitaines ne boivent pas, répondit Michel. Jamais.

– Mmm, une bonne chose, répondit Cammie avec une apathie recherchée.

Lee les salua alors qu'ils s'amarraient au ponton.

– Il est où Len, Michel ?

– Une passagère a eu un petit accident.

Michel amarra l'annexe et aida Cammie à monter sur la passerelle flottante qui menait à la barge.

– Alors comme ça, Sharon m'apprend qu'il va être de nouveau papa ? lança Lee d'une voix tonitruante.

– Hé ! Je ne le sais que depuis hier !

– Non ! Qu'est-ce que tu veux, l'écho de la savane, tout

ça... C'est Meherio qui lui a annoncé. Elle voudrait que Sharon soit la marraine. Tu crois qu'on devrait faire le baptême ici ?

– À mon avis, ce serait le premier baptême sur cette plateforme, répondit Michel. Mais peut-être pas la première conception.

Il rougit et jeta un regard à Cammie.

– Désolé.

Camille ne dit rien. Elle tendit la main à Lee Wikowsky et la serra vigoureusement.

– Camille Kyle. Lenny dit que vous avez vu un fantôme. Mais je le crois pas.

Lee était plus que disposé à raconter l'histoire une fois encore. Vers la fin, sa voix s'apaisa.

– Et le plus bizarre dans tout ça, c'est que sa chemise n'avait pas de boutons. Il devait l'enfiler par la tête. Je l'ai entendu aussi clairement que je vous entends. J'ai vu le tonneau d'eau sur le pont. Maintenant que j'y repense, ça devait être... Qui garde de l'eau dans un tonneau ?

– Et vous pouviez voir ça dans le noir, évidemment, le taquina Cammie.

– Au clair de lune, oui ! Je me suis dit que c'était bizarre qu'un homme dans une goélette porte des bretelles en pleine nuit ! Bon, qui veut boire quelque chose ? C'est une taverne, ici.

– J'ai oublié mon argent, déclara soudain Cammie.

– Votre première piña colada vous est offerte par la maison, répondit Lee.

– La prochaine est pour moi, dit Michel.

– J'ai dix-neuf ans, dit Cammie, et Michel sentit son estomac se nouer. Le mois dernier, j'en avais dix-huit.

– C'est bon, si vous êtes avec Michel. Personne pour vous choper, ici. Pas que je pousse à la consommation ou que j'accepte de servir en dessous de l'âge légal, encore qu'en principe, en territoire britannique, on a le droit à partir de dix-huit.

– Ben dans ce cas... dit Cammie.

Michel sortit son portefeuille.

– Un verre pour elle. Et laisse-moi payer, Lee.

Cammie siffla sa boisson comme si elle buvait de l'eau au goulot sur un court de tennis et en demanda une autre. Elle en était à la moitié quand Michel dit :

– Tu ferais peut-être bien de lever le pied.

– Et toi de la fermer, lui répondit-elle doucement en songeant au visage parfaitement bronzé de Trent avec son menton patricien, volontaire. Un instant, elle regretta de ne pas être homo.

Lee s'affairait à l'autre bout du bar. Cammie but quatre verres, et quand elle se leva pour aller aux toilettes, Michel la vit tanguer légèrement. Mais le bateau bougeait lui aussi : le vent se levait. Elle avait sans doute l'habitude de boire.

Quelques autres couples, à divers stades d'ébriété, étaient assis sur des tabourets rudimentaires, se caressant et chuchotant. Une femme semblait hésiter entre deux hommes.

– Des plaisanciers, dit Michel, les désignant du menton, au retour de Cammie.

– C'est quoi ?

– Sur des bateaux de location sans équipage. Ils vont échouer leurs bateaux ce soir. On va devoir les remettre à la mer.

Cammie s'aventura au bord du bateau, dans un coin sombre, avant de se pencher par-dessus bord.

– On va croiser l'équateur ?

– Non, on ne va pas jusque-là, mais on n'en sera pas loin, précisa Michel.

– Ah… dit-elle. Bon, en ce qui me concerne, j'ai vu le *Willie T.* On peut y aller. Mais laisse-moi te poser une question. Pourquoi est-ce que tu lis Dickens ? J'ai vu *La Maison d'Âpre-Vent* sur ton lit.

– J'aime bien.

– Il ne me viendrait pas à l'idée de lire Dickens sauf pour l'école, à moins qu'on me paie. Donc tu n'es pas aussi bête que tu t'en donnes l'air.

Cammie retourna au bar et prit une dernière longue gorgée de sa boisson.

– Tu crois que tous les gens qui mènent cette vie sont idiots ?

– Je n'ai pas dit ça. Je ne suis pas une foutue snob, tu sais.

– Non. Je n'ai pas dit que tu l'étais. Tu es juste gâtée. Comme toutes les étudiantes que j'ai connues. Tu ne serais pas capable de travailler une journée pour te tirer d'affaire.

Michel ne savait absolument pas pourquoi il avait dit ça. Il lui était probablement plus facile de la voir en colère contre lui qu'indifférente. Mais elle ne mordit pas à l'hameçon. Il paya donc Lee et lui serra la main. Pendant qu'ils redescendaient en direction de l'endroit où était amarrée l'annexe, Michel reprit :

– Je suis désolé. Sincèrement. Laisse-moi t'aider à embarquer. Ça peut glisser.

– Je me débrouille très bien toute seule, dit Cammie, mais il était manifeste qu'il n'en était rien. Et je ne suis pas gâtée. La fac n'a rien d'une partie de plaisir. T'en saurais quelque chose si tu essayais. Les études d'ingénieur, c'est surtout des maths, de la géométrie. J'ai travaillé tous les étés de ma vie et mis de côté ce que j'ai gagné. Ils font quoi, tes parents ?

Elle lui fit face, les poings sur les hanches.

– Ils sont propriétaires d'une usine de vêtements.

– Ils sont propriétaires d'une usine de vêtements. Et ils fabriquent quoi ?

Michel poussa un soupir.

– Cashmere. Des pulls et des manteaux.

– Ah bon, ben mon vieux, oh là là. Mon père est un petit architecte, et ma mère est prof. Je vais à la fac parce que je n'ai pas le choix. Personne ne me prendra en charge. Je parie qu'ils s'occupent de toi, leur petit rebelle…

– Non, mentit Michel. Enfin, oui, un peu.

– Alors, qui est gâté ?

– Je voulais seulement dire : arrête de me traiter de haut.

– Alors c'est ce que tu aurais dû dire au lieu de me traiter d'enfant gâtée. Tu ne me connais même pas.

– Tu as raison. J'ai juste dit ça parce que tu me mets mal à l'aise, et que c'était plus facile que tu sois en colère contre moi plutôt que tu me traites comme si tu étais la princesse et moi ton domestique…

– Je n'ai jamais fait ça !

– Je sais, dit Michel. Écoute, c'est mon problème, d'ac' ? Oublie tout ce que j'ai dit. Laisse-moi t'aider. C'est mon boulot, Cammie. Si tu tombes, tu peux nous faire un procès. Alors laisse-moi t'aider, s'il te plaît. Comme je le ferais avec n'importe qui d'autre.

Mais il ne l'aida pas comme il aurait aidé n'importe qui d'autre. Il descendit dans l'annexe qu'il stabilisa en se campant sur ses jambes bien écartées, et quand Cammie tendit la main, il l'attrapa par la taille et la souleva à bord du bateau.

Elle leva les yeux vers lui.

Elle était si petite.

Michel se pencha, et pensant qu'elle le repousserait ou éviterait son visage, l'embrassa. Elle se laissa faire, ses lèvres étaient douces, avec un goût de sucette après toutes ces boissons sucrées. Il l'embrassa de nouveau, et elle ouvrit la bouche et le laissa la serrer contre lui. Ils s'embrassèrent, se serrant toujours plus étroitement l'un contre l'autre, se goûtant l'un l'autre.

– Je ne peux pas croire que tu aies fait ça, dit-il.

– Moi non plus, dit-elle.

– Ben, c'est que tu as beaucoup bu.

– Je ne suis pas ivre. J'ai bien dîné.

– Je suis désolé pour ce que j'ai dit, et pire, je me sens bête d'avoir…

– Écoute, je le sais, dit Cammie avant d'éclater de rire avec une gentillesse inattendue. Tu peux.

– Tu n'as sans doute jamais fait quelque chose que tu regrettais dans ta vie.

– En toute honnêteté, non, en effet. Pas vraiment.

Elle s'assit et glissa un doigt sous la bretelle de sa robe bain de soleil.

– J'ai pris un coup de… aïe, dit-elle. On crame, par ici. Tu ne plaisantais pas. Je suis noire. Je ne brûle jamais. Je me demande comment va Holly.

– Lenny m'aurait contacté par radio si elle allait vraiment mal. Si elle avait été piquée par une grosse méduse, elle serait à l'hôpital à l'heure qu'il est. Si ça se gâte, il l'emmènera aussitôt chez le médecin. Ce sont toutes tes tantes ?

– Non, ce ne sont pas toutes mes *tuntes*, dit-elle en se moquant avec indulgence et sans méchanceté, de sa prononciation. Ma vraie parente est ma tante Janis, la cousine de ma mère. Elle devait venir.

– Mais son mari...

– C'est ça. Mais ce sont toutes mes marraines, comme dans *La Belle au bois dormant*, Flora, Pâquerette, et Pimprenelle. Et tous leurs maris sont mes parrains. Sauf celui d'Olivia...

– Allons-y, proposa Michel. Je suis parfaitement sobre, Cammie. Tu veux rentrer ? (Il déglutit une fois à deux reprises.) Ou alors on peut aller s'allonger dans le sable et regarder les étoiles, comme des ados. Enfin, tu es une ado. Je ne te toucherai pas, je te promets.

– Je sais, répondit Cammie. Ça m'est égal. C'est une belle nuit.

Ils se rendirent au moteur à l'autre bout de l'île, à l'opposé de l'endroit où Lenny avait mouillé l'*Opus*, et tirèrent l'annexe sur le sable. Michel sortit une grande couverture d'un coffre étanche.

– On s'en sert pour les pique-niques, dit-il.

Ils s'allongèrent côte à côte sur la couverture, séparés par dix centimètres de tissu. Cammie dit enfin :

– On peut se perdre ici.

– C'est ce que j'ai fait.

– Où est ta famille ?

– Au Canada, dit Michel. Ils sont riches, mais moi, pauvre. Je suis le mouton noir...

– La brebis égarée...

– La brebis égarée. Ils réagissent plutôt bien. Je les vois à l'automne. Je rentre toujours à la maison pour Noël.

– On n'imagine pas que des vrais gens vivent ici.

– Il n'y en a pas beaucoup, dit Michel. Lenny ne ressemble pas aux gens qu'on trouve par ici. Il a plus d'étoffe.

– Il a l'air d'un type bien.

Cammie leva les bras et passa ses mains dans ses longs cheveux.

Michel s'appuya sur un coude.

– Tu crois que je peux t'embrasser encore une fois ?

– Ben oui, dit Cammie. Pourquoi pas ? Rien de tout ça n'est réel, de toute façon.

Comme elle ne repoussait pas sa main, il l'attira contre lui, exultant quand elle pressa ses hanches de toutes ses forces contre les siennes ; il pouvait sentir les protubérances parallèles des os de son bassin et les pulsations au-dessous. Conscient qu'il ne le devrait pas, il baissa les bretelles de sa robe et embrassa son cou, le creux de sa gorge avec son petit crucifix, pour laisser enfin ses lèvres frôler ses seins menus et leurs tétons farouchement durcis. Son souffle court le ravit, et quand elle l'embrassa de nouveau, encore et encore, c'était à chaque fois avec plus de résolution et moins d'appréhension. Il se sentit mal à l'aise de constater qu'elle manifestait si clairement ce qu'elle désirait. Il finit par lâcher :

– Tu ne vas pas me croire si je te dis que ce qu'on fait maintenant n'a rien à voir avec ce qui s'est passé la nuit dernière, quoi que j'en dise. Tu vas penser que ça fait partie du service offert par le bateau, comme tu dis. Mais la vérité, c'est que je n'ai fait ce que j'ai fait la nuit dernière… qu'à cause de toi.

– Arrête… N'essaie pas de me sortir une excuse bidon. On n'a fait que sortir ensemble cinq secondes.

– C'est la vérité. J'avais envie d'être avec toi, et je savais que ta mère me…

Michel fit mine de se trancher la gorge de l'index. Cammie sembla considérer l'argument.

– Je suis adulte, dit-elle. Ma maman ne me borde plus le soir.

– Je sais. Mais le bateau est petit, dit Michel.

Cammie rit.

– S'il te plaît, tais-toi, dit-elle. Je suis bien, là. J'imagine que je suis dans un film.

Ils s'embrassèrent de nouveau, et, incapable de se retenir, Michel fit glisser la robe de Cammie le long de ses hanches. Au clair de lune, avec un seul triangle de soie contre sa peau brune et les petits bonnets blancs là où avait reposé son haut de bikini, elle était si belle que Michel songea qu'elle pourrait bien disparaître comme une nouvelle lune. Il ne s'était jamais senti embarrassé avec une femme. Et cela le déconcertait. Il s'était déjà senti attiré, certes, satisfait, et avide, mais jamais protecteur, protecteur au point de réprimer son propre désir.

– Qu'est-ce que tu veux, Cammie ? demanda-t-il.

– Qui sait ? Ça n'a pas tant d'importance, dit Cammie, mais son expression, troublée par le désir, démentait ses propos. Elle dessina son visage du dos de sa main. Ils s'embrassèrent, délibérément et avec plus d'aisance, et elle laissa ses mains courir le long de ses côtes, sous sa chemise, jusqu'à l'arête de sa ceinture. Il sentait qu'elle lui cédait sa confiance, sans raison valable. Au lieu de l'exciter, cela le fit hésiter. Mais ils avaient du mal à se séparer. Quand elle souleva ses hanches et l'attira contre elle, ils se mirent tous deux à frissonner. S'ils n'avaient été séparés par un millimètre de tissu, il aurait été en elle. Michel ouvrit sa chemise et en fit une tente pour tous les deux, comme si un orage menaçait : et Cammie ôta ce qu'il lui restait de vêtement. Michel posa légèrement sa main sur son ventre, et elle écarta lentement les jambes, soutenant son regard pour qu'il comprenne qu'il ne s'agissait pas d'un petit jeu de jeune fille.

– Tu es… ?

– Vierge, tu veux dire ? Oui, j'imagine. Plus ou moins, dit Cammie en se mordant la lèvre supérieure. Pathétique. J'ai dix-neuf ans.

– Je trouve ça formidable.

– Seigneur. Ma camarade de chambre pense que je suis arriérée. Et il y a tout juste une minute, j'étais sûre de ne plus vouloir rester vierge. Mais tu t'arrêtes tout le temps. Et maintenant, je ne sais plus… C'est juste qu'il y a… allez… il n'y a aucune bonne raison de faire ça, à part que ça semble évident, et au moins dix bonnes raisons de ne pas le faire.

– Je ne veux pas que tu penses que je profite de toi. Ce n'est pas ça du tout. Si ça doit faire une différence, alors écoute : on arrête. Je… je viendrai te voir là où tu habites quand la saison sera terminée.

– Tu crois que ça serait la même chose ? Est-ce que ça n'aurait pas l'air… d'un poisson hors de l'eau ?

– Je n'en sais rien, dit Michel. Mais je sais qu'on peut rencontrer des centaines de femmes avant de trouver celle de sa vie, et tout foutre en l'air la veille.

– Tu pourrais venir me voir à la fac, en effet, j'imagine. Je sais bien que tu ne passes pas ton temps… comme t'as dit, à traîner sur les plages. Ça, c'est quand tu fais ton paumé. Il te faudra un manteau, ajouta-t-elle avec un rire nerveux. C'est le Minnesota.

– J'ai un manteau.

– Je crois que ça me plairait assez.

Cammie songea à Trent et, intérieurement, s'accorda un léger sourire.

– Ce qui ne veut pas dire que je n'ai pas envie… là, tout de suite.

– Je crois que j'en ai envie.

– Mais t'en es pas sûre. Et tu ne sais pas si tu voudrais encore si c'était dans la vraie vie et que j'avais un manteau. Ou une cravate.

– Je crois que tu as un manteau, dit Cammie en enfouissant son visage dans l'épaule de Michel. Mais je crois pas que t'aies une cravate.

– Je n'ai pas de cravate, dit Michel. Mais tu me plais. Et je préférerais attendre d'en avoir une plutôt que tu me prennes pour un nase.

– C'est pas ce que je pense. En fait, j'ai pas vraiment envie de penser à quoi que ce soit, là, maintenant. Tu piges ? demanda Cammie. Sur quoi elle ajouta lentement : Parce qu'on est ici, pour l'instant. Tu ne m'as pas enlevée. On est ici, maintenant.

Cette fois-ci, alors qu'ils s'embrassaient, elle posa ses lèvres sur sa gorge et descendit ses mains, fourrageant dans les poches de son jean. Désirant qu'elle mène le jeu mais sachant qu'elle n'en ferait rien, Michel descendit sa main à son tour pour ouvrir sa ceinture et lui faciliter le passage tout en disant :

— Je ne crois pas que le moment soit choisi pour une première fois. Et je n'ai rien avec moi. Comme protection.

— Et merde ! dit Cammie sur le point de lui administrer un coup de genou et sentant des larmes amères lui monter aux yeux. C'est quoi, ce jeu débile ? Tu essaies de me faire passer pour une idiote, et une salope, en plus.

Michel sentit son cœur se serrer. C'est lui qui était gauche, et stupide.

— Non. Attends. Je ne me fais pas bien comprendre. Le sujet n'est pas facile à aborder, chuchota-t-il.

Il prit les mains de Cammie et les retourna, de façon à ce que ses paumes gisent ouvertes dans les siennes. Il déposa un baiser dans chaque paume, refermant ses doigts sur ses baisers. Il la berça jusqu'à ce que la tension quitte ses propres épaules, se retire de sa poitrine à elle, et que leurs corps reposent dans les creux et les postures pour lesquels ils avaient été conçus.

— Je n'ai pas dit qu'on s'en allait, seulement qu'on ne devrait pas faire l'amour. Complètement. Je n'ai pas dit qu'on ne devait rien faire.

— Ah… hésita Cammie. Ah bon. Dans ce cas…

Lenny entendit grésiller la radio, ainsi qu'une voix lointaine qui aurait bien pu être celle de Sharon Gleeman. Mais la jambe de Holly continuait d'enfler, et il ne voulait pas s'arrêter d'exercer une pression dessus. Il jeta un coup d'œil à sa montre. Il était minuit. Foutu Michel. Le *Willie T.* était plongé dans le noir. Il voyait Tracy regarder anxieusement par-dessus la proue.

— Ils doivent admirer les étoiles, Tracy, dit-il enfin. On ne peut pas leur en vouloir. Ils sont jeunes. On est sous les tropiques.

— Il n'est pas si jeune que ça, fit remarquer Olivia.

– Il n'a que vingt-cinq ans, lui répondit Lenny. Vous ne le saviez pas ?

– Il fait… plus âgé. Elle vient d'en avoir dix-neuf, Lenny.

– On est assez âgé à dix-neuf ans pour pas mal de choses, glissa Holly.

– Il vit seul depuis longtemps. Et tout le temps au soleil. C'est pour ça qu'il fait plus que son âge. Mais ce n'est pas sa faute, Tracy. C'est un bon garçon. Son père voulait qu'il devienne un ponte de l'industrie textile. Lui voulait devenir artiste. Ça s'est terminé ici. Il est heureux, et c'est un merveilleux marin. Mais je ne veux pas que vous alliez imaginer qu'il a abusé d'elle. C'est un garçon bien élevé…

– Ce n'est pas lui qui m'inquiète. Elle est… déchaînée en ce moment, Lenny. Elle est parfaitement capable de lui tenir tête. C'est juste que je n'ai pas envie… vous savez… d'un petit-enfant maintenant.

– À votre place, je ne m'en ferais pas.

– Moi si, dit Holly. Je me rappelle quand j'avais le feu au… Je blague, Trace. Je suis sûre qu'ils ne font que bavarder. Tu sais, est-ce que les étoiles ont des planètes autour d'elles comme celle-ci, habitées… Peut-être qu'ils fument de l'herbe.

– Très réconfortant, Hols, dit Tracy. Je me sens déjà mieux.

– Je vois des lumières.

Holly indiqua quelque chose à tribord.

Surgie de la nuit, une voix s'écria :

– Je suis une déesse !

– Oh, Camille, dit doucement Tracy. Elle doit être ivre.

– Et alors ? demanda Holly. C'est pas comme si on n'avait jamais bu. Et plus jeunes qu'elle.

– Hé, je la vois. Elle se met debout !

– Reine du monde, Maman. Il n'y a rien de tel qu'un bon pétard pour vous mettre de bonne humeur, dit Holly.

– Encore plus réconfortant, murmura Tracy. Arrête tant qu'il est encore temps, Solvig.

– Oh, Tracy Ann ! Arrête ! De faire la mère poule, je veux dire.

– Comme si tu ne l'étais pas.

– Heureusement, mes fils sont en CM2.

– Ils le font déjà en CM2 aujourd'hui, Hols, rétorqua Tracy en riant, tandis que l'annexe approchait.

– N'importe quoi ! affirma Holly. Ian et Ewan ignorent tout de…

– N'en sois pas si sûre, la taquina Tracy.

Lenny dit :

– Je lui dirai de ne pas se mettre debout dans l'annexe. Ces petits bateaux, ils se mettent en prise. Si vous êtes debout, et que vous tombez, et que quelqu'un saute derrière vous, le bateau peut revenir sur vous et vous déchiqueter. Même avec votre gilet de sauvetage. Mais vous voyez, Tracy, au moins elle a un gilet de sauvetage. C'est une gentille fille. On est sous les tropiques, les étoiles ont l'air plus proches. Ça rend tout le monde dingue. (Il leva les yeux. Les étoiles avaient disparu.) Quelqu'un veut encore un verre ? Encore un peu de glace sur votre jambe, Holly ?

Elles secouèrent la tête.

– Alors je vais vérifier quelque chose.

Il se dirigea vers le cockpit et ferma la porte.

Quand Michel arrima le canot, il insista pour soulever Cammie sur l'échelle. Il lui donna un dernier baiser. Qui n'échappa à aucune des trois femmes. Quand ils furent parvenus à la hauteur de ses tantes, Cammie se justifia :

– Je ne faisais que chahuter. Sur le bateau.

– Ah, c'était donc ça, dit Holly en donnant un léger coup de coude à Tracy qui pinçait les lèvres.

– M'man, allez… dit Cammie.

Olivia, telle une ombre parmi les ombres, se leva et s'éclipsa dans sa cabine.

– Tu peux y aller aussi, Holly, suggéra Tracy.

– Mais je m'amuse, dit Holly. Je suis saoule et j'ai mal, j'ai bien le droit de rire un peu.

– Tracy, laissez-moi vous expliquer… commença Michel en ignorant Holly. Ce n'est pas ce que vous croyez…

Camille attrapa la main de Michel.

– Je ne crois pas que ça nous regarde, dit Tracy, et Cammie lui lança un vif regard reconnaissant.

Lenny revint, embrassant la scène d'un seul coup d'œil inquiet, et se dressa de toute sa taille, comme pour lancer un regard noir. Il ne parvint guère qu'à hausser les épaules.

– Tout va bien ici, dit Holly.

– Tout baigne, répéta Tracy.

Lenny ôta son chapeau et se passa une main sur le crâne.

– Bien, aucun orage à l'horizon, dit-il.

– Bien, répondit Michel, aussi pressé d'être hors de la vue de son associé que de rester auprès de Cammie. Je vais vous dire bonsoir maintenant.

– Bonne nuit, dit Cammie.

Michel se réveilla au milieu de la nuit en se souvenant que Lenny lui sonnerait les cloches s'il apprenait qu'il avait laissé la radio et le GPS dans l'annexe. Pauvre crétin, songea-t-il. Bon, il se réveillerait avant Lenny pour les récupérer. Ce soir, il rêverait.

Cammie se prépara à se mettre au lit, se glissant dans son pyjama et faisant des entrechats sur le parquet. Elle irradiait quelque chose de puissant, comme une aura autour d'elle.

– Tu es saoule, Cammie ? demanda Tracy.

– Plus trop. Tout à l'heure, oui. C'est légal, ici, répondit Cammie. On s'est juste amusés, c'est tout. C'est tellement beau, ici. Merci de m'avoir amenée.

Tracy s'assit sur sa couchette, manquant se cogner la tête.

– Maintenant je sais que tu es saoule.

– Bon, d'ac'. Mais j'ai beaucoup parlé avec Michel. Il est vraiment intéressant.

– Je vois ça.

– Il n'y a pas que ça, M'man. Enfin, si, y a ça. On n'a rien fait.

– Cammie, tu ne le connais pas...

– Et c'est pour ça que je te dis qu'on n'a rien fait. Et

comme tu l'as si gentiment dit là-haut, ça ne regarde personne. Même pas toi.

– Dans ce cas…

– M'man, on n'est pas obligé de grandir dans la même rue, comme toi et Papa et tante Janis, et d'aller dans la même école, et de fêter Thanksgiving ensemble toute sa vie et de jouer au cartes le vendredi soir. On peut savoir que quelqu'un qu'on vient de rencontrer ne vous ferait jamais de mal délibérément.

Tracy sourit.

– En principe, c'est possible.

– Et que même s'il commet des erreurs, on peut lui pardonner ?

– C'est parfaitement possible.

– Bon, j'ai passé une super soirée, et maintenant je vais mieux dormir que jamais, d'ac' ? Je ne vais même pas me laver la figure.

Elle s'accroupit d'un bond, ses longs cheveux tombant en cascades, pour donner un baiser à Tracy.

– J'ai hâte d'être à demain matin, dit-elle.

Tracy était tranquillement allongée dans le noir, s'abandonnant au doux roulis du bateau. Il y avait pire qu'un flirt de croisière. Elle regonfla son oreiller et s'y blottit. Bien pire, songea-t-elle. Et elle savait qu'ils avaient fait quelque chose. Personne n'esquissait quelques pas de danse avant d'aller au lit sans raison. Mais si ç'avait juste légèrement dépassé les bornes, se dit Tracy, eh bien, il y avait pire que ça, aussi.

À quelques milles de la côte africaine, depuis la direction opposée à celle d'où viennent les orages tropicaux, le vent ne savait pas qu'on annonçait simplement des ciels partiellement couverts et peut-être un orage plus tard dans la semaine. Aussi une vague traversa-t-elle l'Atlantique Nord et les eaux chaudes du golfe du Mexique. Et ce mélange d'eau chaude et froide généra un vortex, une dépression, qui se mit à tourner sur elle-même. Ce qui libéra de l'énergie. L'été avait été chaud et l'eau était chaude, et la vague se fit orage tropical sans nom, sans personne pour le repérer. Mais Lenny le sentit courir sur son échine. Tout comme les trois hommes embarquant à bord de la *yola* au départ de Saint-Domingue ; et chacun d'eux songea aux récifs derrière lesquels ils s'étaient tapis pendant que l'eau leur passait au-dessus de la tête, durant la dernière traversée ; et le vent semblait se retourner contre eux. Tous espéraient que le vent changerait d'avis.

CINQUIÈME JOUR

– **B**on, je file faire le plein de carburant, leur annonça Lenny tandis qu'elles achevaient leurs œufs Bénédicte cari-béens au raifort, accompagnés de roquette, et, sauf pour Tracy, de saucisse au chorizo. Quelqu'un a besoin de quelque chose ?

– Je ferai un saut, quand tu seras revenu. J'ai besoin de quelques trucs, et je peux m'occuper de l'épicerie, si tu veux, dit Michel en adressant un sourire tranquille à Cammie, qui baissa les yeux sur son petit-déjeuner et perdit aussitôt l'appétit.

– Pas besoin de faire ça avant demain matin. Tout sera frais, un mardi : c'est jour de marché. Tout ce dont j'ai besoin, c'est de pain. Je récupère du poisson et de la viande d'un autre bateau. Demain, ce sera une journée un peu com-pliquée pour la plongée et tout ça, dit Lenny. Il va falloir faire attention aux fonds...

– C'est-à-dire ? demande Holly.

– Des récifs, des rochers. C'est un passage assez étroit. Mais une fois qu'on en sera sortis, c'est dégagé, et là-bas, on se retrouve très vite en eaux profondes. Que cela ne vous effraie

126

pas. On ne sent pas la différence avec dix mètres de fond. Et on peut regarder au fond indéfiniment et voir des choses incroyables. Ce soir, on mouillera au large de Skull Island ; mais ce n'est qu'un petit îlot de broussailles, il n'y a rien dessus. Ensuite, avec de la chance on prendra le vent et on fera un peu de vraie voile. On donnera rendez-vous à mes amis Sharon et Reg, parce qu'ils ont pour nous des vivres qui leur restent de leur dernière croisière. Alors préparez vos cartes et un bon bouquin…

Olivia dit :

– J'ai besoin d'un livre. Je n'en ai pas trouvé ici. Je n'avais pas la place dans mes bagages, et j'aime les policiers. J'ai lu tout P.D. James. Vous pourriez m'en trouver un ?

– J'essaierai, lui répondit Lenny.

Olivia portait une chemise de soie beige sans manches et un pantalon large, et Cammie se dit : Pour qui est-ce qu'elle se donne tout ce mal ? Laissez-moi deviner…

– Livy, tu peux lire n'importe où, intervint Holly. Allons nous asseoir au soleil et rattraper le temps perdu.

Elle avait mis son maillot de bain et un grand chapeau de paille.

– D'accord, dit Olivia, déjà lasse à cette seule idée. Tracy ?

Une fois qu'elles eurent gravi l'échelle et étalé leurs serviettes, tout le monde remarqua qu'en plus d'une écharpe sur la tête, Olivia portait un chapeau avec des rabats qui se nouaient sous son menton.

– Comment peux-tu supporter tout ça, Liv ? demanda Tracy.

– Je dois me protéger le visage. Et je dois me protéger les cheveux. J'ai sans doute l'air ridicule. Mais comme ça, j'évite les dégâts. En fait, je mets un sérum qui n'est pas un écran total, mais qui empêche les rayons du soleil d'atteindre la peau. Quant aux cheveux, si on les teint…

– Je ne les teins pas, dit Tracy.

– Moi si, dit Holly.

– Les miens ont toujours leur couleur naturelle. Je ne retouche qu'un coin, dit Olivia. Une fois que tu les teins, ça devient plus poreux, il paraît.

Holly étala une paume remplie d'une grosse noisette de crème sur son visage et son cou, et s'allongea sur le dos pour s'offrir au soleil.

– Ça m'a l'air de représenter un sacré boulot.

– Oui, mais ça vaut le coup.

– J'imagine. Tu as fière allure. Pour ma part, je pense que tout est dans la génétique. Mes jambes sont comme des sapins norvégiens. Faites pour le labour.

– Dans ce cas, répondit Olivia, franchement perplexe, je ne sais pas pour quoi les miennes sont faites.

Holly éclata de rire.

– Labourer, elles aussi. Mais dans un autre sens, Livy.

– M'enfin, Holly ! dit Olivia, s'enorgueillissant secrètement. Comment vont tes enfants ? Ils ont quel âge, maintenant ?

– Douze ans, et ils m'auront bientôt usée jusqu'au trognon. Evan est bon élève. Ça ne lui demande aucun effort. Ian est comme j'étais, lent et appliqué, toujours un peu en dessous de la moyenne. Il m'a demandé la semaine dernière quel était le livre qu'ils devaient lire cet été pour entrer en cinquième. On est au début des grandes vacances. Evan l'a lu en un week-end en mai, pour s'en débarrasser.

– Ça m'a l'air de représenter un sacré boulot, dit Olivia.

– Bien vu, admit Holly.

– Mais je te parie que Ian est plus populaire, dit Olivia. Tu l'étais.

– Oui, et ça me tue, dit Holly. Quant à Ev, il est ravi que Ian s'amuse autant. Si on allait plus souvent à la messe, il finirait prêtre. Il va se retrouver seul quand ils seront au lycée et je suis morte d'angoisse.

– Tu t'en fais trop à leur sujet, Holly, dit Olivia. Nos parents étaient comme ça, dans ton souvenir ?

– Hé, pas les miens. Tant que j'étais parfaite. Mes frères, aussi. Les seuls frères et sœurs à avoir jamais été nommés « étudiant de l'année » à Sainte-Ursule et Fenton. Je me rappelle, en terminale. C'était pas assez de faire partie de la cour à la fête des Anciens. Il aurait fallu que je sois Reine ! Heidi ne m'adressait pas la parole de tout le week-end ! dit Holly.

En silence, à ce moment-là, Holly pardonna à sa mère. Elle n'avait fait que vouloir le rêve américain pour sa fille. Et être reine constituait le minimum requis, aux yeux de Heidi, pour accéder au rêve. C'était comme le vieux spectacle « Reine d'un jour » que Heidi avait vu avec sa propre mère. Grand-mère Haldaag avait appris l'anglais en regardant Monty Hall et Bob Parker à la télévision. Ils restaient tous esclaves du souvenir. Leurs parents n'avaient pas eu à s'*inquiéter* pour elles, à proprement parler ! Leur existence avait été tellement censurée par le jugement qu'ils portaient sur leurs filles, qu'ils n'auraient eu aucune raison valable de s'inquiéter. Pour autant qu'ils le sachent, les filles, à l'école, étaient vêtues d'un uniforme et de chaussettes blanches tirées jusqu'au genou (les bas résille ne faisaient leur apparition que lorsqu'elles débarquaient dans les toilettes avant les cours), et allaient aux bals avec des garçons soigneusement peignés. Personne n'allait en « cure de désintox ». Il n'existait pas de « drogues du viol » ou de « drogues des prédateurs ». Leurs parents imaginaient que leurs enfants grandiraient à leur image et se serviraient un Martini chaque soir avant de passer à table. Boire n'était pas un péché. Même les prêtres buvaient. Et si Tracy, elle, ne prit jamais goût à la cigarette, toutes les autres fumaient, comme leurs parents. Aucune ne s'était arrêtée avant d'être mère. Olivia fumait toujours.

Les rares filles prêtes à franchir le pas passaient à l'acte, et les autres se pelotaient et s'embrassaient le menton à en avoir mal aux ovaires. Quand Carol Klostoff se retrouva « dans un état embarrassant », elle devint Mrs O'Sheridan et passa son diplôme avec un gros ventre sous sa robe bordeaux plissée. Tout le monde trouvait ça cool. Carol allait partir en Allemagne avec son mari, qui était dans la marine. Aucun des parents des filles n'était au courant des nuits où Janis se laissait glisser le long de la gouttière pour rejoindre Olivia au coin de la rue. Aucun d'eux ne savait qu'elles étaient alors montées ensemble dans la voiture de deux garçons plus âgés et qu'elles n'avaient rencontrés qu'une fois – toutes les deux avaient « flirté » *allongées* pour la première fois dans la maison vide de l'un des types. Personne ne s'était demandé si ces types assassineraient Janis et Olivia. Les enfants, à l'époque des Parraines, faisaient plus attention à leurs parents que leurs parents ne faisaient attention à eux. Et ces derniers se portaient mutuellement plus d'attention – en tout cas, c'est l'impression qu'avait Tracy – qu'elle et Jim ne le faisaient, tout soucieux qu'ils étaient, l'un et l'autre, semaine après semaine, du succès ou de la détresse d'un enfant.

Tracy ne se rappelait aucun vendredi et samedi consécutifs, pas un, où leurs parents étaient restés à la maison avec eux. Son père et sa mère travaillaient au restaurant, ou alors, s'ils pouvaient faire confiance au gérant du moment pour ne pas puiser dans la caisse, ils allaient à un dîner dansant au club (avec une préférence pour la soirée polonaise). Tout le monde était présent à la messe le dimanche matin et ensuite on allait se baigner dans la piscine, l'été, chez Janis. Les parents buvaient, tant et plus. Ils rentraient chez eux en zigzaguant, par on ne sait quel miracle, toujours sans incident.

Ils se sortaient indemnes d'à peu près toutes les situations.

Elle et Janis gardaient leurs petits frères en leur fichant une trouille bleue avec des histoires de visiteurs qui auraient placé le téléphone sur écoute en se raccordant dans la cave, massacrant tout le monde au premier étage avant que la police arrive. Ils ne redescendaient jamais après ça. Et une fois les petits endormis, elles faisaient venir des garçons et se répartissaient les chambres. Elles ne faisaient rien à proprement parler, pas plus que Cammie, mais ce même Mikey Battaglia dut une fois s'enfuir par la fenêtre du premier étage et, son pantalon à la main, sauter un jour où les parents de Tracy étaient rentrés plus tôt que prévu.

Savoir que Cammie avait sans doute pris plus de risques qu'elle, même si ce n'était pas sous son toit, faisait battre le cœur de Tracy. Pourquoi ceux qu'elles avaient pris semblaient plus innocents que ceux auxquels étaient confrontés Cam et Ted, elle n'en savait rien. Le monde était plus cruel, d'une part, et les conséquences des risques pris aujourd'hui non plus légales, mais fatales. L'ignorance dans laquelle baignaient ses parents était décrite, à juste titre, comme le bonheur absolu. À la fin de la dernière grande époque – quand la fac était encore un rêve possible pour chaque gosse, quand les restaurants et les magasins de détail ne faisaient pas faillite au bout de dix-huit mois, quand un homme pouvait passer sa vie à son compte et une femme travailler à mi-temps seulement si elle le souhaitait pour mettre de côté de quoi acquérir un cottage ou se payer une croisière –, il semblait se passer moins de choses. Les *serial killers* ne draguaient pas sur le Net. Les seuls gosses qui fumaient de l'herbe étaient des poètes, nantis d'une bourse pour Bennington.

Pour sa part, Olivia, la seule du groupe sans enfant, avait beaucoup de mal à se retenir de s'endormir. Elle trouvait le bavardage de ses copines non pas ennuyeux, mais insignifiant. Elle avait fait du shopping chez Chanel, elles chez Marshall Field's. Elle s'était réinventée. Elles, en revanche, avaient grandi dans les corps que leur avait offerts la puberté. La joviale Holly était toujours plouc et contente d'elle. Tracy – que tout le monde surnommait en douce le Tronc – était toujours aussi solide, le seul lien se rapprochant de l'amitié véritable qu'Olivia pensait avoir sur cette Terre. Janis était toujours aussi jolie, mais dépourvue d'imagination dans son Eileen-Fisher plan-plan acheté par correspondance, la *hausfrau* dévouée qui restait à la maison pour apporter de bons desserts à son mari alité, et s'occupait gentiment avec ses projets de business événementiel. N'avaient-elles pas soif d'aventure ? La vie d'Olivia n'était qu'à moitié écoulée. Elle rêvait de contraste. D'inattendu. C'était la seule chose qui rendait la vie supportable.

– Je suis étonnée qu'on n'ait pas toutes été virées, racontait Tracy. Écoutez ça : je suis allée dans le labo de chimie pour je ne sais plus quelle raison, apporter un mot à un petit qui s'était blessé aux barres asymétriques. Et ça m'a rappelé la colle sur les valves des becs Bunsen !

– Mais on ne s'est jamais fait choper sur ce coup-là ! s'écria Holly. C'est la pauvre Mary Brownell qui s'est fait prendre. Et elle n'a pas osé nous dénoncer…

– C'était une Parraine associée, elle jouait les bonnes à tout faire. Quand on organisait une fête avant celle de fin d'année, elle avait le droit de venir, dit Olivia. Elle devait apporter sa contribution.

Elle dit cela d'un ton neutre, sans remords particulier.

– Mais on était vraiment vaches, se rappela Tracy. Tu sais que Marie Brownell est prof à Smith aujourd'hui ? Qu'elle a écrit de la poésie, et remporté plein de grands prix ? Et regarde-moi. Je suis prof de gym dans mon propre lycée. Ma fille pense que je ressemble à Eddie Albert dans mon short.

– Tu ressembles à Eddie Albert avec ce short, convint Holly.

– Mais dans ce cas, pourquoi est-ce qu'ils le mettent au catalogue si ce n'est pas à la mode ? se plaignit Tracy. Je croyais que c'était... mettons, BCBG.

– Ben, c'est, euh... à chier, dit Holly.

– Oh, la ferme. Comme si j'en avais quelque chose à faire.

– Tu t'en fiches, n'est-ce pas ? demanda Olivia avec mélancolie. Ça t'est vraiment égal de savoir de quoi tu as l'air. Enfin, tu as une bonne coupe de cheveux ; tu as un sourire d'enfer ; mais le reste, c'est... « prenez-moi comme je suis ou allez vous faire voir ». Tu as des taches de rousseur, Tracy ! Si j'avais des yeux comme les tiens – verts, sans verres de contact ! –, je mettrais de l'antiride sur leur contour toute la nuit et la moitié de la journée ! T'as toujours été comme ça. Et moi qui déplaçais la balance dans la salle de bains et posais ma main sur le rebord de la fenêtre avant de monter dessus pour qu'elle affiche quarante-six kilos au lieu de quarante-sept. Je le fais toujours.

– Ben mon vieux, ça a l'air de représenter un sacré boulot ! dit Tracy. Qu'est-ce que tu vas faire maintenant, Liv ?

– Passer des mois avec ma mère et me rappeler pourquoi je trouvais ça bien qu'elle ne vienne à Montesperoli qu'une fois l'an. Peut-être aller voir des amis en Suisse, peut-être y passer l'hiver et skier. Écrire. J'écris un peu. J'ai pensé à des essais, ou peut-être même à un roman, sur notre vie dans les vignobles. J'ai publié quelques petits trucs en Italie…

— Tu ne me l'avais jamais dit ! la réprimanda Tracy.

— J'ai dit *petits*. Ça ne méritait pas que j'en parle.

Mais si, et Olivia se sentit toute déçue quand Tracy se replongea dans les souvenirs, comme si cet exploit n'avait été, eh bien… que ce qu'Olivia avait prétendu que c'était. Si elles savaient, songea-t-elle. Si seulement elles savaient.

— Devinez qui a quitté le couvent ? Mère Bernard, leur dit Tracy tout à trac. Elle était présidente d'université à l'époque. Où était-ce ? Mount Mary dans le Milwaukee ? Elle doit avoir soixante ans, non, plutôt soixante-dix ! Elle m'a appelée il y a quelques années.

— On la trouvait déjà vieille comme mes robes quand elle était proviseur de Sainte-U. Elle devait en avoir quarante, dit Holly.

— Pourquoi quitter le voile quand on est déjà… commença Olivia.

— Trop vieille pour trouver un mec ? demanda Tracy. Euh, non. En fait, elle en a un. Mais elle a dit que c'était un expédient. Aujourd'hui, elle s'appelle Sylvia Venito. Elle me rappelait Rosalind Russell dans *The Trouble with Angels*, dit Tracy.

— J'étais dingue de *The Trouble with Angels*, dit Holly. Leurs fringues étaient démodées, déjà à l'époque, mais je m'en fichais complètement.

— Et moi dingue de *The Nun's Story*, poursuivit Tracy. Mais mère Bernard m'a dit que c'était exactement comme dans ce film. Elle m'a dit : « Appelez-moi Sylvia. » C'était comme si Dieu me disait : « Appelez-moi Big Boss. » Ils vous font venir dans une pièce et remettre votre guimpe et votre rosaire et tout le tremblement…

— Elle portait toujours l'habit ? demanda Olivia.

— Peut-être qu'elle a vu *The Trouble with Angels*, elle aussi.

— C'était une femme bien, dit Holly. On l'a usée.

— Mais non, elle nous aimait bien, dit Tracy. Elle disait

qu'on avait de l'énergie à revendre. Mais elle avait peur que tu aies épousé un mafieux, Livy…

Olivia rit.

– J'aurais fait une super épouse de mafieux. Tout ce fric. Tous ces miroirs dorés et ces corsaires moulants… l'Italie, quoi ! Vous vous souvenez des membres du service d'ordre avec leur revolver sous la veste au mariage de Jodie Camorini ?

– C'est un autre monde, dit Tracy. La mafia aujourd'hui, c'est des pauvres gosses qui vendent de la drogue et se vantent de descendre les flics. Ce n'est plus du crime organisé. C'est du crime désorganisé.

– Il y avait de ça en Italie ? Est-ce que vous aviez des serviteurs dévoués à la famille qui étaient en fait des tueurs à gage ? demanda Holly.

– Eh bien, on avait une domestique et un cuisinier, comme la plupart dcs gens.

– Mais nous aussi, évidemment. Et un majordome. On ne peut pas se passer d'un majordome, surtout pendant les vacances, dit Holly, en se rongeant le petit doigt.

– Allez ! *Tout le monde* en avait. Et les employés de la *fattoria*. C'est comme ça. Personne ne me voyait comme une comtesse, sauf ma mère. C'est un gouvernement communiste, bon sang. Ce n'était qu'un vieux titre hérité, dit Olivia, en agitant la main. *Basta.*

– Mais tu faisais imprimer les armoiries sur tes cartes de vœux ! la taquina Holly.

– J'ai montré à Cammie sa robe de baptême il y a quelques années, celle que tu avais fait faire là-bas, dit Tracy. Mon Dieu, Livy, c'était une vraie merveille.

– De la dentelle vénitienne, dit Olivia. La tradition voudrait que ce soit la même dentelle qui orne sa robe de mariage…

– Chaque chose en son temps, dit Tracy.

– Elle t'en fait baver, Tracy ?

– Plutôt, oui, dit Tracy.

– Et tu t'attendais à quoi ? demanda Olivia froidement.

Elle ressentait un irrésistible désir de dormir à nouveau. Peut-être qu'elle coucherait sur le trampoline ce soir. Mais il ne se passerait rien. Elle bâilla. Son ventre frémit à l'évocation de ce souvenir. Pourquoi Cammie ne pouvait-elle attendre son tour ? se demanda-t-elle. Voleuse de mec.

Une fois Lenny parti sur l'annexe, Cammie s'attacha à ne pas remarquer le moindre des gestes de Michel. Il découvrit les voiles, rangeant soigneusement leurs bâches, y fixa les machins-choses, testa les voiles en les hissant puis en les redescendant. Comme il faisait de plus en plus chaud, il ôta sa chemise. Cammie baissa la visière de sa casquette et se concentra sur *Mrs Dalloway*. Elle relut six fois la première phrase de la page.

– C'est juste pour que les vieilles puissent se rincer l'œil, lui glissa Michel en arpentant le bord du bateau, le pied sûr, félin.

Cammie se concentra sur son livre. Elle avait lu la même demi-page six fois.

– J'adorais Virginia Woolf, dit Olivia qui avait quitté sa couchette pour venir s'asseoir à côté de Cammie. J'ai fait une sieste délicieuse ! Je n'ai pas l'habitude d'avoir des horaires, ajouta-t-elle. Comme ça, je pourrai dormir dehors ce soir encore.

Un regain d'irritation s'empara de la fille, mais elle le refoula.

Olivia était séduisante. Michel avait admis avoir commis une erreur. Elle pouvait toujours sentir son… Elle rougit. Olivia le remarqua, et Cammie crut voir sa marraine grandir, littéralement : son dos se redressait à partir de ses hanches, et sa pose, de nonchalante, se faisait impérieuse.

– Ça fait tout drôle de voir un bel homme sans chemise au milieu de la journée, hein ? commenta Olivia.

Elle croit que je ne suis pas au courant, songea Cammie. Elle essaie de me faire parler de lui.

– Oui, j'imagine, dit-elle. Encore qu'ils ne donnent pas l'impression de s'habiller des masses, par ici. Tu es bien élégante, tante Livy.

– J'essaie.

– Et pour ce qui est de Virginia Woolf, pas moi, dit Cammie. C'est tellement pessimiste. Je ne vois pas pourquoi l'artiste doit mourir. Il n'apparaît là-dedans que pour mourir.

– Eh bien, dans le roman, c'est un sacrifice. Une métaphore. L'artiste doit mourir, comme le Christ. Mais elle annonçait sa propre fin. Tu ne crois pas ? Elle écrivait tout ça à la main, sans répit, par séances de trois heures.

– Et après elle s'est suicidée. Elle n'avait pas envie de profiter de son succès ? Elle avait travaillé si dur. Tu peux imaginer avoir envie de mourir au point de remplir tes propres poches de grosses pierres et…

– Si je n'avais plus d'espoir, oui, dit Olivia. Il y a eu un moment, quand on a diagnostiqué la maladie de Franco, où j'ai pensé : je ne peux pas vivre sans cet homme qui a pris soin de moi si longtemps. Je ne crois pas que Virginia Woolf ait jamais su qu'elle connaîtrait le succès. Je ne crois pas qu'elle pensait pouvoir être à la hauteur du talent de ses frères et sœurs…

– Mais c'est la seule dont on se souvient.

– C'est l'ironie de la chose.

– Mmmm, dit Cammie.

– Et elle était sérieusement malade. La dépression est une maladie. Je n'ai jamais été comme ça. Seulement triste, terriblement triste.

– Oh, tante Liv… dit Cammie par politesse.

Olivia était si vieille. Elle était seule. Elle avait beau avoir l'air plus jeune, elle ne l'était pas. Elle était vieille, comme Tracy et Holly. La compassion l'emporta sur le ressentiment.

Olivia ajouta alors :

– Ta mère m'a dit que la chance pouvait tourner, mais que la vie était belle.

– Elle tient ça de Holly. Holly dit ça tout le temps.

– Eh bien, peut-être qu'elle le dit, mais Tracy est la meilleure personne que j'aie jamais rencontrée, Camille. Elle a fait beaucoup pour moi. J'ai fait beaucoup pour elle. Elle est peut-être sévère…

– Sévère, c'est le mot. Mais je sais qu'elle m'aime. Qu'elle nous aime.

– Tu confonds droiture et inhibition.

– C'est le reproche que je viens de lui faire. Un truc comme ça. Il y a quelques jours.

– Quand on était jeunes, ta mère était prête à tout. Elle montait le cheval le plus sauvage de l'écurie de mon oncle. C'est elle qui descendait le plus de coups de brandy le plus rapidement. Et on était encore au lycée, note. C'était la Michael Jordan de Sainte-Ursule. Elle nous a rapporté deux coupes de championnats inter-États.

– Je ne la voyais pas comme ça, reconnut Cammie. Tu peux imaginer ? Être prof dans la même salle que celle où tu jouais au basket quand t'avais dix-sept ans ?

– Moi non, mais ta mère... elle est comme l'étoile du Nord, Cammie. On faisait n'importe quoi. D'abord, on a été des *greasers*. Ensuite, on est devenues *metal heads*. Après, à la fac, on s'est toutes laissé pousser les cheveux et on est devenues militantes. Mais Tracy restait la même. Si tu lui demandais aujourd'hui ce qu'elle veut, elle te donnerait la même réponse qu'à l'époque.

– Quoi ?

Cammie posa son doigt dans son livre et croisa fort les jambes pour tenter d'ignorer Michel qui grimpait au mât.

– Avoir un foyer harmonieux, un bon mari, et se rendre utile. C'est ce qu'elle disait. Se rendre utile.

Olivia se sentit contente d'elle-même. Elle avait fait quelque chose de bien. Elle avait réparé l'affront qui flottait entre elles.

– Et à quoi est-ce que je dois ce sermon, tante Liv ? demanda Cammie.

– À rien. Franco était totalement dépendant. Et j'étais prête à renoncer. Me lever, m'en aller, laisser tomber. La moitié du temps, il n'était même pas conscient de ma présence, de toute façon.

Olivia trouvait toute forme de dépendance débilitante. Elle n'avait jamais compris le besoin d'enfants, qui incarnaient le pire des caractéristiques humaines, puisqu'ils étaient à la fois dépendants et ennuyeux. Franco était comme ça à la fin. Se réveillant si elle lui lâchait la main, réclamant son rosaire.

Comme si elle était médium, Cammie dit :

– Est-ce que tu es vraiment triste, aujourd'hui, de ne pas avoir eu d'enfants avec Franco ? Tu ne pouvais pas, comme Maman, ou c'est trop personnel ?

– Mon Dieu, non ! Je pouvais. Je ne voulais pas. Il avait de grands garçons. D'un premier mariage. Je les voyais rarement. Ils vivaient à Rome et avaient leurs propres familles.

– Tu n'avais pas envie de les connaître ? Ils devaient avoir… mon âge quand tu t'es mariée.

– Un peu, oui, mais ils étaient les fils de leur mère.

– Et…

– Et Franco voulait que je sois sa petite chose. Sa *piccola*.

Cammie trouvait ça flippant. Si elle avait été plus portée sur le sens précis des mots, elle aurait dit « affecté ». Elle hasarda néanmoins :

– T'aurais pu avoir des nounous. Tu aurais certainement eu une enfant à part, que tu aurais envoyée dans une pension suisse.

– Je n'aime pas les enfants. Je t'aime toi, Cammie. Mais j'arrive à peine à m'occuper de moi-même, alors quelqu'un d'autre…

Cammie se dit à part elle : C'est une bonne chose que tu n'aies pas d'enfants. Ils seraient dans de sales draps. Elle ressentit une pointe de regret pour la façon dont elle traitait sa mère mais ajouta aussitôt :

– Je respecte ma mère. Mais je ressemble plus à mon père. Pour moi, c'est juste ma mère. C'est une prof de gym. Elle n'a pas précisément inventé un traitement pour le cancer, tante Livy. Oh, je suis désolée. C'était idiot de ma part.

– Pas de mal, dit Olivia. Mais Cammie, les vies n'ont pas toutes besoin d'être des comètes. (Elle sourit malicieusement.) Il n'y en a que certaines qui le deviennent.

– Et toi tu grimpes toujours, c'est ça ?

– J'espère bien ! dit Olivia.

– Tu me donnes envie de dormir. Je vais aller m'allonger dans le hamac. C'était confortable ? demanda Cammie avec une pointe de sarcasme.

– Un peu dur sur le dos, dit Olivia.

Je veux bien le croire, songea Cammie qui se levait pour attraper sa serviette.

Quelques heures plus tard, Michel la réveilla. Elle s'était endormie, assommée par la tranquillité de la mer et du soleil, par la brise qui empêchait d'avoir trop chaud.

– Tu ferais bien de te retourner. T'es cuite de ce côté, dit-il. Tu veux venir faire un saut en ville avec moi ?

Cammie bondit sur ses pieds et enfila à la hâte son short MAUI.

– Si on est en territoire britannique, je dois mettre une chemise ? C'est plus formel ?

– Pas de mon point de vue, mais sans doute. Pour le soleil, en tout cas, lui dit Michel.

– Comment tu supportes ça ? C'est comme ça tous les jours ?

– La plupart du temps, oui. Il y a des jours infects, brumeux, pluvieux. Des orages. De la neige mouillée. Et on peut se lasser de… tu connais le dicton. Encore une journée de merde au paradis.

Elle opta pour un modeste short en jean et une chemise de coton qu'elle noua sous les seins.

Ils passèrent deux heures à errer dans les ruelles étroites de la petite ville. Au bout d'une heure, Cammie, avec une condescendance comique, autorisa Michel à lui prendre la main.

Il avait vingt-cinq ans, et tenir la main d'une adolescente lui donnait le sentiment d'avoir tiré le gros lot.

– J'aimerais t'offrir quelque chose, dit Michel.

Il tendit la main, cueillit une fleur de bougainvillée sur une plante grimpante, qu'il coinça derrière l'oreille de Cammie.

– Maintenant, t'as l'air d'une fille d'ici. Il te faut un petit bijou.

– C'est débile, dit Cammie.

– Pour que tu te souviennes de moi.

– Bon, d'ac', si tu veux, dit-elle, n'en pensant pas moins.

– J'y tiens.

Michel choisit un collier fait de minuscules coquillages identiques, de couleur fauve, émaillés de perles d'hématite. Il coûtait un peu cher, et augurait d'une semaine de tartines de fayots cet hiver. Mais cela lui procurait un frisson dingue de voir les coquillages reposer au creux de sa gorge, juste au-dessus de la croix qu'elle n'enlevait jamais.

– Je suis obligée de garder ma croix. C'était mon cadeau de baptême, dit Cammie. Je la porte comme porte-bonheur maintenant. Je porterai toujours ça aussi.

– Pas tout le temps, non. Si on raie les perles, il est fichu. Si on en prend soin, il durera toujours, expliqua la propriétaire du petit magasin.

Ils prirent un verre – un cocktail pour Cammie et un Pepsi pour Michel –, après quoi Michel lui demanda d'attendre pendant qu'il fonçait à la pharmacie.

– Il me faut du… euh, dentifrice.

Et un ouvre-boîte, songea-t-il. Il devait trouver un ouvre-boîte avant qu'ils ne regagnent le bateau. Il fallait qu'il s'en souvienne. Mais à ce moment-là, la radio grésilla.

– D'ac', va chercher ton dentifrice, concéda Cammie, se demandant s'il était vraiment à court de dentifrice ou s'il voulait dire ce qu'il semblait suggérer, se demandant aussi si on pouvait devenir dingue de désir.

– Reste là. Ne bouge pas. Il faut qu'on rentre, dit Michel.

– Je pensais acheter du fromage et du pain. On pourrait faire un pique-nique.

– Plus tard, dit Michel, en lui déposant un léger baiser. Lenny vient de m'appeler. Il veut que je revienne. Le travail avant le plaisir.

Tandis qu'ils retournaient à l'*Opus*, Michel tendit la main, effleura le collier, et lui prit délicatement la main. Cammie en fut sûre alors : on pouvait devenir dingue. Elle émit sa prière la plus ingénue :

Merci, mon Dieu, que mon oncle aille bien, et qu'il ait dû se faire opérer. Merci.

SIXIÈME JOUR

– **B**on ! dit Lenny.

Les femmes l'ignoraient, mais son « bon » était aussi exalté, à la veille de cette vingtième croisière à bord de son propre bateau, qu'il l'avait été lors de la première.

– Aujourd'hui, vous allez la voir sous voile ! Vous ne me croiserez pas beaucoup, parce que je veux que vous passiez un moment merveilleux et aussi parce que j'aimerais tirer dessus. Mais Michel s'occupera des boissons.

Michel demanda à Lenny :

– Tu as pris quelque chose ? À manger ?

– Une douzaine d'œufs et du pain frais pour les tartines. Pour le reste, Sharon a plus qu'assez. Elle arrive avec un max de réserves. Leur dernier groupe a pêché, mais ils ne peuvent pas remporter le poisson chez eux. Une urgence au Texas. Et elle a une tonne de trucs que je compte reprendre. Je l'appellerai dans un moment.

– Elle n'acceptera aucun argent.

– C'est ce qu'elle m'a déjà annoncé. Tu connais Sharon.

– Dans ce cas, je les emmènerai faire un bon dîner, elle et

Reggie, si je m'arrête à New York en rentrant à la maison pour Noël, dit Michel.

– J'irai les voir à ce moment-là, moi aussi, dit Lenny. Peut-être qu'on peut organiser une semaine là-bas, si tu veux.

Il hocha la tête, l'esprit ailleurs, occupé à d'autres tâches. Michel remarqua que Lenny n'avait pas fait mention de l'ouvre-boîte. Et merde, pensa Michel. À la prochaine escale. Mais ce n'est pas lui qui aborderait le sujet.

Ils déroulèrent le génois et hissèrent la grand-voile sous le regard des femmes : les voiles s'élevèrent vigoureusement tels de gigantesques drapeaux, imposantes pièces blanches. Lenny coupa le moteur : Michel tendit les voiles pour prendre le vent.

Et l'*Opus* fit ce pour quoi il avait été conçu. Il déploya ses ailes comme le font les voiliers, ce qui suscitait des extases démesurées chez les peintres et les poètes depuis des siècles, même chez ceux qui n'ont jamais mis un pied à bord.

– Lenny est un vrai marin, dit Michel tandis qu'ils sirotaient un punch au rhum en grignotant de la *mango salsa*. Je peux y arriver, mais lui a un vrai coup de main. Il aura à peine besoin de toucher la barre. On appelle ça abattre. Le vent arrive par l'arrière, vous voyez comment la grand-voile porte ? C'est comme il a dit. Le vent nous pousse. La grand-voile est perpendiculaire au vent. Le bateau va filer maintenant, jusqu'à ce que le vent tourne.

– Ce n'est pas ce qu'on imaginerait, dit Holly.

– On peut faire à peu près ce qu'on veut à cette époque de l'arrière-saison, dit Michel. L'essentiel, c'est que Lenny ou moi soyons toujours de quart. On change toutes les six heures, à peu près.

– On a l'impression de voler.

– Et moi, que mes tripes décollent, dit soudain Holly.

– Pastilles de gingembre, dit Michel en descendant d'un bond léger dans la cuisine.

– C'est marrant que quelqu'un puisse ne rien ressentir et qu'un autre soit complètement malade, dit Cammie.

– C'est les oreilles, dit Michel. Il m'est arrivé de voir des grands costauds devenir verts à la minute où on quittait le port. Ça n'a rien à voir avec le fait d'être fort ou faible. Peut-être un reste de nausée lié à sa piqûre.

– Je suis sûre que c'est ça, dit Holly. Je me sens… pas bien. Je suis infirmière, alors je sais qu'il y a… un petit quelque chose.

Michel entreprit de guetter les navires à l'approche. Il attrapa Cammie par la main pour qu'elle puisse prendre place à côté de lui.

– Tu vois, là ? Un paquebot. On a l'impression qu'il est à des millions de milles, non ? Mais on pourrait le rejoindre plus vite que tu ne l'imagines. On peut faire plus de cent milles par jour si on veut, sous cette allure. On peut en faire cinquante, rien qu'en se laissant porter par le courant. Il y a toutes les chances pour que le capitaine ne nous voie même pas, même en plein jour. Il faut que j'aille signaler ce bateau à Lenny, même si je suis sûr qu'il l'a déjà vu. Ils vont se parler, et vu qu'on est les plus rapides, le bateau restera sans doute à l'écart jusqu'à ce qu'on soit passés. On sera alors le bateau prioritaire. C'est comme ça qu'on dit. Ça serait différent s'ils avaient des filets de pêche.

À son retour, Tracy demanda :

– Il y a des terres au large, de ce côté ?

– Ce soir on va jeter l'ancre près d'un groupe d'îles minuscules, à peine des îles, en fait. Rien que des langues de terres broussailleuses avec des arbres. Il n'y a pas de plages, très peu de hauts-fonds autour, dit Michel. La seule raison de s'y rendre, c'est d'aller pêcher, le crabe ou autre. Ou si on a besoin de sentir la terre ferme sous ses pieds ou de nager, je ne sais pas, et qu'on n'a pas envie de le faire autour du bateau. De ce bateau.

– Le genre d'île où on pourrait se retrouver abandonné ? demanda Cammie.

– Seulement si on avait vraiment la poisse. Ou si on voulait être genre… seul pour méditer.

– Comme un moine, dit-elle.

– Ouais, ou pas. En ce qui nous concerne, on va mouiller à côté de l'une d'elles, dit Michel en détournant le regard. (Pourquoi était-il aussi timide qu'un collégien ?) Si on va à terre, on prendra l'annexe. On peut facilement y aller à la nage, aussi. On ne peut pas compter sur une ancre, ni même sur deux grosses, pour retenir un bateau une nuit entière. Mais généralement, c'est un bon coin. On n'y a pas d'ennuis comme ça peut arriver ailleurs. On se retrouve dans le pétrin, à dériver n'importe où.

Michel se sentit confus. Il disait n'importe quoi.

– Ah bon, dit Cammie en se portant à son secours et en laissant courir un ongle le long de sa colonne vertébrale.

Tracy observa les minutieux réglages des voiles effectués par Michel sur les instructions de Lenny. Les angles étaient compréhensibles. Ça ne différait pas trop d'une version gigantesque du petit Cat de son grand-père. Michel largua l'écoute et choqua en grand. Elle imagina le gouvernail en dessous, qui empêchait le bateau de dériver, le courant d'eau sous la quille. Elle se rappela ce que son grand-père lui avait enseigné. Si elle sortait sa main par la vitre de la voiture quand le véhicule était en mouvement et qu'elle la mettait en coupe, le vent ne faisait que la pousser en arrière. Mais en tournant la main dans l'autre sens, en principe, celle-ci devrait être poussée vers l'avant, et non vers l'arrière, par le vent glissant dessus. Elle avait tout oublié de ce qu'il lui avait dit du près serré, si ce n'est qu'il fallait baisser la tête quand il faisait passer la bôme de l'autre côté du petit bateau. Magellan, lui avait dit son grand-père, devait maintenir ses voiles à un angle de quatre-vingt-dix degrés par rapport au vent ; et pourtant, il avait fait le tour du monde.

Juste au moment où le soleil commençait à décliner, elle entendit les voiles claquer le long du mât tandis que Lenny les affalait pour les plier soigneusement, en les attachant à la bôme. Michel prépara le bateau à moteur pour aller l'amarrer à un gros arbre sur un îlot minuscule. Pendant que Lenny maintenait le bateau sur place, Michel franchit d'une traite la distance qui les séparait de l'îlot et fixa l'écoute.

– S'il n'y a pas de vent, on pourrait faire un feu là-bas ce soir, annonça Michel à son retour. Ce serait sympa.

– Je pourrais m'en occuper. Ça serait comme au camp, dit Cammie.

– Pas tout à fait, glissa doucement Michel. Pas comme dans ceux où j'allais.

Allons bon, songea Tracy qui les entendit malgré elle. Soudain, Jim lui manqua, sa tignasse rousse, son corps tout en longueur. Était-ce Jim qui lui manquait, ou le couple qu'ils formaient, elle et lui, quand ils étaient jeunes ? Ou simplement le souvenir enivrant de la jeunesse, cette liqueur dont un simple verre était censé vous rassasier une vie entière ?

Ce soir-là, tandis que Lenny préparait les ingrédients pour des moules aux épinards et au vin, Michel prit l'annexe, la tira sur le sable, et se dirigea vers le côté abrité de l'île pour pêcher depuis le rivage un poisson sur lequel prélever en vitesse des filets à griller. Furtivement, dans son maillot de bain, Cammie sauta par-dessus le bord de l'*Opus* et fit à la nage les dix mètres pour le rejoindre. Sa fuite discrète n'échappa à personne.

– Il lui plaît, commenta Tracy à l'adresse d'Olivia et Lenny. Elle n'a eu son premier vrai petit ami que cette année. Lequel est retourné à sa riche petite chérie. Dans l'ensemble, elle trouve les hommes cons.

– Mais les hommes sont cons, répondit Lenny en riant.

– Et alors ? Il pêche quoi ?

Le double sens de la question les fit sourire tous deux. Olivia rabattit son chapeau.

– Un barracuda, si possible, dit Lenny. Que je pourrais griller ; vous n'avez jamais rien goûté de semblable, quand ça sort tout droit de la mer. C'est vraiment délicieux, vous seriez étonnées.

– Il en aura un ?

– C'est le problème. Sans doute, mais il devra couper cinq lignes avant de pouvoir en ramener un.

– Pourquoi ?

– Parce que les barracudas peuvent être des monstres. Non seulement il faudrait qu'il traîne le poisson à terre, mais en plus, on en gâcherait. On y prélèverait quelques filets, et le reste irait aux requins. Ce qu'il nous faudrait, c'est un gentil petit barracuda, de quatre à cinq kilos. On pourrait en manger pour le dîner, et je congèlerais le reste. Il y a toutes ces provisions qui nous arrivent de l'autre bateau.

De l'autre côté de l'île, la canne à pêche de Michel était profondément fichée dans le sable. Il avait pressé Cammie contre un arbre. Elle avait passé une jambe autour de ses hanches, et leurs mains exploraient la moindre courbe, le moindre creux de l'autre, par-dessus les vêtements.

– Tu vas me faire virer, dit-il. Il faut vraiment, vraiment que je prenne un poisson.

– Tu peux dire qu'il n'y en avait pas.

– Il sait qu'il y en a.

– Tu peux dire qu'il s'est enfui.

– Je ne ferais pas ça.

– Tu peux dire qu'une belle femme a traversé des eaux traîtres pour venir jusqu'à toi.

– Ça, il le comprendrait.

Ils s'agenouillèrent, puis s'allongèrent. Il embrassa sa gorge. Elle déboutonna sa chemise et embrassa son torse. C'était impossible. On lui offrait une luxueuse boîte de bonbons. Il n'allait pas laisser passer l'occasion. Ce scénario ne s'était encore jamais présenté à lui. Le sexe avait toujours était très sympa, comme un bon exercice, pas de manque après coup, chaque femme un souvenir qui lui traversait l'esprit s'il entendait une chanson particulière ou voyait un endroit précis. Rien de plus. Ce qu'il ressentait pour cette fille, qu'il connaissait depuis deux jours, était étrange et déroutant. Elle était si timide et si effrontée et tellement, tellement jeune. Il l'aida à enlever le haut de son maillot de bain mouillé.

– Il n'y a rien d'autre que du sable ici, Cammie. Tu vas t'écorcher la peau.

– Il y a ta chemise. Et le reste de tes affaires. Et la couverture est dans l'annexe, non ? Tu vas... Merde, écoute. Je n'essaie pas de m'offrir au premier venu, dit Cammie, le regard soudain noir.

Elle rabattit son haut mouillé sur sa poitrine et entreprit de l'attacher.

– Attends...

La ligne de Michel commença à vibrer.

– J'ai l'impression que voilà le dîner ! Ce n'est pas ce que je voulais dire, dit-il. Je voulais juste dire qu'il fallait que j'attrape ce poisson. Je n'ai pas dit qu'il fallait que j'attrape ce poisson et que je le rapporte au bateau dare-dare. Laisse-moi juste l'attraper et me laver les mains. Il ne tord pas la ligne trop fort, il ne doit pas être trop gros...

– Bon, dit Cammie, toujours dubitative. Ça fera une expérience, j'imagine. Une bonne chose. Je n'ai jamais vu un barracuda hors d'un aquarium. (Elle attacha la bretelle de son maillot de bain autour de son cou.) On peut revenir après et faire un feu, comme t'as dit.

– Je ne veux pas remettre à plus tard, Cammie, dit Michel qui luttait pour conserver autant d'assurance que possible tout en promenant le poisson de droite et de gauche.

– Tu vas sentir le poisson.

– J'ai dit que je me laverais. J'ai de l'anisette.

Michel planta ses pieds de part et d'autre de la canne et moulina.

– Ce n'est pas un barracuda. C'est un carangue crevalle. De quatre, cinq kilos, peut-être.

– Comment tu le sais ?

– À la façon dont il bouge.

– Allez, Michel. Remonte-le !

– Tu me distrais !

– C'est juste que t'as peur de ne pas l'attraper et d'avoir l'air d'un idiot devant moi, dit Cammie avec satisfaction.

Michel se pencha en arrière de toutes ses forces, et le poisson vint s'échouer sur le sable après un vol plané. D'un geste leste, Michel le rejeta dans un taillis, où il resta, pris de soubresauts désordonnés. Puis Michel sortit de l'eau, se lava bras et mains, se jeta de l'eau au visage et fouilla au fond de l'annexe. Il y prit le flacon aux gouttes parfumées à l'anis censées faire mordre le poisson à l'hameçon et s'en frotta les mains. Il sortit la couverture.

– Là, dit-il, en regagnant la plage. J'aurais pu faire ça du bateau, tu sais. Je n'avais pas besoin de venir ici. J'ai convaincu Lenny qu'il y avait peut-être du poisson en train de jouer autour des petits récifs sous-marins.

– Tu savais que je viendrais te rejoindre, j'imagine, dit Cammie.

– Non, je n'en savais rien. J'espérais que tu le ferais, bien sûr. Mais je n'en étais pas certain.

– C'est vraiment du dentifrice que tu as acheté ?

– Non, dit Michel.

– Tu as apporté ce que tu as vraiment acheté ?

– Non, dit-il.

– Donc on ne peut rien faire. Enfin, pas tout.

– On pourrait, mais on devrait attendre le bon moment.

– Tu as sans doute dix maladies tropicales.

– Non, je ne pensais pas à ça. Je sais que je n'en ai aucune, dit Michel.

– Alors tu as peur que je tombe enceinte.

– Pas toi ? Tu as dix-neuf ans.

– Oui et non. Je ne pense pas que je tomberai enceinte.

– Et si ça arrive ?

– Je ne sais pas. Si ça arrive, quoi ?

– Je n'aimerais pas que tu te fasses avorter. Je suis catholique. Et entre nous, j'ai le sentiment que ce ne serait pas bien. Alors il faut que tu y réfléchisses. Si tu tombais enceinte, est-ce que tu voudrais de moi ?

– Comment ça, est-ce que je voudrais de toi ?

– Est-ce que tu voudrais de moi comme mari ?

Michel ne savait pas du tout pourquoi il posait pareille question à une fille dont il ignorait l'existence trente-six heures auparavant. Mais soudain, il songea à avoir un enfant, tout comme Lenny avait un bébé ; et une femme, comme Lenny avait une femme. Sa femme, Camille. Il songeait à la tête de sa mère quand elle verrait Cammie. Rien de ce qu'il pensait ne corroborait les images qu'il pouvait avoir de lui-même. En fait, se dit Michel, il ne s'était pas vraiment arrêté, jusqu'à cet instant, à l'image qu'il avait de lui-même, n'avait pas réfléchi à l'idée qu'il se faisait de lui-même. Il ne s'était vu qu'à travers le regard d'autrui.

– D'après ce que je ressens en ce moment, je te prendrais comme mari, oui, répondit-elle alors. Je pensais à ça hier soir. Je sais qu'on est censé réfléchir et faire des listes et comparer le style de vie de la personne au vôtre pour voir s'ils correspondent. Et ce n'est pas le cas. Mais je crois quand même...

Michel eut l'impression qu'il pourrait gonfler et s'envoler s'il n'avait été retenu. Il se sentait comme un superhéros embarrassé, un tombeur dont l'estomac menaçait de se rebeller, un humble enfant. Force lui fut d'en conclure que c'était ce que les gens voulaient dire en parlant d'amour. Il savait qu'il n'avait jamais ressenti cela. S'il avait dû mesurer la chose, il se serait attendu à trouver de la fièvre. Il passa ses bras autour de Cammie, et ils s'allongèrent ensemble.

C'est à ce moment-là qu'Olivia surgit des fourrés.

– Quoi ? s'écria Cammie. Qu'est-ce qui se passe ?

– J'ai nagé. Lenny se demandait ce que vous faisiez. Michel, dit Olivia en secouant la tête, ce n'est qu'une enfant.

– Qu'est-ce que tu cherches à faire, Olivia ? demanda Cammie, la voix basse, prête à exploser. Tu veux me protéger ?

– Pas vraiment, dit Olivia. Lenny demande qu'on ramène l'annexe. Il dit que le vent se lève.

– Vous devez aimer nager, comme votre nièce, remarqua froidement Michel.

– Ma *nièce* ! cracha Olivia. Camille, c'est ridicule. Ta mère n'apprécierait pas vraiment que...

– Ma mère me fait confiance.

– Pas moi.

– Et alors, t'es pas ma mère.

– Camille, dit Michel sur un ton d'avertissement, on va rentrer. On reviendra quand il fera nuit. On l'a prévu. Ne laissons pas les autres tout gâcher.

– Vas-y, dis-le à ma mère, Olivia, lança Cammie qui se mettait à genoux, puis sur ses pieds. Comme ça je pourrai lui raconter ce que tu as fait, toi aussi.

– C'est absurde, répondit Olivia d'un ton las. Tu ne connais même pas cet homme.

– Comment peux-tu dire ça ? Et toi, alors ?

– C'est complètement différent…

Michel tenta d'intercéder, calmement. Puis il renonça. Il remarquait quelque chose d'encore plus important.

Lenny avait raison. Le temps se gâtait. L'eau, calme quelques instants plus tôt, avait commencé à clapoter et bouillonner.

– Il faut qu'on y aille, dit-il tranquillement.

Olivia avait tourné le dos. Cammie était écarlate.

– Il serait préférable de garder ça… pour nous. Ça va contrarier Tracy, et Lenny. Olivia, cela ne regardait personne. Je suis désolé si ça paraît choquant, Olivia, mais c'était très important pour moi. Elle compte beaucoup pour moi. Je sais que ça a l'air impossible, comme… un coup de foudre. Je ne sais pas pourquoi.

– Parce qu'elle ressemble à un mannequin et qu'elle t'en fait cadeau comme une pute, ce qu'elle n'est pas, répliqua Olivia d'une voix cassante.

Cammie se tourna vers lui, et il retint son visage contre sa poitrine pendant qu'Olivia faisait demi-tour et se dirigeait d'un pas précautionneux vers l'annexe, le dos cambré. Son estomac se souleva de nouveau. Il ne pourrait pas dîner. Ce n'est pas grave, se dit-il. Il sentait cette fille vivante dans ses bras, il la sentait se serrer contre lui, confiante, désirante, reconnaissante. Il éprouva de la fierté. Et remercia son saint patron, Michel.

L'eau se répandait déjà en formidables poignées obstinées contre la coque de l'*Opus* quand ils approchèrent. Lenny se rappelait toujours, en semblables moments, comment les vieux marins prenaient soin de témoigner du respect envers des dieux auxquels ils ne croyaient pas. Le temps n'était pas menaçant : mais il était incertain. Lenny n'aimait pas les surprises.

– Mets le moteur au ralenti jusqu'à ce que je les remonte à bord, ensuite on s'amarre, dit Lenny en se penchant pour saisir la main d'Olivia puis celle de Cammie.

La main de Cammie s'échappa de la sienne lors de la première tentative. Michel décrivit un cercle en faisant brouter le moteur et jeta le poisson à bord de l'*Opus*.

– Joli, lança Lenny. Il est tombé pile dans le bateau. On va juste lâcher l'ancre et la laisser traîner. Je crois qu'on va avoir du vent. Si j'étais malin, je l'emmènerais de l'autre côté. On est exposés. Mais je crois qu'on n'a plus le temps.

– On fait monter Cammie à bord, dit Michel.

– Je suis prêt, répondit Lenny d'une voix forte.

Mais le vent avait d'autres projets ; et l'annexe recula alors que Michel tentait sa seconde approche. Il jura en français.

– Qu'est-ce que je dois faire ? demanda Cammie.

– Rien. Je ne suis pas doué aujourd'hui, dit Michel, la voix tendue.

Il longea la coque de nouveau. Cammie se mit debout et une vague souleva l'avant de l'annexe au-dessus de l'eau. Se penchant avec précaution pour atteindre la main de Lenny et l'échelle de bord, Cammie trébucha et se cogna la hanche sur la dame de nage, délogeant la rame, tombant à la renverse et disparaissant sous l'eau. Avant que Tracy ait pu ouvrir la bouche pour émettre le cri qui l'emplissait, Cammie refit surface en crachotant.

– Tout va bien, mon ange, lui dit Michel, les mains fermement passées sous ses épaules.

Il hissa Cammie par-dessus bord, sous le regard des autres qui retenaient leur souffle. Une autre vague se brisa, qui les inonda l'un et l'autre. Holly poussa un gémissement.

Lenny remarqua que l'*Opus* dérivait plus vite qu'il ne l'aurait imaginé.

– Voilà une corde, cria Olivia, jetant à l'eau le premier rouleau de cordage qui lui tomba sous les yeux.

Lenny regarda avec consternation l'amarre arrière de quinze mètres de long se dérouler dans l'eau. Mais c'était comme un accident de voiture au ralenti : il n'eut pas le temps d'expliquer ce qu'une corde de cette longueur pouvait faire à l'hélice de l'unique moteur du trimaran. Il ne pouvait qu'espérer que tout aille bien.

– On arrime l'annexe ! cria-t-il à Michel.

– Elle d'abord, répondit Michel en ramenant l'annexe le long de la coque, moteur au ralenti.

Cette fois-ci, Lenny parvint à tirer à lui Cammie, dégoulinante, par-dessus bord, où l'attendait sa mère avec une serviette.

– OK, dit Michel. Désolé pour la rame, Len.

Mais il avait à peine fini que le moteur de l'annexe se mit à toussoter puis vaciller, avant de s'éteindre.

– Non ! pesta Michel.

Il repoussa le démarreur. Le moteur repartit, mais avec un bruit bizarre. Alors que Michel s'emparait de la barre, le moteur toussa et cala. Il attrapa le jerrican. Était-il trop léger ? Non. Il souleva l'autre réservoir. Il était plein. Il reconnecta le tuyau et redémarra le moteur. Il faiblit et s'éteignit à nouveau.

– … fuel ! perçut Lenny.

– Pompe ! cria Lenny.

– Mais c'est ce que je fais !

– Essaie plus fort !

Michel se dressa. Il releva le moteur et vérifia que rien n'était pris dans l'hélice. À ce moment-là, le vent secoua l'annexe comme un sale gosse une cannette de soda, et Michel se cogna les genoux, fort, sur le banc. Incapable de recouvrer l'équilibre, il tomba en avant et se heurta le front.

– Michel ! hurla Lenny. Bordel de merde ! s'écria-t-il. Michel ! Michel ! C'est dingue ! C'est pas possible !

Michel ne fit pas un geste. Son bras suivait de façon inquiétante le mouvement du petit bateau. L'annexe se mit à dériver.

– Michel ! hurla Cammie qui se débattait pour s'échapper de la serviette et s'approchait du bord, tandis que Tracy s'efforçait de la retenir.

– Oh, merde... cria Lenny en quittant ses chaussures d'un coup de pied. Je vais l'attraper et ramener l'annexe à la rame... Je suis sûr qu'il va bien...

Je vous en prie, mon Dieu, songea-t-il, et moi qui faisais un foin pour un foutu ouvre-boîte.

– Tiens bon !

Le plongeon tendu de Lenny fendit proprement l'eau bouillonnante et il se dirigea vers l'annexe avec des mouvements sûrs, économes. Mais le vent était à l'affût ; et l'*Opus* dérivait trop vite. Lenny repéra l'amarre arrière, comme une longueur serpentine, et, foulant l'eau, l'enroula autour de sa poitrine et l'y attacha. Il y avait assez de corde. Il pouvait encore atteindre l'annexe... facilement. Mais à quelle allure progressait-il ? Il était coincé entre les deux bateaux, incertain. Lenny se mit à nager, plus vigoureusement maintenant. Le ciel s'assombrissait au-dessus de sa tête, les nuages étaient lourds. Bientôt le soleil se coucherait.

Brusquement, Lenny fit demi-tour, cherchant maintenant à regagner son bateau et, de façon presque comique, à sauver sa vie, réalisa-t-il.

– Cammie, dit Holly, dès qu'il est assez près, tu lances la bouée de sauvetage...

– Et Michel ?

– Il va reprendre conscience et ramer jusqu'au bateau le plus proche, et il sera de retour demain. Je l'ai vu se cogner. Ce n'était pas un choc à fendre le crâne, répliqua Holly avec plus d'espoir que de conviction.

Cammie la regarda, avec un kaléidoscope de panique dans ses grands yeux.

Le soleil déposa une ligne de rose et d'or sur l'horizon, comme crayonné par un enfant, tandis qu'elles luttaient pour ne pas perdre Lenny de vue. S'aidant du bout et mobilisant ses forces, il les rattrapait. Tracy alluma le gros spot.

– Lenny ! cria-t-elle. Allez !

– Allez, Lenny. Vous pouvez y arriver ! cria Cammie.

La tête de Lenny était un point dans l'obscurité subite et profonde, ses bras remontaient le long de la corde. Une main après l'autre, il s'approcha du bord.

À ce moment-là, une vague souleva l'un des flotteurs de l'*Opus* comme une vulgaire miche de pain. Les femmes trébuchèrent et dérapèrent sur le pont glissant. Lenny sentit la vague approcher et se débattit pour se libérer de l'amarre arrière. Pourquoi l'avait-il nouée autour de lui ? Le nœud mouillé refusait de céder ; Lenny battit des pieds pour reculer. Mais la corde semblait… comme retenue quelque part, rien toutefois qu'il puisse distinguer dans le noir. Avec horreur, il vit s'élever, tel un monolithe, sa coque chérie au-dessus de sa tête. Malgré lui, il se détourna. Il entendit Cammie hurler. *Meherio*, songea-t-il. Il sentit le grand courant d'air silencieux qui précéda l'impact, mais nullement ce dernier.

Presque au même instant, toutes les lumières de l'*Opus* se mirent à vaciller. Même à pareille distance, Michel put le voir. Il ressentit de violents élancements dans la tête, tenta de s'asseoir et retomba. C'est là que survint la première attaque de panique. Où était Lenny ? Il ne pouvait pas abandonner Lenny. À moins que Len ne l'ait laissé tomber ? Michel scruta les silhouettes au-delà des lumières, en quête de Cammie. Il ne put la distinguer avec certitude. Aussi choisit-il l'une d'entre elles, rivant son regard dessus comme sur une étoile. Parce qu'il ne mourut pas tout de suite, contrairement à Lenny, et que la nuit fut longue, il imagina, durant ses moments de conscience intermittents, que Cammie l'avait épousé au dernier instant où il l'avait aperçue ; et il ressentit pour elle ce que Lenny ressentait pour Meherio. L'homme est bien peu de chose, se dit Michel. Au moins, il aurait ressenti cela. Ensuite, son champ de vision devint aussi vide que la nuit environnante.

SEPTIÈME JOUR

Quand le choc de la disparition s'estompa, Tracy remua ses méninges. Il le fallait. Le visage des autres ressemblait à du sable vierge après la vague.

– On se met immédiatement à leur recherche, déclara-t-elle fermement. On a une bonne chance de les trouver. On a un moteur, et pas eux.

Elle bondit jusqu'au cockpit et tourna la clé. Le moteur trépida et se mit en route. Avant de caler.

– Mais qu'est-ce qu'il a ? lança Cammie d'une voix totalement atone.

– Je... je sais pas, répondit Tracy, ahanant, se démenant avec la clé, comme si ça allait servir à quelque chose, comme si ça avait jamais servi à quelque chose quand ce qui s'était avéré un problème mineur – un câble minuscule ou une goutte d'huile au mauvais endroit au mauvais moment – avait fait caler le moteur de sa voiture, sans raison apparente. Elle enleva la clé, la réinséra. Cette fois, quand elle la tourna, il n'y eut aucune réaction. Allons bon, songea Tracy, dans ce cas, je vais... hisser la voile. Aux grands maux les grands remèdes. C'était une voile, après tout, une plus grande voile que celle qu'elle avait hissée jeune fille, mais une voile, avec une bôme, et… ce n'était qu'une voile. Elle pourrait faire un cercle de plus en plus grand, pendant qu'elles rechercheraient toutes ensemble la trace de l'annexe ; et elle s'inquiéterait du moteur plus tard. Il devait sûrement s'agir de l'une des ces gouttes d'huile ou de l'un de ces câbles distendus, et le fait que cela se soit produit maintenant n'était pas un monstrueux aléa, de mauvais augure, mais une simple coïncidence, une fâcheuse coïncidence.

– Aide-moi, Cammie, hurla Tracy. Je vais hisser la voile et les chercher.

Et durant l'heure suivante, elle ne fit que ça, tandis que Cammie et Olivia se servaient des poignées permettant d'orienter les projecteurs pour balayer la surface impénétrable, infinie, de la mer.

Aucune d'elles ne sentit le vent forcir. Ce fut subtil au début, rien qu'un léger rafraîchissement qui donna un petit peu plus de mal à Tracy pour faire virer le bateau – rien qu'elle ne puisse gérer, même si son cœur se mit à battre plus vite.

C'est alors que s'abattit la bourrasque, si soudainement que Tracy n'aurait pu affaler la voile même si elle avait su comment faire. Brusquement, elle se retrouva en train de se démener pour retenir le coupe-vent qui gonflait sur son dos alors qu'elle se frayait avec peine un chemin jusqu'au carré.

– Qu'est-ce qu'on fait ? lança Olivia pour couvrir le vent.

– Je pense que ces voiles sont conçues pour tenir le choc, dit Tracy. Ne vous inquiétez pas. On va juste se promener un peu en espérant ne pas trop s'éloigner.

Elle savait qu'elles iraient trop loin, mais faire paniquer Olivia lui semblait aussi inutilement cruel que de porter un masque de goule dans la chambre d'un bambin effrayé.

Et les rafales ballottèrent l'*Opus* sèchement, avec régularité, mais de manière étrange, fort peu de temps. Il n'y avait pas de pluie, rien que le martèlement du vent. Le mât rentra en résonance, et quelques éléments métalliques du gréement se libérèrent et se mirent à cliqueter avec mélancolie. La voile se gonfla vers l'avant, mais les femmes ne le virent pas. Elles ignoraient qu'elles auraient dû affronter le vent coûte que coûte pour l'affaler le plus vite possible. C'était une règle qu'elles n'avaient pas eu l'occasion d'apprendre.

Au lieu de quoi, elles s'agrippèrent les unes aux autres dans le carré. L'*Opus* n'avait plus rien de la bonne mère ventrue qui les avait bercées dans le creux de sa main pendant leur sommeil. Cammie pleura jusqu'à en avoir le visage boursouflé ; et Olivia ne gravit l'escalier et traversa le pont à quatre pattes que pour aller chercher sa boîte compartimentée et en extraire un Valium. Ignorant les protestations de Cammie, elle l'obligea à l'avaler avec une gorgée d'eau du robinet. Elle-même prit ensuite un cachet. Olivia constata que l'eau coulait en un lent filet, au lieu de jaillir, et se demanda si ça avait quelque chose à voir avec le fait que le bateau tanguait. Quoi qu'il en soit, Tracy arrangerait ça.

Le mauvais temps semblait avoir marqué une pause pour reprendre son souffle. Puis il cessa tout à fait.

Elles montèrent sur le pont en chancelant. Le ciel était calme, vide d'étoiles.

Holly trouva la torche et balaya autour d'elle. Des objets épars avaient été disséminés au hasard, comme par un chien furieux et agressif. Le haut d'un maillot de bain deux-pièces gisait sur le couvercle de la cuisinière. On aurait dit qu'un tee-shirt à manches longues avait jeté ses bras autour de l'un des supports du taud, coudé comme la canne d'un vieil homme. Les bouées dansaient sur l'eau dans le sillage du bateau, attachées par les bouts qui les retenaient encore. Deux miches de pain gisaient sur les marches, aussi plates que des pains azymes, et du verre provenant de plusieurs bouteilles de vin et de mugs brisés crissa sous ses pieds. Parce que c'était ce qu'il convenait de faire, Holly trouva une pelle à poussière et une balayette, fixés à l'aimant de l'intérieur d'une porte de placard, et se mit à balayer. Elle grimaça : sa jambe, même bandée bien serrée, refusait de la porter tout à fait. Elle allait venir à bout du désordre quand elle entendit

Tracy s'écrier : « Sainte Mère ! » Comme elle, elle leva les yeux.

La voile, déchirée autour de l'accroc soigneusement reprisé, avait été mise en pièces comme un ballon trop gonflé. Elle claquait en énormes lambeaux depuis le mât.

– Comment c'est possible ? cria Tracy.

– Et si vite ? ajouta Holly. Cette voile était en parfait état.

– Dieu soit loué pour les moteurs, dit Tracy. La si belle voile de Lenny…

– Ils sont quelque part par là, Trace, dit Holly. Le vent les a peut-être éloignés de nous, mais ils ont dû redémarrer le moteur à l'heure qu'il est.

Le regard contrit que lui lança Tracy lui apprit qu'elle n'en croyait rien.

– Ce sont des hommes robustes, poursuivit Holly. Si quelqu'un peut y arriver, c'est bien eux. Ils connaissent le coin comme leur poche. Pour l'instant, on doit penser à nous.

– Ouais, dit Tracy. Bon. C'était ma faute. J'ai fait virer le bateau trop rapidement.

– C'est vrai que tu as une grande expérience du pilotage des voiliers de seize mètres de long, commenta Holly.

– C'est pas le moment de plaisanter, lui répondit Tracy sèchement, et Holly se fit toute petite.

Elle était toujours d'humeur à rire. Toujours. Et c'était malheureux, certes, mais pour sa part, elle se réjouissait de marcher bientôt sur la terre ferme et de serrer Ian et Evan dans ses bras. Elle imagina Chris, son mari, en train de la traîner à l'hôpital. L'action et la marche en avant avaient mené Holly toute sa vie. Elle avait rarement la patience de réfléchir ; et si elle restait assise trop longtemps, même dans une salle de cinéma, elle s'endormait. Elle ressemblait plus, supposait-elle, à sa mère qu'elle n'aurait aimé le croire. Les maximes de Heidi : Ne dépense pas tes sous pour des choses inutiles. Il faut endurer ce qu'on ne peut guérir. Elle était encline à s'inquiéter pour ses fils ; mais ils n'étaient pas là, pas en ce moment. En projetant ses pensées trop loin, elle se mettrait à redouter la ligne noire qui progressait depuis sa plaie, remontant le long de sa cuisse par demi-centimètres. Holly avait une septicémie. Elle le savait, mais qu'est-ce que ça changerait de le dire aux autres ? En quoi pourraient-elles l'aider ? Même avec ses connaissances, comment pouvait-elle se venir en aide elle-même ? Elle ne guérirait pas une septicémie avec une poignée de comprimées d'amoxicilline. Si on ne lui portait pas rapidement secours, elle se retrouverait en état de choc septique. Elle se sentait déjà fiévreuse par intermittences.

Elle était si profondément perdue dans ses pensées qu'elle ne remarqua pas Tracy qui rassemblait des débris dans un sac et, de ses mains musclées, redressait le support tordu du taud.

– M'man ! cria Cammie depuis sa cabine.

– Je suis là, répondit Tracy.

– M'man ! Michel est rentré ? Lenny est là ?

– Chérie, je pense que le bateau a dérivé pendant la nuit. Je suis sûre qu'ils vont bien, mais on ne les voit pas. Il fait encore trop noir. Attends l'aube. On saura alors ce qu'a le moteur et on ira les chercher.

– On ferait mieux de rentrer directement à Saint Thomas, intervint Olivia qui dévissait le bouchon d'une bouteille d'Évian. On ne peut pas partir à leur recherche, Tracy. On ne sait pas où on est. C'est ce qu'ils feraient. Ils rentreraient.

– Tu sais bien que non. Ils iraient nous chercher. Ou alors ils enverraient quelqu'un à notre recherche, dit Tracy.

Olivia passa la tête hors du carré, scruta le ciel pour y guetter des indices sur la météo, et protesta :

– Au moins quelqu'un là-bas saura quelque chose ! Putain, qu'est-ce qui est arrivé à la voile ?

– M'man, et s'ils sont morts ?

Cammie gravit les marches.

– Toi ! Tante Olivia ! T'as couché avec lui ! Tu es venue sur l'île parce que j'étais avec Michel ! Et maintenant il est mort !

– Mais de quoi tu parles, Cammie ?

Le regard de Tracy passait de l'une à l'autre.

– Elle l'a fait !

– Qu'est-ce qu'elle veut dire ?

– Elle a couché avec lui. Elle a couché avec Michel ! Demande-lui ! Et c'était son idée à elle ! Elle lui a demandé !

– Non, dit Olivia, sirotant son eau.

– Comment ça ? dit Tracy. C'est n'importe quoi.

– Je veux dire qu'elle a couché avec Michel, M'man ! Elle a fait l'amour avec lui !

– M'enfin, elle… chérie, tu ne sais pas ce que tu dis.

– Demande-lui ! Demande-lui !

Cammie tirait nerveusement sur ses cheveux. On aurait dit une créature surnaturelle, avec des mèches de cheveux bruns emmêlées, hirsutes et des lèvres d'un blanc de craie. Ses joues apportaient les seules taches de couleur sur son visage. La pâleur qui s'étendait le long de sa gorge semblait avoir gagné sur le bronzage. Holly passa devant Tracy en boitant et passa ses bras autour de la fille. Elle convainquit Cammie, à force de paroles susurrées, de se calmer ; qu'elles ne pouvaient pas se permettre une crise de colère. Sous aucun prétexte.

– C'est du n'importe quoi, murmura Olivia avant de demander : Pourquoi le moteur s'est-il arrêté ? Je veux dire, pas celui de l'annexe. Le nôtre, le gros.

– J'ai dû faire une bêtise, dit Tracy. C'est la première chose à voir. Il faut qu'on trouve ce qui ne va pas.

– Non, le premier truc à faire, c'est du café. Le café élève le Q.I. de plusieurs points, c'est prouvé. Je peux me déplacer. Je vais faire du café, dit Holly. La cuisinière marche au propane. Il faut qu'on fasse le point. Est-ce que quelqu'un a essayé d'utiliser son portable ?

– Moi, à l'instant, répondit Tracy. (Elle secoua la tête.) Sans résultat. Écoute, dit-elle en adoptant un ton enjôleur. Allez, Cammie. Holly va nous préparer quelque chose à manger, du pain au moins, et du café. Olivia, tu vas venir avec moi et sortir les fusées de détresse, je vais trouver le groupe électrogène et le mettre en route. Il marche au diesel, je sais au moins ça.

Une heure plus tard, alors que le bateau dérivait, elles avalèrent du pain et des tranches de fromage.

– Tu peux tenir sur ta jambe ? demanda Olivia à Holly.

– Ça fait mal, c'est tout. Ça a l'air pire que ça n'est. Je t'assure !

Elle mentait allégrement, mais elle l'avait toujours fait. Ses parents étaient plus sévères que ceux des autres filles ; et Holly avait échappé de peu à l'anéantissement social entre leurs mains quand elle avait soutenu, avec un regard bleu dont elle avait exercé l'opacité devant un miroir, que tout ce qu'elles faisaient le samedi soir, c'était garder Eddie, le frère de Tracy. Combien de soirs était-elle sortie nonchalamment de la maison avec sa minijupe, longue de deux empans, roulée en boule au fond de son immense sac à main ?

– S'il te plaît, Cammie, mange quelque chose, dit Tracy.

– Je n'ai pas faim, répondit-elle. Je ne sais pas comment vous pouvez manger.

– À vrai dire, je pense qu'aucune de nous n'a faim. Mais pour l'heure, on est encore en vie, dit Holly. Il faut manger parce qu'on a du boulot. On doit rentrer, pour retrouver ton père et Ted, Cammie.

Tracy hocha la tête et avala son pain avec un effort visible.

– Voilà la réalité.

Cammie chuchota :

– Ça aussi, c'est la réalité. C'est bien réel. Et c'est le pire que j'aurais jamais pu imaginer, M'man. C'est comme un épouvantable cauchemar, mais d'où l'on ne se réveille pas. C'est comme d'être mort et de se voir mort.

– J'imagine bien, Cammie.

– Tu sais quoi, M'man, si c'est la faute de quelqu'un, c'est la mienne, dit Cammie.

Maintenant que sa colère d'avoir perdu Michel était retombée, elle affichait l'expression qu'elle avait, enfant, quand elle couvait quelque chose. Mais c'était la seule parmi elles qui avait une chance de faire marcher le moteur ; et dans l'aube blafarde, Tracy voyait bien que même l'île minuscule sur laquelle s'étaient rendus Michel et Cammie, sans doute pour faire l'amour, avait disparu. Elles avaient dérivé à ce point.

– Quand on y repense, Michel essayait de faire son boulot, et je le distrayais.

– Cammie, dit Olivia, je sais que tu ne vas pas me croire. Mais je suis désolée, pour Michel. Je suis désolée d'avoir été aussi bête.

– Ça pourrait passer, si tu disais ça devant lui, lui rétorqua Cammie d'un ton catégorique. Comme il n'est pas là, ça ne te coûte rien. On dirait que tu te fais un plaisir d'en reparler.

– Putain, est-ce que quelqu'un peut me dire ce qui se passe ici, nom de Dieu ? demanda Holly. Sans vouloir être vulgaire…

Olivia poussa un soupir.

– Il se trouve que j'ai…

– Il se trouve que le premier soir où on est sortis, Olivia a baisé avec Michel, dit Cammie. Il avait pitié d'elle. Il avait pitié de la pauvre veuve.

– Je suis sûre que non, Cammie, dit Olivia en redressant les épaules.

– Dis-moi que c'est une blague, Olivia. Je pensais que Cammie déjantait. Tu n'as pas couché avec ce gosse. (Holly fit mine d'avoir un haut-le-cœur.) C'est de très mauvais goût.

– Je ne suis pas seule à en avoir eu l'idée.

– Il dit que si, insista Cammie. Que tu t'es complètement déshabillée.

– Il faut être deux pour ça, Cammie. C'est pour ça que je ne voulais pas que…

– Ce n'était pas la même chose pour nous, tante Liv. On était deux jeunes qui auraient pu essayer de vraiment sortir ensemble, pas un coup dicté par la pitié…

Le chagrin et le trouble animaient Cammie. C'en était presque grisant.

Olivia lâcha avec dédain :

– Le coup de foudre !

– Tu n'as jamais aimé personne à part toi !

– Camille, arrête. Peu importe ce qui s'est passé, tu ne parles pas à Olivia sur ce ton, s'il te plaît, dit Tracy.

– Je ne sais pas, dit Holly. Je crois que je lui parlerais sur ce ton, tout compte fait. Je crois que je viens de le faire.

– Tante Holly a raison ! C'était bien ça. Ouais, il l'a fait. Mais il se sentait super mal après ! Il pensait que tu allais me tuer, M'man, s'il posait la main sur moi ! C'était un type bien, un jeune homme bien ! Il comptait pour moi. Pour elle, c'était juste un moyen de se prouver qu'elle pouvait se taper quelqu'un d'autre que son mari centenaire.

– Crois-moi, j'ai eu plein d'autres occasions de…

– Arrêtez ! cria Tracy en portant ses mains à ses oreilles. Toutes les deux, vous arrêtez ! Vous vous chamaillez à propos d'un garçon qui est peut-être mort à l'heure qu'il est, et on le sera peut-être aussi si on ne ramène pas ce bateau à Saint Thomas ou si on ne trouve pas le moyen de faire venir les secours.

Un soleil resplendissant surgit derrière une bande de nuages gris.

– Aventures au paradis, dit Holly.

Ce soir-là, Olivia avait proposé de faire une b.a. C'était son devoir, pensait-elle. Elle avait commencé par essayer de lire, mais s'était rapidement lassée de la façon qu'avaient les rebonds du bateau de brouiller la page. Elle avait besoin de lunettes pour lire. Elle n'en aurait jamais. Elle alla chercher une autre bouteille d'eau, la seconde en deux heures. Elle était étonnamment assoiffée, déshydratée et à cran. Elle gobait les Valium comme si c'étaient des Pez.

Sans s'en apercevoir, elle avait dû, avec le temps, développer une accoutumance.

Quand elle était jeune, une seule pilule pastel suffisait pour l'assommer une nuit entière. Tout ce qu'elle avait à faire pour obtenir un plein flacon était d'indiquer son ventre, suggérant des règles douloureuses, et le médecin du coin griffonnait aussitôt une ordonnance. Bientôt, elle en avalait un chaque soir tout en appliquant sa crème Bugati. Elle se réveillait quand le soleil était haut dans le ciel et les ouvriers déjà à l'ombre avec leurs casse-croûtes de fin de matinée. Elle se levait lentement, comme si elle était encore dans les bras de Morphée, s'enveloppait d'un kimono, puis prenait un long bain avant de descendre au rez-de-chaussée.

Il était souvent midi avant que des tasses d'*espresso* bien serré l'aient rétablie et qu'elle soit prête pour aller nager languissamment dans la piscine ou consulter le menu du soir.

Franco la tenait simplement pour délicate, avec un grand besoin de sommeil. Il aimait qu'une femme soit aussi fragile qu'une fleur. À dire vrai, après avoir été d'abord émue par son charme ancien, Olivia, en tant que jeune épouse, trouvait terne la vie de village italienne. Sur un fond monotone de mugissement de bétail, ponctué du son morne des cloches de l'église, se succédaient sans fin, comme une ritournelle, quelque querelle tumultueuse ou une réconciliation dans les larmes, un autre baptême, un défilé de mode, le cours des fêtes religieuses et la moisson. Même s'ils étaient rarement sur leurs terres durant l'hiver, Olivia n'était pas, contrairement à quelques amies britanniques ou américaines transplantées elles aussi, sous le charme de la lumière ourlant la vigne gelée, ou de l'amusante couronne de neige sur le dieu en pierre du jardin.

L'une de ces amies, Eliza – qui n'était elle aussi qu'une enfant, une étudiante tombée sous le charme d'un homme à lavallière de soie et aux manières si raffinées qu'elles en étaient invisibles –, disait qu'elle passait l'été à peindre et l'hiver à dormir, surtout les soirs où son mari, Mario, affichait des intentions amoureuses. Les semaines que passaient Eliza et Olivia à Paris – les joues rouges sous les lanternes dans leurs fourrures, avec des chéquiers largement approvisionnés, leurs paquets débordant de paires de chaussures en si grand nombre que les deux femmes devaient jeter les boîtes, les flirts en douce avec des garçons de leur âge – étaient les breloques sur les bracelets qui retenaient Olivia aux grilles de la Villa Montefalco.

Cammie se remettrait de cette idée d'amour débile.

Cammie faisait quelque chose qu'Olivia n'avait jamais fait, romancer une aventure.

Olivia était convaincue que Michel ne se souciait pas d'elle, comme il l'avait dit. Ce n'était qu'une façon de séduire Cammie. L'amour, comme Olivia l'avait constaté, était soit un adjectif débité en désespoir de cause pour décrire les affres d'une forte attirance, ou le lien qui survivait à l'attirance et se traduisait en interdépendance avec l'âge.

Avait-elle aimé Franco ? Elle était presque sûre que non, même quand elle lui avait été infiniment reconnaissante de la protection généreuse qu'il lui offrait. Aurait-elle fini par l'aimer, s'il avait pu vieillir ? Elle ne le pensait pas. Elle avait vu ses parents ensemble, Sal et Anna Maria, côte à côte dans la voiture, sa mère assise au milieu de la banquette comme le faisaient les filles à côté de leur petit ami avant l'apparition des sièges baquets ; se tenant par la main côte à côte sur le canapé ; côte à côte dans leur lit. Pas une seule fois elle n'avait été autorisée à s'asseoir à côté de sa mère dans un box au restaurant, ou à grimper dans le lit de ses parents un soir d'orage, alors même qu'elle toquait à leur porte. On peut dire qu'ils étaient proches, ils faisaient tout ensemble, jusqu'aux lessives et aux courses. À présent que son père n'était plus, Olivia était sûre que sa mère décrivait leur amour comme un grand amour, à ses amies de la paroisse, à sa sœur, à qui voulait bien l'entendre. Mais ça aussi, c'était une énigme. Olivia avait vu ses parents avaler des repas entiers sans s'adresser la parole, pas plus qu'à Olivia ou à son frère. Était-ce parce que l'amour confère une entente qui se passe de mots ? Olivia en doutait. Pour elle, les meilleurs moments étaient les rares conversations brillantes qu'elle avait pu partager, ou la compagnie des livres. N'ayant jamais aimé d'enfant, ou ne s'étant pas sentie aimée enfant, n'ayant jamais aimé un frère ou une sœur, ou ne s'étant jamais sentie protégée par un frère ou une sœur, n'ayant jamais fait de confidences comme avaient pu le faire Janis et Holly ou Tracy, elle avait observé le monde en gardant un silence perplexe, jusqu'à ce qu'elle soit suffisamment grande pour se rendre compte qu'elle était belle et n'avait pas besoin de plus pour exercer une puissance sur autrui.

D'un autre côté, elle n'aimait pas la gêne, ou le sentiment qu'on attendait quelque chose d'elle.

Elle était de nouveau seule, en observatrice ; et elle ne voulait porter aucune part de responsabilité dans cette situation calamiteuse, si mineure fût-elle.

Elle se disait que le garde-côte arriverait bientôt, et qu'elle serait sauvée, mais Olivia voulait quitter ce bateau avec ses amitiés intactes, les seuls liens qui aient jamais réellement tenu dans sa vie. Le frisson d'excitation qu'avait bien pu lui procurer le drame de l'équipage s'était dissipé depuis longtemps. C'était triste pour ces hommes, s'ils étaient réellement perdus en mer ; mais le monde serait-il appauvri par l'absence de deux marins sans attache – quoique : le plus vieux n'avait-il pas un jeune enfant ? Quant au jeune Canadien, eh bien, il s'était agi d'un intermède rassurant, mais elle avait connu plus adroit – encore qu'elle ne les ait pas réellement *connus*, à proprement parler. Et à présent, même si elle n'avait pas peur, elle était éreintée d'avoir halé deci et hissé delà. Les exigences inhabituelles de Tracy, ajoutées à la fatigue nerveuse, étaient éprouvantes. Cela ne pourrait pas durer bien longtemps ; c'était trop pénible. Les autres, elle le savait, avaient travaillé plus physiquement qu'elle ne l'avait fait.

D'où la solitude d'Olivia. Elle avait fait un geste. Elle avait proposé de barrer seule pendant que les autres récupéraient quelques heures de sommeil, jusqu'à ce que les brouillards se lèvent. Elle balayait l'horizon terne, homogène, en quête d'une lumière, d'un signe de vie. Rien. Un avion au loin. Une étoile qui semblait danser et s'éloigner – mon œil me joue un tour, se dit Olivia. Pour finir, juste avant que l'aube ne se lève comme une traînée sale, elle s'agenouilla, posa ses coudes sur la banquette, et pria :

– Oh, Saint Père, pardonnez les nombreux péchés et les

méchancetés que j'ai commis à l'encontre de Votre miséricorde divine. Ayez pitié des âmes de Lenny et Michel, et guidez-les sur Votre vaste océan, sur lequel notre bateau est si petit...

Voilà qui sonnait juste.

Cammie dormit et rêva de Michel, rêva qu'elle était allongée sur la couverture au soleil avec Michel, rêva de son visage mat, fin, de ses pommettes, saillantes lorsqu'il souriait, de ses mèches de cheveux semblables à la crinière d'un lion, dorées et brunes, de la sensation de la barbe de plusieurs jours sur sa joue la dernière fois qu'elle l'avait touchée. Elle se réveilla en larmes et vit que sa mère, qui ne dormait toujours pas, la regardait.

– Ça va, M'man, dit-elle.

Elle sombra de nouveau et moins d'une heure plus tard, se réveilla encore. Elle avait rêvé qu'elle ne trouvait pas le sommeil.

– Même dans mon sommeil, je ne peux pas dormir. C'est comme si j'avais l'esprit tiraillé, M'man. J'peux pas m'en servir. J'peux pas le faire taire.

– C'est normal. Pleure tout ton saoul, Cam.

– Tu as déjà pleuré autant ? Jusqu'à être complètement vidée ?

– Bien sûr, dit Tracy.

– Mais tu n'as jamais été malheureuse, vraiment malheureuse. Tu n'as jamais eu à vivre une tragédie. Grand-Mère et Grand-Père sont toujours en vie, réagit vivement Cammie.

– J'ai pleuré quand j'ai fait une fausse couche, et d'autres fois. Tout le monde pleure, Cam. Pleure à s'en rendre malade. La souffrance de l'un est tout aussi réelle que celle de l'autre. On ne peut pas comparer les larmes de celui qui a eu un cancer à celles de l'endeuillé, ou même de l'accidenté. Elles sont semblables, et pourtant ce ne sont pas les mêmes. Ce n'est pas comme s'il fallait avoir le droit de pleurer.

– Il était si gentil, M'man. C'était le garçon le plus gentil qui soit.

– Je suis désolée que tu aies dû vivre ça.

– Je peux dormir avec toi, M'man ?

– Mmm, viens là.

– J'ai été infecte avec toi.

– C'est oublié, Cam.

– Tu crois que Dieu me punit ?

– Je crois que Dieu a mieux à faire.

– Mmm, dit Cammie, dont l'attention, faiblissante, se dérobait.

– Qu'est-ce que c'est que ça ? demanda Tracy, qui héla : Olivia ?

– Oui ?

– Qu'est-ce qui se passe ?

– Je m'installe dans la cabine de Lenny. Il y a une cloison ouverte, entre leurs deux couchettes. Je ne me sens pas bien.

– Si c'est le cas, alors c'est Holly qui devrait y avoir droit, Olivia. Elle a besoin de place pour soulever correctement cette jambe.

– Bon, ben demain, d'ac' ?

– Retourne prendre la barre, Olivia. On est peut-être sur le point de percuter un cargo.

– Dans une minute.

– Elle est totalement égoïste, non ? dit Cammie.

– Non, Cammie. Pas totalement.

Tracy se demanda si elle n'était pas en train de se mentir, délibérément. Elle songea qu'elle avait peut-être besoin d'accrocher le fardeau de la dette de son cœur, comme au jeu de l'âne, à une vision idéaliste de la nature d'Olivia. Elle avait vu Olivia cinq fois ces vingt dernières années. À son propre mariage. À celui de Livy. À l'enterrement de Sal. Pour le mariage de Joey. Une autre fois encore, et cette fois-ci. Comment pouvait-on prétendre connaître quelqu'un à ce rythme ? Qui plus est, songea Tracy, elle était certainement aveuglée – comme les yeux bandés, après qu'on l'aurait fait tournoyer sur elle-même avant de la relâcher. Elle ne savait plus quoi penser, de rien, rien du tout.

Holly perdit et reprit conscience, se laissa aller de nouveau pour se réveiller une nouvelle fois. De nuit, la douleur n'était que dérangeante. Elle remercia le ciel une fois de plus d'avoir le sommeil lourd.

Pour se changer les idées, elle laissa l'album de sa vie s'ouvrir de lui-même sur une pièce remplie de compositions florales et un petit bout de chou à chaque sein. Chris arborait un sourire de fierté démesurée, comme s'il avait gagné le championnat des étalons, interpellant de parfaits étrangers dans le couloir de Sainte-Anne. Elle sauta quelques pages jusqu'à l'année de leurs deux ans, quand ils étaient encore obéissants, et qu'elle avait habillé pour Pâques le blond Ian et le brun Evan dans des ensembles assortis. Avec des nœuds papillon longs comme son pouce. De minuscules vestes en velours. Puis jusqu'aux encouragements sur les lignes de touche depuis son fauteuil pliant de pique-nique quand Evan, de manière totalement fortuite, avait marqué son premier but. Quel âge pouvaient-ils bien avoir, pas plus de six ans ? Des exercices d'orthographe à la table de la cuisine. Les gémissements sitôt la porte ouverte quand les garçons humaient le *meat loaf* du mardi. Les traces de boue par terre dans le vestibule. Enjamber les corps d'une demi-douzaine de garçons le samedi matin, après la pyjama party. Le lourd cadre en argent dans lequel elle glissait les photos de classe annuelles. Le portrait pour lequel ils avaient dépensé des centaines de dollars, une photo peinte : tous les quatre, rutilants et conventionnels dans leurs plus beaux atours… Ian à côté d'elle, Ev debout à côté de Chris. Pourquoi n'avaient-ils pas attendu pour prendre cette photo que les garçons soient sur le point de quitter le foyer ? Parce que c'étaient encore des enfants, pensa-t-elle. L'année prochaine, ils seraient des chrysalides de jeunes gens.

Eh bien… songea-t-elle. C'est aussi bien comme ça.

Olivia soupira et espéra que Tracy ne tarderait pas à se réveiller. Aussi terne fût-elle, Tracy avait généralement des idées.

Il ne vint pas à l'esprit d'Olivia d'essayer de gouverner sérieusement le bateau, même si elle gardait une main sur la barre quand elle parvenait à s'en souvenir. Elle attendait que Tracy se réveille et lui dise quoi faire, et ce qui se passerait ensuite si elle suivait les consignes de Tracy. Si Olivia approchait la vie avec l'avidité et l'appétit irréfléchi d'un enfant, c'était peut-être parce que durant tout son parcours d'adulte il y avait toujours eu quelqu'un pour la guider et lui faciliter l'existence. Quand elle était encore une enfant, personne ne l'avait jamais fait.

HUITIÈME JOUR

Quand Tracy se réveilla enfin, avec les premières lueurs de l'aube, Olivia leur avait déjà préparé du café.

– Merci, Livy, dit Tracy, sincèrement touchée.

Holly accepta sa tasse avec un sourire affable elle aussi, et, remarqua Olivia, sans faire la moindre remarque sur les majordomes et les services à thé en argent.

– On commence par quoi ? demanda Olivia en patientant pendant que les autres grignotaient du pain et des pommes.

Elle n'arrivait jamais à avaler quoi que ce soit avant midi.

– Eh bien, je suis sûre qu'on peut trouver le groupe électrogène, et si on le met en route, ça rechargera les batteries. Cammie est douée pour ça, si on arrive à la décider… Il faut que je descende lui parler. Elle est vraiment bouleversée, Liv, même si elle n'est pas la seule.

Olivia hocha la tête avant de hausser les épaules.

– Franchement, Tracy, le mieux pour elle serait de bouger. Le cœur brisé d'une adolescente, c'est le cadet de nos soucis. Et après ?

– On retournera au moteur à… On fait demi-tour. On lira

le truc, là… l'instrument de positionnement, et on retourne à Saint Thomas ou Saint John, la première île qu'on atteindra. On s'arrêtera quand la nuit tombera si ça nous prend plus d'une journée, encore que Dieu seul sache à quoi on pourra s'amarrer. Mais si jamais on s'échoue, à moins que le bateau coule, eh bien, tant mieux. On lancera les fusées. Quelqu'un nous verra. Une bonne chose qu'on n'ait pas dérivé trop loin… Super idée de voyage que j'ai eue là, Liv. Je suis désolée.

Tu peux l'être, songea Olivia. Mais, devant au sacrifice de sa nuit de se sentir encore généreuse, elle répondit :

– Écoute, ne t'en fais pas. Je ne suis pas fâchée. Sans ce qui est arrivé à l'équipage et tout le reste, ça m'aurait plus distraite du deuil de mon mari et d'avoir quitté mon… disons, mon foyer que… n'importe quel autre voyage. J'en ai fait des dizaines. Comme disait Lenny, c'est passionnant, dans le genre affreux. Vous pensez qu'ils s'en sont tirés ?

– Je ne le crois pas, dit Tracy qui essayait de chasser de son esprit le léger choc sourd qu'elle avait perçu, ressenti de tout son corps, cette nuit où elle avait fait pivoter le bateau.

Elle pria, un instant mais sincèrement, que ce n'avait pas été ce qu'elle redoutait.

– J'espère de tout mon cœur que c'est le cas, mais non, je ne le crois pas.

– Ils n'avaient pas d'essence.

– Peut-être que si. Peut-être que le moteur était juste noyé, suggéra Holly.

– C'est probablement ça, dit Olivia. Encore un peu de café ?

Holly dit alors :

– Livy, tu es tellement désinvolte. Comment peux-tu ? La fille en bas, là… c'est Cammie. C'est comme si tu n'étais pas peinée pour elle, ou par ce qui est arrivé. C'est comme si tu t'en fichais.

– Je ne m'en fiche pas, répondit Olivia. Mais je ne peux rien y faire. Alors pourquoi perdre du temps à parler de ce que je ne peux pas arranger ?

Un instant, deux clichés se superposèrent dans l'esprit de Tracy : l'un d'Olivia les yeux fermés, les traits relâchés, ses cheveux noirs répandus et se détachant sur l'oreiller comme une plante grimpante ; l'autre de l'assurance empruntée des psychiatres. Olivia était restée curieusement impassible alors, comme maintenant.

– Finissez vos verres, dit Olivia. Je vais me coucher. Vous avez toutes dormi, et j'ai veillé des heures. Vous prenez le relais maintenant.

Elles la suivirent du regard pendant qu'elle se dirigeait calmement jusqu'à sa cabine et refermait la porte.

– Elle est vraiment bizarre, dit Holly.

– J'aimerais que tu reprennes encore deux de ces antibiotiques, répondit Tracy.

– C'est juste que tu ne veux pas qu'on parle d'elle de cette façon, hein ? demanda Holly. Et je peux prendre tous les antibiotiques de la Terre, Tracy. Je ne pense pas qu'ils puissent guérir l'infection que j'ai.

– Les antibiotiques ne peuvent pas faire de mal, dit Tracy. Prends-les, et prends aussi un demi-cachet de cet antidouleur.

– C'est moi l'infirmière, lui rappela Holly, amusée.

Elle regarda avec indulgence Tracy tapoter pour faire sortir les bulles de l'une des seringues que Lenny conservait dans le kit de premier secours et, après avoir pincé un bourrelet de sa robuste cuisse, la piquer d'une main hésitante. Ce qui, d'après Holly, ne devait être que de la lidocaïne ne s'en diffusa pas moins en elle comme un baume, ce qui lui permit pour la première fois depuis des heures de décontracter son cou bloqué.

– Merci, Trace, dit-elle.

Le contour des lèvres de Tracy était tout blanc.

– Qu'est-ce qui ne va pas ?

– Je n'ai jamais fait de piqûre à personne. J'étais morte de peur.

– Tu t'en es très bien tirée. Je vais me reposer un peu maintenant.

– Bien, dans ce cas je vais chercher Cammie. Olivia avait raison sur un point. La faire bouger est ce qu'il y a de mieux pour elle.

Les hommes désarmèrent le bateau quand le vent se mit à forcir. Leur intention était de ne s'arrêter que quelques heures, pour faire le plein. On leur laissait du carburant parfois à cet endroit, parfois ailleurs. Le jeune homme l'ignorait, mais il avança sans mot dire. Il ignorait qu'ils ne voyaient pas les gens qui habitaient dans la maison près du dock, d'habitude. Ce n'était pas nécessaire. À leur approche, le jeune homme apercevait quelquefois un enfant disparaissant dans la bicoque, comme un petit animal à fourrure dans sa tanière. Aujourd'hui, cependant, inutile de poursuivre leur route. Ils auraient à peine progressé, malgré la taille du moteur. Le vent ne dura pas, mais donna à Ernesto et Carlo une nouvelle occasion de boire. Et quand ils buvaient, le jeune homme pouvait être sûr qu'ils seraient inconscients pendant douze heures, au moins. Le jeune homme se dit que leurs foies devaient ressembler à d'ignobles poissons à présent, marinés et tachetés.

La maison appartenait à une relation de la sœur de Carlo. L'homme partait pêcher pendant de longues périodes. La femme semblait n'avoir aucune personnalité. Elle leur prépara des émincés de bœuf et du pain de maïs dur aux poivrons. Carlo la fit coucher sur des matelas à même le sol, avec ses deux petits sauvageons, un petit garçon et une fille encore plus petite. Au cours de la nuit, le jeune homme entendit Carlo grogner en baisant la femme. Elle ne fit aucun bruit.

Le jeune homme dormit dans ce qui devait être le lit de corde de la petite fille, supposa-t-il. Au cours de la nuit, elle sortit pour aller aux toilettes, et à son retour, se glissa dans son lit.

– *Frío*, dit-elle.

Il voyait les poux briller dans ses cheveux noirs. Mais il la garda tout de même contre lui, et se mit à pleurer. Encore deux jours, se dit-il. Rien ne valait ça.

– C'est sans espoir, dit Tracy qui laissa ses mains tomber de chaque côté en étudiant les surfaces opaques et lisses du groupe électrogène. J'ai même peur rien qu'à le regarder.

– M'man, j'ai le sens de la mécanique, j'y arriverai. Je suis plus inquiète pour Lenny et Michel, dit Cammie.

Ses yeux étaient gonflés d'avoir pleuré, et même si elle avait suffisamment repris le dessus pour essayer d'aider, Tracy voyait bien, non sans pitié, son regard éperdu.

– Ma chérie, ça ne changera rien que tu te fasses du souci, dit Tracy, essayant la tactique d'Olivia.

– Tu t'en fais bien, toi. Tu es passée maître dans l'art de te faire du souci !

– Mais je sais que ce n'est pas une solution. Et ce n'en est pas une non plus de ressasser ce qui a pu se passer entre Olivia et Michel, pendant qu'on y est. Cette histoire t'empoisonne.

– C'est bien toi de me faire la morale sur mon état psychologique alors qu'on est perdues au milieu de l'océan, M'man. Je ne vais pas la tuer. C'est juste qu'elle est moche. Et je n'ai pas apprécié que tu me dises de lui foutre la paix.

– Ce que tu disais était si vulgaire.

– M'man, Michel et moi, on *était* ensemble. Il y avait entre nous beaucoup de…

– D'attirance.

– Et d'intérêt. Il est mystérieux. Il est intelligent. Enfin, bref. Je ne veux pas y penser maintenant.

– Il faut espérer qu'ils soient encore en vie, lui dit Tracy, pressant la main de sa fille en réponse. Au moins, cet épilogue sinistre se terminerait bien. Espérons que Michel est chez un millionnaire sur une île privée et qu'il nous envoie les gardes-côtes à l'heure qu'il est.

Elle prit soin de ne pas mentionner Lenny.

Holly passa les quelques heures suivantes au fourneau, à cuisiner, tant que l'analgésique faisait encore effet. Elle faisait à merveille de la cuisine simple, et le peu de provisions qui restait serait perdu si elle ne le cuisait pas maintenant. Le système électrique était hors d'usage, au moins provisoirement. Et en dépit de sa crainte grandissante de perdre sa jambe d'ici la fin du voyage si elles ne s'en sortaient pas rapidement, elle se sentait mieux en se rendant utile.

Elle fit donc frire du poisson, et le passa au four.

Elle utilisa la pâte de Lenny et fit cuire des petits pains en forme de trèfles. Elle examina avec attention ce qui ressemblait à un rôti de porc, mais se dit qu'il était sans doute déjà périmé. Quand elle le jeta à la mer, elle vit des requins s'élancer vers la surface, semblables à des serpents de la taille de sa cuisse, verts comme l'eau, qui déchiraient et malmenaient le morceau sanglant. Tracy lui avait dit que Cammie était bien décidée à tenter de réparer le moteur. Elle devrait se mettre à l'eau. Mais pas maintenant, pas entre chien et loup, quand les requins allaient et venaient en glissant comme des traîneaux de course, tirant avantage du rythme des autres créatures, de leur suprématie hiérarchique dans la chaîne alimentaire. Holly frissonna malgré la chaleur de ce temps maussade et se signa. Olivia s'était réveillée brièvement, pour boire, mais était repartie se coucher, prétextant une migraine. Quelle garce, songea vaguement Holly. Elle se demanda quelles circonstances pourraient la pousser à tromper Chris. Il faudrait que le type soit plus jeune, décida-t-elle, et australien. Et qu'il joue au football. Un pro. Malgré elle, Holly sourit.

Tracy descendit enfin.

– Je rêvais que je baisais un joueur de football australien.

Tracy eut un large sourire.

– Tu as de la fièvre ?

– Sans doute, mais ça ne m'inquiète pas. J'ai commencé par me demander si j'aurais jamais fait ce qu'a fait Olivia, même si j'en avais eu l'occasion. Et puis je me suis mise à penser à quel point Olivia ressemblait à une chatte en chaleur...

– Oh Seigneur, on peut laisser tomber maintenant ? Il faut vraiment que tu continues à la critiquer ? T'es aussi chipie que si on était encore toutes au lycée.

– Et toi, si loyale qu'on dirait que t'es malade mentale. Tu te comportes comme si Olivia et toi portiez la même tresse incrustée le jour de la fête de préparation à la Confirmation !

Tracy exhala ce qui était à peine un soupir et dit :

– Cammie est à la barre maintenant. Elle garde le cap. Au moins on a le compas et on sait qu'on est dans la bonne direction. (Elle s'interrompit.) Écoute. Je ne veux pas que tu penses que je l'excuse. Je crois qu'elle est très seule, Hols. Comme elle l'était quand elle était la belle de la Villa Montefalco.

– C'est n'importe quoi, Tracy. Tu verrais aussi le bon côté de John Wayne Gacy ? Il dessinait des jolis dessins de Bambi, tu sais. On n'est pas sur le *Queen Elizabeth* ! C'est franchement dég' de s'envoyer en l'air avec cinq autres personnes à six mètres de là.

– Soit. Ce n'est pas non plus un si grand péché ! Ils sont tous les deux célibataires. Il est aussi responsable qu'elle.

– Admettons, je te l'accorde. Les hommes sont des cochons. Mais est-ce que tu as vu le petit collier que porte Cammie, qu'il lui a donné ? Ce n'était pas qu'un salaud. Non, ton amie…

– Mon amie ! C'est ton amie aussi, Holly.

– Elle a été mon amie pendant très peu de temps et il y a très longtemps, Tracy. Ouais, on était les Parraines. On s'est bien marré. C'était marrant d'aller en Italie quand elle a laissé tomber les cours et de la voir épouser ce vieux bonhomme, elle avec sa traîne de six mètres de long et toutes les petites Italiennes en robe blanche. Un type bien. Mais tu crois qu'elle l'aimait vraiment ? Tu ne crois pas plutôt qu'elle voulait l'argent et la belle propriété ?

– Je crois qu'elle l'aimait vraiment. Elle était bouleversée après sa mort, Hols.

– Si je devais parier, je parierais qu'elle était bouleversée parce que son associé avait suffisamment d'actions pour la mettre dehors ! Si ça n'avait pas été le cas, c'est là qu'elle serait en ce moment, en train de fouler le raisin et de dire au peuple d'aller manger de la brioche.

– Je ne veux pas entendre ça.

– Et tu sais pourquoi elle a couché avec ce gosse ? Elle nous voyait comme un troupeau de vaches vieillissantes, et elle comme une super pouliche qui n'aurait jamais vieilli. Elle devait le prouver le plus vite possible !

– Arrête. Arrête, s'il te plaît. Rentrons chez nous. Holly, je t'adore. Tu es ma meilleure amie.

– C'est Janis, ta meilleure amie.

– Janis est ma cousine. Allez, on rentre, c'est tout.

– La prochaine fois, on ira à Vegas.

– Je te suis.

– M'man ! cria Cammie.

Holly regarda son amie gravir les marches deux à deux et s'accorda le petit plaisir de s'asseoir. Elle se demanda s'il arrivait à Tracy et Jim de se disputer.

Tout le monde se dispute. Elle-même et Chris se chamaillaient si vivement parfois que Evan disait qu'ils devraient aller voir un conseiller conjugal. S'ils ne l'avaient jamais fait, c'est que Chris était incapable de garder rancune plus d'une nuit ; et il semblait mesquin à Holly, bien qu'elle goûtât fort une bonne confrontation, de le tourmenter avec ses erreurs, et devant les enfants. La dernière fois, c'était au sujet de sa mère à lui, qui avait fait installer chez elle des étagères à chaussures électriques avec étiquetage en couleur, lesquelles présentaient à sa belle-mère, Karin, une douzaine de paires de chaque couleur en appuyant sur un bouton. Cela ne regardait pas Holly. Mais c'était tellement dingue – Karin aussi, note. Quels que soient ses efforts, Holly ne pouvait même pas *imaginer* Tracy faire une histoire avec Jim à propos d'une étagère à chaussures automatique. Ce serait indigne d'elle, indigne d'eux. Jim buvait parfois plus que de raison à une soirée ou un barbecue, se saoulait au point de chanter de vieux airs de chorale de son université. Le pire que Tracy ait jamais fait avait été d'adresser à Jim un sourire réprobateur et de lui reprendre les clefs de la voiture. Holly n'aurait pas laissé Chris oublier un coup pareil pendant des mois.

Sauf qu'aujourd'hui, elle le laisserait.

Une fois rentrée, elle le laisserait.

Elle cesserait de se défouler sur lui par plaisir, de penser que c'est drôle de taquiner Chris et même d'embarrasser, très légèrement, les garçons.

Elle ne le referait plus. De toute façon, ce n'était qu'un jeu, une façon de faire savoir à Chris et aux garçons que, ouais, elle était là pour eux, mais, attention, qu'ils n'aillent pas en abuser… C'était idiot.

Holly se leva avec raideur et se hissa sur le pont.

– Je ne veux pas attendre plus longtemps, disait Cammie à sa mère. Ça me rend dingue.

– Tu n'es pas obligée de faire ça tout de suite !

– Je ne veux plus attendre. Quelqu'un va devoir descendre, et logiquement, c'est moi, M'man, répondit Cammie.

– Je ne veux pas que tu ailles là-dessous.

– Écoute, je serai trois mètres sous l'eau.

– Seule !

– Elle ne risquera rien, Tracy, intervint Olivia, qui sortait de sa chambre la tête enturbannée.

– On t'a rien demandé, rétorqua sèchement Cammie.

– Ne commençons pas, dit Holly. On n'a qu'à en débattre à table ; j'ai préparé un dîner pour un régiment.

Tout le monde prit docilement place dans le salon.

L'appétit brièvement revenu, Holly engloutit presque toute une tourte, à coups de fourchette mécaniques, pendant que Cammie réduisait en miettes un morceau de pain. Elle revint finalement à la charge :

– M'man, sois raisonnable. Papa m'a appris à réparer des moteurs de voiture. Il m'a appris à réparer les rotors d'un lave-vaisselle quand j'avais cinq ans. Il m'a appris à faire des vidanges. J'étais la *seule fille* en mécanique automobile au lycée, M'man ! S'il y a quelque chose autour de cette hélice, je peux peut-être le détacher. Ça s'annonce plutôt mal, je reconnais, mais on doit essayer.

– Je ne veux pas que tu le fasses. C'est moi qui vais le faire.

– Et qu'est-ce que tu vas faire, M'man ? Tu sauras démonter l'hélice et la nettoyer ?

– OK, Cammie, OK. Mais tu veux bien t'attacher, au cas où tu aurais un problème ?

– Promis, jura Cammie. Je ne veux pas que ce bateau dérive sans moi. Je n'ai aucune envie de devenir un héros.

– Demain matin, alors, conclut Tracy. Il va bientôt faire nuit, Cammie. Tu sais que c'est l'heure où les requins remontent. C'est le moment où ils se nourrissent. Ce soir, on essaie toutes de dormir, s'il vous plaît.

Et c'est ce qu'elles firent.

La jambe de Holly l'élançait. Elle en sentait l'odeur : ça avait l'air de puer sous la gaze. Serrant les dents, elle utilisa un couteau à viande chauffé pour inciser, épongea le pus avec de l'alcool – ce qui lui fit tellement mal qu'elle faillit s'évanouir – et refit le pansement. Dieu merci, elles allaient rentrer, d'une façon ou d'une autre. Elle ne voulait pas alarmer Tracy. Tracy était déjà convaincue que le simple fait de projeter cette croisière avait amené sur leurs têtes la malédiction des hommes-chats. Holly se rallongea et essaya de penser à ce qu'elle tricotait pour Noël, qu'elle avait déjà commencé, des pulls jacquard compliqués pour Ian et Evan, qui avaient décidé de s'habiller « classique chic » dorénavant. Elle s'assoupit et vit ses propres mains robustes mettre en forme et fléchir le doux fil de laine, et une certaine paix l'enveloppa. Le pull-over de Ian était presque fini. Holly ne terminait jamais rien si elle ne s'y prenait pas des siècles à l'avance.

On ne lui avait jamais couru après. Les garçons l'avaient toujours appelée pour lui demander des conseils pour faire la cour à Janis ou Olivia. Elle était populaire en tant qu'amie, et connaissait tout le monde. Mais avant Chris, personne ne l'avait jamais regardée avec cette sorte d'adoration impuissante qu'elle voyait dans les yeux des garçons qui regardaient Janis.

Holly ne ressemblait jamais à rien. Ce n'était qu'à l'heure d'aller se coucher que sa coupe au carré venait se poser en virgules symétriques sur ses joues et que sa peau paraissait translucide et pure, et non marquée par l'excitation ou l'effort. Aussi Holly avait-elle adopté le rôle du clown, de la copine, juste un petit peu à la traîne, qui suscitait les boutades plutôt qu'elle ne les subissait. Olivia était la meneuse, l'intouchable. Jan, la sexy. Tracy, l'alibi. Holly était déjà contente de pouvoir compter sur le statut qui lui avait été conféré. Tout cela n'avait plus d'importance. C'était dans une autre vie. Mais à revoir Olivia, de près, avec son arrogance, elle se rendit compte que cela lui était resté sur le cœur. Et elle se sentait bête d'être incapable de fournir sa part d'efforts en raison d'une piqûre, d'un incident ridicule, d'un assaillant trop petit pour être combattu.

L'important, pensait Holly étendue, s'efforçant de ne pas gratter sa jambe, c'était Cammie.

Cammie devait rentrer chez elle. Michel était déjà perdu. Lenny avait au moins pu goûter la saveur du bonheur. Ian et Evan étaient vraisemblablement en sécurité. Mais Cammie n'avait pas encore eu l'opportunité d'expérimenter ce qu'elle-même, Tracy, et même Olivia avaient connu.

Elle se souvint du cerf qui l'avait réveillée un été quand les garçons étaient encore petits et qu'ils avaient pique-niqué dans les bois de Brezina, s'endormant tous trois sur une couche de feuilles au soleil d'octobre. Des sablés qu'elle préparait pour Noël. Du ski nautique à la villa héritée de ses parents, loin dans les forêts du nord du Michigan, elle virant et bondissant des heures durant avant que ses fortes jambes ne se mettent seulement à trembler. Elle se rappela avoir chahuté avec les garçons dans la piscine en kit que Chris avait montée dans le jardin. Avoir fumé de la dope avec Tracy deux ans auparavant, pour leurs quarante ans, sur un green déserté du terrain de golf. Avoir dansé le swing avec Chris au mariage de sa nièce après avoir suivi consciencieusement des cours pendant des semaines à la fac du coin. Avoir ôté la neige de la tête des premiers crocus. De la serre dont Chris lui avait fait cadeau pour leur dixième anniversaire de mariage, toute de verre et de plantes vertes, un cloître d'oxygène et de senteurs. Elle se souvint comme elle se blottissait contre Chris, comme si leurs colonnes vertébrales avaient été aimantées. En quinze ans de mariage, ils n'avaient jamais fait « chambre à part », comme finissaient par le faire certains couples, n'avaient jamais dormi sans qu'une partie de son corps, ne serait-ce que sa main sur l'épaule de Chris par une nuit chaude, ne le touche, ne les relie. Elle s'en réjouissait tant, maintenant.

Bien, songea Holly, bien.

Elle n'avait pas peur de mourir. Elle avait peur de ne pas savoir comment tourneraient les choses. Tranquillement, avec une certitude inébranlable, elle croyait à la survivance de l'âme. Mais elle ne pouvait s'imaginer en une espèce de créature genre fée Clochette en chemise de nuit blanche, aux ailes arachnéennes, voletant au-dessus de la tête de lit de ses enfants, leur soufflant à l'oreille les bonnes définitions de la section vocabulaire lors de leur examen d'entrée à l'université.

Tout ira bien, les garçons, pensa-t-elle. *À quelques coups de peigne près, vous êtes terminés tous les deux. Vous avez toute la confiance et l'approbation que j'ai pu vous donner ; et autre chose aussi, que je ne vous ai donné que par hasard : vous vous avez l'un l'autre.*

Sa jambe l'élançait, cognant comme une machine qui ne ferait que produire de la souffrance. Jamais elle n'avait ressenti une telle douleur, même à l'accouchement. Et pourtant, elle conservait une lueur d'espoir. Elle avait déjà vu pire cas s'améliorer.

NEUVIÈME JOUR

Sous le regard anxieux de Tracy, Cammie enfila soigneusement sa combinaison de plongée et remonta la fermeture Éclair, passa les poids à sa ceinture, qu'elle referma, se préparant, physiquement et mentalement, comme si elle allait prendre place dans le siège d'un avion. Elle vérifia son gilet stabilisateur et jeta un coup d'œil à la jauge du réservoir pour s'assurer qu'il était bien rempli. Elle effectua un contrôle méthodique.

L'eau n'était que de l'eau. Mais plonger dans des profondeurs de plus de cent mètres, même s'il ne s'agit que de rester en surface, ne fait pas le même effet que de plonger dans la zone bien délimitée d'un parc sous-marin, ou sur un récif bien voyant, avec un moniteur à son côté. Elle respira par le détendeur et laissa sa mère l'aider à hisser la bouteille sur son dos. Elle disposait de quatre-vingt-dix minutes. Même si elle ne l'avait pas confié à Tracy, Cammie ne pensait pas avoir besoin de tant de temps. Elle pensait que le moteur était endommagé de façon irréparable ; mais si elle pouvait le réparer, s'il y avait une chance même infime de réussir à le faire démarrer tant bien que mal, elles seraient sauvées avant que la situation n'empire. Cammie s'assit tandis que Tracy équilibrait la bouteille et fixait un bout sur son harnais. Puis elle se mit debout et fit une grande enjambée depuis le bâbord.

Quand elle eut ajusté sa vision du bateau, elle eut du mal à suivre l'hélice. Le bateau semblait immobile tant qu'elles étaient à bord, sans doute parce que la mer était calme et qu'elles n'avaient pas de repère pour mesurer leur progression. Mais il bougeait bel et bien, et elle dut battre des pieds pour s'en approcher. Elle vit bientôt l'arbre de l'hélice et aperçut, pris dedans, toutes sortes de détritus déchiquetés. Cammie donna de grands coups de pied vigoureux, mains jointes sous la poitrine. Vidant un peu son gilet de l'air qu'il contenait, elle se laissa descendre et parvint à attraper l'avant du gouvernail. Elle longea prudemment le bateau. La coque était lisse et saine, grêlée seulement d'algues minuscules. Elle apercevait l'hélice. Et voilà le bout vert vif déchiqueté de l'annexe. Tout comme elle l'avait imaginé. La corde s'était enroulée autour de l'hélice, qui l'avait sectionnée en deux. La corde qui entraînait avec elle, ainsi qu'un amas de loques et d'algues… et une chaussure… une main.

Une main.

Un os et une main. Et plus encore. Cammie détourna vivement la tête et donna des coups de pied vers la surface.

Il lui fallait remonter et sortir à l'air libre, le plus vite possible, pour hurler, hurler tout son saoul.

Cammie fendit l'eau en poussant un cri perçant dans le détendeur.

Il aurait fallu avoir sa raison pour l'ôter de sa bouche. Elle ne l'avait plus.

Elle criait de façon maladive, pas de colère ni même de peur, mais comme on crierait blessé à mort, un cri de démente. Flottant toujours, sans faire aucun effort pour se tracter le long du bout pour se rapprocher du bateau, elle tendit les bras vers Tracy comme pour l'implorer, comme un enfant demandant à être porté. Tracy bondit dans le cockpit et rabattit violemment la marche arrière avant de se rendre compte que le bateau ne bougerait pas. Il n'irait nulle part.

Elle lança :

– Ôte ton détendeur ! Je n'entends rien !

Cammie rebondit comme un bouchon à la surface et se souleva hors de l'eau en hurlant, la voix étouffée par son équipement. Le courant emportant le bateau, elle rapetissait à vue d'œil.

– Tire sur la corde, Cammie ! s'époumona Tracy.

– Qu'est-ce qu'elle a ? demanda Holly.

– Je vais la rejoindre, dit Tracy. Je ne veux pas qu'elle se fasse entraîner par on ne sait quoi.

– Ça suffit comme ça, s'écria Olivia. Aucune de nous ne peut rien faire sans toi ! On va la rattraper ! Mais on avance nettement plus vite qu'on ne devrait, vous ne trouvez pas ?

– Cammie ! brailla Tracy. Chérie, regarde-moi… Camille, regarde-moi.

Cammie se calma et lui rendit son regard.

– Enlève le gilet et la bouteille. Je vais te lancer la bouée de sauvetage.

Tracy envoya la bouée et Cammie passa ses deux bras à l'intérieur, pour s'y laisser pendre sans force.

– Bien ! cria Tracy.

– Aide-moi, Olivia ! ordonna Tracy, et ensemble, elles halèrent Cammie une main après l'autre.

– Sors l'échelle !

Lorsque Cammie atteignit le dernier échelon, elle s'agrippa au barreau pour vomir. Tracy descendit pour lui soutenir la tête, lui passant de l'eau de mer dans le cou. Holly, la jambe bien serrée à présent dans une bande Velpeau propre, apporta une serviette. Cammie se pencha en avant et vomit à nouveau. Olivia alla chercher un Coca dans la glacière. Il était chaud, mais Cammie se rinça la bouche avec et cracha.

– Il faut que je m'allonge, dit-elle. Mais pas au lit. Ici. Comment on se sent quand on s'évanouit, M'man ?

– Ça ne m'est jamais arrivé.

– C'est comme si le monde devenait plus sonore et plus petit et après… rideau, dit Olivia qui s'était évanouie au mariage de Tracy.

– Ça va mieux maintenant, dit Cammie en s'enserrant les coudes pour s'empêcher de trembler.

Holly déposa une couverture sur ses épaules.

– Ça va aller, Camille. Tu es en sécurité, et on est là.

Camille frissonna. Holly continua :

– Regarde-moi. Tu es en sécurité, on est là, et tu vas rentrer chez toi.

Elles aidèrent toutes les trois Cammie à monter sur le pont, après quoi Holly trouva le moyen de se baisser et d'attirer Cammie sur ses genoux. À la surprise de Tracy, Cammie se détendit, confiante comme une enfant, tandis que Holly la berçait.

– Tu veux nous raconter ? Ou tu préfères attendre ?

– Non, maintenant, dit Cammie, le visage enfoui dans l'épaule de Holly. Mais je veux pas me lever.

– Tu n'as pas besoin de te lever, lui dit Holly.

Cammie prit une profonde inspiration et une intense concentration s'inscrivit sur son visage. Tracy l'avait déjà vue faire ça – quand elle dansait, enfant, quand elle s'essayait à un sport, quand elle résolvait un problème de maths. Elle avait demandé à Cammie à quoi elle pensait quand son visage devenait aussi sérieux, aussi inexpressif, et Cammie lui avait répondu : « Je me dis : tu peux y arriver. »

– L'hélice est foutue, M'man, dit-elle. L'amarre de poupe qu'Olivia a envoyée par-dessus bord s'est enroulée tellement de fois autour qu'en fait, elle a déboîté l'arbre de l'hélice. L'arbre est tordu, je vais pas pouvoir le remettre en place. J'ai bien peur que le presse-étoupe laisse entrer l'eau de mer dans le… le…

– Le fond de cale, lui souffla Tracy.

– Bref, ce qui m'inquiète, c'est qu'il y a peut-être de l'eau de mer qui s'infiltre. Ce qui me fait peur, c'est que ça puisse endommager le circuit électrique si ça continue de monter. Tu crois, M'man ? Et si on n'a plus de lumières ?

– Eh bien… ça n'arrivera pas, répondit Tracy.

– Et si ça arrive quand même ?

– Eh ben, on se servira des bougies et des lampes tempête qui fonctionnent à piles. Ne t'en fais pas. La pompe de cale est en marche. Tout ira bien.

– Je pense pas, non, poursuivit Cammie. Il y avait autre chose, M'man.

Tracy eut envie de s'enfuir. Il ne s'agissait plus d'un problème de moteur. Mais elle se reprit :

– Cammie, tu peux tout me dire. Tout.

– Lenny est… Lenny était…

– Il est là-dessous, dit Holly calmement. C'est ça qu'elle a vu. (Elle continua à bercer Cammie doucement.) Tu veux raconter, Cam ? On peut attendre, sinon.

– Je cherche comment le dire.

– Très bien. Tout va bien, dit Holly.

– M'man, la corde était enroulée autour de lui. Il s'est noyé. J'espère qu'il s'est noyé. Peut-être qu'il s'est cogné la tête sur le bateau avec les vagues. En tout cas, je suis sûre qu'il était mort quand c'est arrivé. La corde s'est prise dans l'hélice. Les poissons ont dû faire le reste. Ce qui reste de lui…

– Oh, pauvre, pauvre Lenny, dit Tracy en plongeant son visage dans ses paumes. Tout s'est passé tellement vite…

– Non, M'man. Si c'est la faute de quelqu'un, c'est la mienne. La mienne et celle de Michel. On s'amusait alors qu'on aurait dû revenir. Le temps devenait menaçant. C'est juste… d'avoir vu sa main. J'ai cru devenir dingue. Mais j'ai décidé en remontant à bord que je repenserai à tout ça un jour et que je m'écroulerai alors. Mais pas maintenant…

– C'est la chose à faire, commenta Olivia.

– Livy a raison. On pourrait repasser tout ça en boucle. J'aurais seulement aimé trouver un moyen... d'enterrer Lenny, dit Tracy.

– M'man, il est enterré là où il aurait voulu l'être.

– Il aimait tellement sa femme.

– Il ne restera pas grand-chose de lui, j'en ai peur, le temps qu'on arrive à Saint Thomas. Mais peut-être qu'il y aura un médecin légiste qui pourra récupérer ce qui peut l'être, pour qu'elle puisse l'enterrer. Ça se fait.

– Pourquoi est-ce qu'on parle de tout ça ? C'est tellement théorique. Tirons-nous d'ici, dit Olivia.

– Tais-toi et va barrer, dit Holly.

– Si quelqu'un peut comprendre, c'est bien la femme de Lenny. Pas sa mort, mais le reste. Il n'y avait aucune trace de Michel.

Cammie pinça les lèvres et secoua la tête.

– Je vais réessayer la radio, dit Tracy. J'ai fait une tentative toutes les heures, sur tous les canaux, mais je n'ai pas réussi à contacter quiconque.

Elle remonta dans le cockpit. Olivia descendit.

Elles écoutèrent Tracy s'identifier – *Ici le voilier* Opus –, indiquer qu'elles faisaient cap au nord, et prononcer ce terme ancien dérivé du français – *Mayday* –, pour demander du secours.

– Attendez ! dit-elle soudain. Oui, c'est l'*Opus.* Nous sommes les passagères, pas le capitaine... Je ne comprends pas ce que vous dites. Quel est le nom de votre bateau ? *Passion* ? *Fashion* ?... Je suis désolée. Je ne comprends pas. On n'a ni voiles ni moteur. Pouvez-vous prévenir les autorités pour nous ? À vous... Je ne vous entends pas... Répétez, s'il vous plaît. À vous.

Elle ne recevait plus rien. Tracy descendit les marches.

– Je ne sais pas s'ils ont compris un mot de ce que j'ai dit.

DIXIÈME JOUR

Holly dénicha un antidouleur doublé de somnifère dans l'armoire à pharmacie de Lenny et s'endormit, essayant une nouvelle fois de transmettre un message à ses fils. Oh, jamais je n'aurais dû passer tant de temps à tenter de vous échapper pour me reposer ! Je croyais qu'on avait la vie devant nous. Et je trouvais ça drôle. C'était drôle. J'ai toujours su vous faire rire. Souvenez-vous de ça.

Holly Solvig n'était pas sentimentale. Elle n'avait même pas pleuré, seulement souri avec orgueil, lorsque ses fils, en maternelle, lui avaient timidement présenté deux empreintes identiques de leur main, en céramique, accompagnées d'un poème qui expliquait que bientôt – trop vite – ces mains seraient plus grandes que la sienne. Mais les larmes glissaient à présent au coin de ses yeux et mouillaient son oreiller. Elle pria alors sainte Anne. Elle ne mâcha pas ses mots en lui avouant qu'elle n'était pas prête à voir sa vie se terminer, vraiment pas ; mais s'il devait en être ainsi, la sainte patronne de toutes les mères pouvait-elle dans ce cas épargner Cammie encore un moment ? S'il vous plaît ? Holly y verrait une faveur toute particulière, tout comme la mère de Cammie – que sainte Anne, Holly n'en doutait pas, connaissait certainement parfaitement.

Cammie se réveilla juste avant de tomber par terre, étalée sur le ventre, tandis que du sang sorti de sa bouche éclaboussait le sol. Sa mère tentait de se relever, une main sur la couchette, l'autre sur la cloison.

– On a heurté quelque chose, dit Cammie.

– Tu t'es blessée.

– C'est rien, M'man. Je me suis mordu la lèvre. Je mettrai un chiffon propre dessus.

– Mais qu'est-ce qu'on a heurté ?

Cammie saisit la lampe torche qu'elle gardait sous son oreiller, et trouva les marches, dans son faisceau vacillant, inclinées à quarante-cinq degrés. Se servant de ses doigts comme de pieds, elle se hissa au sommet. Brusquement, le bateau se redressa avec une forte secousse et un bruit sourd. Olivia poussa un cri. Holly lança :

– Du calme, Liv ! Allons voir ce qui se passe. Personne ne peut t'entendre de toute façon.

– Je n'appelais pas à l'aide ! rétorqua Olivia. Je ne l'ai pas fait exprès !

Cammie balaya le pont avec sa torche.

– Vérifie la cale, M'man, et regarde s'il y a de l'eau dedans. Vérifie si ce qu'on a heurté a endommagé le flanc du bateau et s'il y a une voie d'eau.

– C'est pratiquement sec, répondit Tracy d'une voix forte.

– Alors on a dû racler un rocher sous l'eau, qui n'a pas transpercé la coque. Pourquoi est-ce que personne n'était à la barre ? Olivia, c'est toi qui étais de quart.

– Je ne sais pas comment garder un cap avec cet engin ! geignit Olivia.

– Je croyais que tu avais une grande expérience de la barre, dit Tracy.

– Sur des bateaux à moteur ! En plus, j'ai mal partout

depuis que je l'ai sortie de l'eau. (Elle désigna Cammie.) Je suis juste allée m'allonger dans le carré quelques minutes.

– Alors il n'y avait *personne* à la barre ?

Soudain, Tracy sembla prendre de la hauteur, surpassant son mètre quatre-vingts. À sa plus grande joie, Holly songea que Tracy allait peut-être enfin traîner Olivia par les cheveux pour la flanquer par terre. Mais Tracy parvint à se maîtriser.

– Écoute, Olivia. Je ne peux pas tout faire. Holly est malade, et je suis épuisée. Tu n'as pas le choix. En quittant le cockpit, tu nous as toutes mises en danger. On aurait très bien pu foncer dans un paquebot ou un cargo.

Tracy ramena Olivia dans le cockpit et lui mit les mains sur la barre.

– Je t'attache ici s'il le faut. Je le ferai.

Mais ça ne servait à rien. Elles étaient échouées sur quelque chose. Il faudrait attendre jusqu'au matin que Cammie puisse plonger à nouveau pour voir ce qui se passait, ou que les vents et les courants changeants les soulèvent, simplement. Jamais Tracy ne laisserait Cammie redescendre, se dit Holly. Et moi non plus, d'ailleurs.

Peut-être que quelqu'un passerait par là. N'était-ce pas ce qu'elle disait toujours aux garçons ? Si vous deviez vous perdre, restez où vous êtes. Ne bougez pas, et ne laissez personne vous emmener ailleurs. Un cargo, songea Holly. Elle laissa échapper un rire sans joie. Il emporterait probablement l'*Opus*, privé de ses feux, comme un bateau de papier dans un caniveau après l'orage.

Tracy redescendit se coucher.

Il ne s'était pas écoulé une heure quand Holly entendit Olivia pousser un cri strident.

– Tracy ! Je vois quelque chose ! Je vois quelque chose !

Elle entendit Cammie s'écrier :

– Ça doit être un de ces bateaux ! Un de ceux qu'on est censé contacter !

Exténuée au point qu'il lui aurait été indifférent qu'Olivia ait repéré une boîte de nuit flottante avec entraîneurs et bois-

191

sons glacées, Tracy s'extirpa de sa couchette. Holly sortit en claudiquant du carré, un paquet de fusées de détresse et la dernière boîte d'allumettes à la main.

Le bateau n'était guère qu'une silhouette, lointaine, grise et floue. Elles étaient incapables d'évaluer à quelle distance il se trouvait ni de déterminer rapidement quel élément de la console de navigation leur permettrait de mesurer cette distance.

— Bon, je vais les appeler sur le canal 23 et cette fois, j'espère établir le contact. Pendant ce temps, Holly, tu fais partir trois fusées, l'une après l'autre. D'accord ? demanda Tracy. Prête ?

Holly alluma la première fusée, qui décrivit sous leurs yeux un arc au-dessus du tableau arrière pour aller s'éteindre dans l'eau. Tracy hurla :

— Ici le voilier *Opus*. Nous sommes à… non, plus de courant… Vous me recevez ? Ici le voilier *Opus*. Mayday. Mayday.

— Donnez-nous votre position, *Opus*. Ici le navire marchand américain *Cordoba*. Nous sommes à soixante-huit degrés de latitude par treize degrés de longitude, à environ trois cents milles au large des côtes nord-ouest de Grenade. À vous, répondit une voix faible.

Tout le monde se réjouit bruyamment jusqu'à ce que Holly les fasse taire.

— Nous vous voyons, *Cordoba*. Ici le voilier *Opus*, capitaine Lenny Amato, en route depuis Saint Thomas. Lenny est mort. Notre capitaine est mort, et son second est porté disparu.

— Pouvez-vous maintenir votre position, *Opus* ? À vous.

— Nous sommes échoués sur quelque chose. Je ne pense pas que nous puissions bouger pour le moment. Nous sommes les passagers. Nous n'avons aucune expérience de la voile.

— Voyez-vous une côte quelconque ? À vous.

— Aucune terre en vue.

— Tâchez de maintenir votre position, *Opus*, ou bien hissez la voile quand il fera jour. À vous.

– Nous n'avons plus de voile. Elle est déchirée, répondit Tracy d'une voix mélancolique.

Holly alluma une autre fusée.

– Nous allons signaler votre position.

– Vous voyez nos fusées ? Vous nous voyez ?

– Négatif, *Opus*. Mais on va vous trouver…

Les feux s'éteignirent, et la console devint noire.

Cammie était sidérée.

Elle s'attendait à ce que les batteries lâchent, mais pas là, pas juste quand elles étaient sur le point d'être sauvées. L'ironie de la situation l'assaillit comme autant de coups de poings. Elle prit son élan et shoota dans la précieuse armoire à liqueurs de Lenny. Les dernières bouteilles s'entrechoquèrent.

Elles s'étaient rassemblées dans le cockpit, dans l'obscurité. Le bateau s'ébranla, sans bouger pour autant.

– Bon, écoutez. La situation n'est pas fameuse, mais j'ai réfléchi. Janis va signaler notre disparition. Elle s'attend à avoir de nos nouvelles. Il suffit d'être patientes. Ça ne devrait plus traîner maintenant, annonça Holly.

– Jamais abattue, Holly, dit Tracy en ébouriffant ses cheveux raidis par le sel. Toujours là pour nous remonter le moral.

– J'ai le choix ?

– Tu aurais pu t'aliter, comme la comtesse, dit Tracy et Holly sourit, incapable de s'en empêcher, aux anges. Il va me falloir ce GPS portable, et je vais utiliser la VHF…

– On a une radio, lui rappela Cammie. J'ai vu Lenny s'en servir je ne sais combien de fois.

– Et Lenny m'a montré comment on se servait du GPS portable.

– M'man, il avait demandé à Michel de prendre une des radios et le GPS dans l'annexe ce jour-là. Tu te rappelles ?

– Non ! J'avais complètement oublié. Mais maintenant que j'y pense, je suis presque sûre… qu'il n'y avait que la radio.

– Non, il avait aussi pris le GPS. J'étais là. Je l'ai vu. Il nous reste une radio.

– Mais plus de GPS ? Il l'aurait remonté à bord, ce soir-là...

– Il m'a hissée sur l'échelle. Et il est monté juste après moi. On se lâchait plus. Je l'ai pas vu les remonter.

– Vérifie quand même.

– Je vais le faire, promit Cammie.

– Au moins comme ça, il pourra peut-être se diriger quelque part, commenta Holly, l'air pensif.

– Et nous, on pourra toujours dériver sans fin si jamais on décolle de là...

– On a le compas. On a les cartes. Il faudra essayer de se diriger aux étoiles, ou trouver autre chose.

– Cammie, j'ai traversé un lac dans le nord du Wisconsin. Je sais où se trouvent l'étoile polaire et la Grande Ourse. C'est tout.

– Bon, je vais essayer de déchiffrer les cartes marines aujourd'hui. Peut-être qu'il me viendra une idée.

– Si seulement un vent puissant pouvait se lever et nous dégager de ce qui nous retient.

– On a toujours la BLU, dit Cammie. Saleté. J'aurais jamais cru qu'il me restait tant de choses à voir en mécanique.

– On ne l'a que quand ça veut bien marcher, rétorqua sa mère.

– C'est bien ça qui me fait chier, dit Cammie.

De temps à autre, elles entendaient un mot ou un déluge de paroles sur la BLU, mais lorsqu'elles répondaient en hurlant, appuyant désespérément sur tous les boutons, personne ne les captait, apparemment. Cammie était infoutue de savoir pourquoi. C'était un mécanisme simple. Quand un avion les survola, elles crièrent comme des folles, bondissant sur place, et firent partir une fusée ; mais l'avion ne fit jamais signe de les avoir aperçues.

– Il n'est pas *question* que ça recommence, pesta tout bas Tracy. Cammie, voilà ce que tu vas faire. Demain matin à la première heure, tu me trouves le pied-de-biche et tu arraches autant de morceaux de bois ou de panneaux de fibres que tu peux.

– Mais d'où ?

– De la cuisine, du carré, là où tu en trouveras. Je vais chercher de la peinture.

ONZIÈME JOUR

L e plafond du carré était constitué de panneaux clipsés immaculés, lisses et blancs comme neige. Dès l'aube, et à l'aide du bout fendu d'un marteau, Cammie les arracha un à un. Tracy se servit de marqueurs indélébiles et de la peinture bleue étanche que Lenny avait entreposée dans le flotteur du côté de Holly pour écrire en lettres d'un mètre cinquante de haut : « *SOS* ».

Cammie cloua un panneau sur le roof du cockpit, sans se soucier des redoutables échardes de la pellicule qui recouvrait la fibre de verre. On y lisait : « *OPUS, AU SECOURS !* » Elle en fabriqua deux autres strictement identiques. Ceux-là, elle les jeta par-dessus bord – l'un juste après leur petit-déjeuner, l'autre à midi. Plus tard, alors qu'elle appliquait de l'aloe vera laissé par quelque précédent passager sur ses épaules brûlées, qui étaient couvertes de cloques maintenant percées, elle sentit un mouvement.

Le vent tourna, et soudain le bateau se remit à dériver. Tout endommagé qu'il était, il semblait stable. On pouvait le barrer. Dans le cockpit, Tracy mit le cap sur la bande de couleur qui signalait des eaux profondes.

196

Grisée d'être repartie, peu importe où, Cammie prit plus tard son quart.

Mais le temps s'écoulait lentement. La lueur de la lanterne rebondissait, ce qui rendait la lecture plus irritante que distrayante. Elle remonta le lecteur de CD, mit un disque, et fredonna doucement les chansons de Patsy Cline. Elle chanta le thème de tous les films dont elle pouvait se souvenir. Pour finir, elle faillit s'endormir à la barre.

À son réveil, elle crut rêver.

Juste devant elle, à quelques mètres de la vitre avant, aurait-on dit, elle vit ce qu'elle prit pour une sombre falaise. Mais tout en haut, la falaise comportait des numéros.

Cammie tira violemment sur la barre, et si le bateau avait parcouru ne serait-ce que quelques mètres encore, cela n'aurait pas suffi. Elles évitèrent le cargo de peu, sans pouvoir pour autant le héler.

Cammie s'agita frénétiquement et cria dans la BLU puis dans la VHF. Toute à son désir farouche d'être entendue, elle en oublia provisoirement que le cargo aurait pu les broyer : son pilote aurait eu l'impression d'avoir heurté quelque récif, au pire. Il aurait poursuivi sa route, transportant voitures et meubles, statues et pianos de cuisine en acier étincelant, tuiles et pneus. Comme Michel et Lenny, elles s'enfonceraient en tournoyant, les cheveux vrillant comme l'algue dans les coraux, leurs yeux ouverts aussi impassibles que ceux des poissons qui se faufilaient sans bruit.

Au loin, Cammie vit passer une gigantesque ville flottante crachant de gros bouillons de fumée, et elle s'efforça de retrouver son calme. Sa poitrine se soulevait comme si elle avait fait dix kilomètres au pas de course. Il lui fallait des fusées de détresse. Elle devait les garder avec elle durant tous ses quarts. Il fallait quelqu'un pour faire le guet avec celle qui était à la barre, qui puisse surveiller à l'arrière. C'était trop, tout simplement, pour un seul humain inexpérimenté, las, effrayé. Elle trouva une boîte de fusées, et en alluma deux qu'elle lança par-dessus bord alors que le cargo disparaissait à l'horizon. La BLU grésilla, et une voix dit :

– … dans la soirée.

Mais nul ne répondit aux appels toujours plus rauques de Cammie. Un jour, elle raconterait à sa mère ce qu'elle avait failli réussir à faire, et combien le salut avait été proche avant de tourner au cauchemar.

Mais pas ce soir.

Le cargo avait fait du bruit, en passant, telle une grosse vague. Ses moteurs cognaient sourdement, plus sonores qu'aucun train. Elle ne comprenait pas comment sa mère et les autres avaient pu dormir avec ce boucan. Sur quoi Tracy, la voix ensommeillée, lança :

– Que se passe-t-il ?

– Rien, M'man. J'ai fait tomber quelque chose, lui répondit Cammie. Rendors-toi.

Puis, à peu de distance, proche du tableau arrière, Cammie aperçut ce qui ressemblait à une faible lueur.

Elle s'écria :

– Je vois quelque chose ! Vite !

– Qu'est-ce que c'est ? repartit Tracy, parfaitement réveillée à présent.

– Je crois que c'est… j'en sais rien, mais ça bouge, dit Cammie tandis que Tracy grimpait les marches quatre à quatre. Je vois les lumières monter et descendre.

– Trouvez-moi la grosse lampe torche ! demanda Tracy aux deux autres d'une voix forte. Cammie pense qu'il y a une embarcation derrière nous. Peut-être un bateau de pêche ! Il faut qu'on leur fasse signe.

– Tout de suite, dit Cammie. Pendant qu'il fait encore sombre. Sinon ils ne verront pas la lumière.

Toutes adjurèrent le soleil de ne pas se lever.

– Continuez à envoyer des signaux, reprit Cammie. Peut-être que c'est même pas un bateau. Peut-être que c'est rien, comment est-ce qu'ils appellent ça ? Ce truc phosphorescent ? Un feu Saint-Elme ? Ou une espèce de corail luisant ?

Elles étaient toutes réveillées désormais, et blotties les unes contre les autres dans la descente.

– Je vais vérifier le fond de cale. Tante Holly, tu peux barrer un peu ?

Elle traversa le pont et souleva le panneau de pont pour inspecter.

– M'man, il y a de l'eau dans le fond. Beaucoup d'eau…

– Mais non ! s'écria Tracy rageusement. Pas assez pour nous couler !

– Je pense pas, mais il y a des trucs qui flottent. Ils… Ça doit m'arriver aux genoux.

– Bon et alors ? Tu es petite. On va devoir pomper à la main, dans ce cas. La pompe manuelle est en haut dans le cockpit.

– Comment tu connais ce truc ? demanda Cammie émerveillée. Je suis fière de toi !

– C'est juste… je ne le connais pas, je l'ai vu, dit Tracy à sa fille. C'est juste que j'observe. Je lis les manuels. Ce n'est pas de ton père que tu tiens toute cette précision.

À leur surprise mutuelle, elles parvinrent à échanger des sourires amusés. Holly céda sa place à Tracy, et elles se mirent à l'œuvre, sans interruption, à tour de rôle, de façon à ce que la cale reste relativement sèche.

Impossible de se recoucher pour les deux autres. Le ciel vira au vert-de-gris, puis se para des stries familières qui signalent l'arrivée du matin.

C'est Olivia qui posa enfin la question :

– Pourquoi est-ce que ce bateau ne nous a pas rattrapées ?

– J'en sais rien, dit Cammie. Peut-être qu'ils ne nous voient pas bien. Ce n'est qu'une lampe torche. Bon sang, si seulement on avait les feux. Ils fonctionnaient au moteur. Lenny a dit qu'on n'aurait jamais à s'inquiéter pour le frigo ou le grille-pain ou quoi que ce soit. Peut-être que l'un des réservoirs est presque vide. Il va falloir que j'essaie de le basculer sur l'autre ou d'arranger ça, je sais pas comment. Pourquoi est-ce qu'ils ne marchent pas ? Ça n'a rien à voir, le moteur et le groupe électrogène. À moins que si. Peut-être que faire tourner le moteur agit on ne sait comment sur le groupe électrogène.

– Pas question que tu touches à l'installation électrique. Je m'en occupe, dit Tracy.

– M'man. (Cammie regarda Tracy calmement.) Tu ne sais pas vérifier le niveau d'huile de la camionnette avec la jauge. Accorde-moi au moins le respect de me traiter comme une adulte, ici. Tu t'es débrouillée comme un chef avec la pompe de cale.

Tracy détourna les yeux et dit :

– Très bien. Peu importe.

Cammie inspecta le bourbier crasseux dans le fond. Il y avait d'autres outils dans des caissons tels que du matériel de pêche, mais plus costaud, et même quelques-unes des rations de survie de Lenny – quoique n'ayant pas très bien survécu, à les voir. Elle les remit quand même à Olivia. Désormais, leur réserve de nourriture se montait à une platée de pâtes aux brocolis, une boîte de céréales, un paquet de biscuits salés, et des fruits secs – exception faite des conserves de haricots et de thon soigneusement rangées sur de petites étagères dans le flotteur.

– Peut-être qu'on peut en tirer quelque chose, lança Cammie.

Elle avisa le groupe électrogène, et regretta de n'avoir pas été la première à l'examiner, au lieu de rester plantée à tenir la lumière pendant que sa mère le tripatouillait n'importe comment. L'intervention fut relativement simple. Elle le traficota, certaine de s'en sortir, mais sans résultat. Émergeant de nouveau, c'est ce qu'elle constata :

– Soit il est foutu, et je comprends pas pourquoi, soit on… soit on a utilisé tout le fuel. Mais je vois pas comment. En tout cas, je pense pas pouvoir en tirer grand-chose.

– Mais comment est-ce que ça a pu arriver ? Et qu'on ait aussi perdu la voile ? songea Tracy à haute voix.

– Ce n'est pas possible, ajouta Olivia d'une voix qui frisait l'hystérie. Deux choses comme ça n'arrivent pas en même temps.

– Sauf que si, lui répondit platement Tracy.

– Et maintenant, on fait quoi ? s'écria Olivia.

– On pourrait avaler les pâtes, dit Holly. Quand il ne nous restera plus que quelques litres d'eau minérale et ce qui voudra bien goutter du robinet, on regrettera de ne plus en avoir.

Le plat de nouilles était froid. Il ne passait chez personne, même si toute cette activité et ces rations limitées les laissaient sur leur faim. Toutes optèrent pour des poignées de céréales aux raisins et aux fruits secs. Comme elles s'asseyaient pour manger, Cammie présenta des excuses.

– Je suis désolée. Je ne trouve aucun manuel, ni aucune note sur le groupe électrogène dans les journaux de bord. On y lit juste : « *Plongé aujourd'hui* », ou bien : « *Température : 25 °C* ». Ou encore : « *Bonne traversée* », ou : « *On a de la chance avec les familles* », dit Cammie. Mais je sais comment faire marcher le petit désalinisateur manuel. Ça va demander un boulot monstre pour produire un peu d'eau douce à partir d'eau de mer, comme l'a dit Lenny. Mais c'est faisable. C'est pas ça qui m'inquiète.

Son visage était indéchiffrable dans l'obscurité, mais sa voix avait quelque chose de râpeux.

– Qu'est-ce qui te tracasse, alors ? demanda Tracy.

– Ce bateau. Quand je braque la torche droit dessus, je vois bien que c'est un bateau. Il est toujours là derrière. C'est comme s'ils pouvaient nous rattraper, mais qu'ils s'abstenaient. Et les feux dessus sont bizarres. Ils sont voilés. Comme des feux de brouillard, mais pas vraiment.

– C'est ce qu'il m'a semblé, renchérit Olivia.

– Peut-être qu'ils sont pauvres. Ça ne veut pas dire qu'ils soient méchants, dit Tracy.

– J'ai trouvé une plus grande torche dans les affaires de Lenny, plus grosse que celle de Cammie, une méga-torche. On pourrait essayer de se signaler avec ça, dit Holly. Je vais faire une sieste, Olivia, alors viens avec moi la chercher et rapporte-la. Prévenez-moi s'il se passe quelque chose.

Sitôt Olivia revenue, Tracy alluma la grosse lampe. Un clignotement. Pause. Trois clignotements rapides. Un long. Puis trois rapides.

Rien à faire, le bateau semblait garder ses distances.

Sur la *yola*, Ernesto suait et jurait, envahissant l'air de son odeur infecte de chacal. Elle empirait sous l'effort. Le jeune homme crut qu'Ernesto allait battre Carlo à mort. S'il n'avait eu besoin du dos et des mains de Carlo, le jeune homme était sûr qu'Ernesto aurait tué son cousin. Sur l'île, dans la maison de la femme, on leur avait laissé une réserve de carburant. Mais Carlo, qui avait pour mission de faire le plein, avait oublié le combustible. Il ne l'avait pas dit à Ernesto jusque-là, et inexplicablement, Ernesto n'avait pas remarqué la jauge. Quand il le fit, il se mit à crier.

Ils ne parviendraient pas à rejoindre le Boss. Il n'y aurait pas assez de gazole. Un bateau maquillé tel que l'était la *Bonita* ne pouvait pas se glisser dans le moindre port pour faire le plein, même ici, où l'on posait peu de question à quiconque. Même s'il y avait eu un port ou un bateau auquel demander secours.

C'est là que Carlo vit la lumière. Une lumière qui clignotait. Trois fois. Puis une autre. Encore trois coups brefs.

Le jeune homme la repéra lui aussi, cette tentative de morse maladroite. Son cœur se serra.

Carlo gloussa. Il leva ses jumelles. C'était le même bateau à trois coques. Ils avaient perdu sa trace. Et voilà qu'il avait reparu.

– *Mujeres blancas*, dit-il – le jeune homme ne comprenait que ce qu'il voulait bien entendre –, *mala*.

Carlo suggérait sans doute que les femmes qu'ils distinguaient parfaitement sur le bateau, quand la grosse torche qu'elles tenaient les éclairaient, en auraient salement envie. Du coup, Ernesto s'apaisa. Boire, violer. Les affaires qu'auraient les femmes, vivres et carburant, peut-être des objets de valeur à revendre. Le bateau lui-même.

Peut-être, se dit le jeune homme, se contenteraient-ils du bateau, ce gros voilier qu'ils pourraient échouer quelque part et revendiquer à leur retour. Un bateau comme celui-là pouvait se restaurer et se revendre une petite fortune. Mais les chances que cette prime satisfasse ses coéquipiers étaient faibles. Le jeune homme baissa les yeux sur ses mains. Il n'en revenait pas : c'étaient encore des mains d'enfant. Comme s'il n'avait jamais grandi. Il n'avait jamais été doué pour lire ou écrire de manière rationnelle, mais sa mère disait de lui qu'il réagissait bien en cas de crise. Qu'il savait résoudre les problèmes. Mais il se sentait trop jeune. Il lui faudrait être sorcier, comme les hommes dans les romans fantastiques qu'il avait adorés enfant et que lui lisait sa baby-sitteuse, pour escamoter ces femmes aux yeux d'Ernesto et Carlo.

Si ces femmes restaient invisibles, elles avaient peut-être une chance.

Un gros cargo était passé une heure auparavant. Ernesto avait éteint les feux tandis qu'ils le regardaient glisser non loin. Aussi avaient-ils patienté jusqu'à la nuit tombée pour entrer en action. Sans avoir à se soucier plus longtemps de gâcher du carburant, Ernesto lança le gros moteur à fond. L'embarcation se cabra et fut sur l'*Opus* en un instant.

– À mon avis, ce ne sont pas de pauvres pêcheurs, dit Tracy à Cammie par la porte ouverte du cockpit.

– Peut-être que si. Le bateau est pourri, mais le moteur... répondit Cammie.

Ernesto n'était plus abattu. Le bateau constituait une prise de choix.

Maintenant qu'il était assez près pour l'examiner, grâce aux lanternes qu'allumaient les femmes, il voyait clairement que seule la grand-voile était détruite. Peut-être ces femmes étaient-elles trop bêtes pour faire marcher le moteur. Il faillit rire tout haut. Les Américains étaient stupides, mais riches, tous autant qu'ils étaient. Il y aurait du bon à bord de ce bateau. Les hommes étaient ankylosés, leurs vêtements raides de crasse et de sueur. Peu leur importait la crasse, mais la galette de pain grossière à la viande séchée qu'ils avaient à manger, oui. Il y aurait peut-être des steaks et du chocolat sur ce bateau. Qui disait bateaux en détresse disait parfois montres, vin, et femmes retranchées derrière des *hombres* mous, sans caractère. Peut-être les hommes travaillaient-ils en bas. On pourrait éliminer les hommes vite fait ou les ligoter et les jeter à fond de cale pour qu'ils les regardent, Carlo et lui, baiser leurs femmes. Quand il vit la fille qui avait fait de grands signes et lancé les fusées, son corps d'une souplesse quasi fluide sous son très court vêtement, il se sentit encore mieux. Une autre prise, à posséder et peut-être vendre. Peut-être même d'encore plus grande valeur que le gros bateau. Si les vieilles peaux devaient survivre, elles ne se souviendraient pas de lui.

Ernesto avait appris que pour les Américains, les hommes qui parlaient sa langue avaient tous la même tête.

Il se déplaça pour laisser la barre à Carlo. Après avoir fait signe au jeune homme, en grommelant, de prendre le fusil et de le sortir de son étui mais de le garder baissé et hors de vue sous le banc, Ernesto leva une main et l'agita. Avec des mots simples et des gestes, il dit au jeune homme de ne pas se donner la peine de charger le fusil automatique. Ils pourraient avoir besoin des munitions plus tard, en cas de coup dur. La vision de la grande arme bleue étincelante devrait suffire.

Un jour, des années avant que le jeune homme ne se joigne à eux, le Boss leur avait donné une prime en espèces en échange d'un sac de toile rempli de montres à gros cadran et bracelets clinquants, des montres qu'un homme comme lui ne pourrait jamais porter. Nul homme ne pouvait porter pareille montre sans que le bruit métallique de son bracelet ne signale son arrivée à des kilomètres à la ronde. Les Américains se pavanaient comme des animaux à la foire, sonnant trompette et cliquetant. Pourtant, le Boss leur avait défendu de tuer des citoyens américains, et même si cela ne signifiait pas grand-chose au regard d'Ernesto, l'idée lui traversa tout de même l'esprit. Il y reviendrait plus tard. La fille aux cheveux longs était d'une grande beauté. Une femme se tenait à ses côtés, tout aussi belle.

Quelques heures perdues ne feraient pas de mal.

Un bon repas, peut-être même un somme et un coup de baise. Ensuite ils se dépêcheraient d'aller rejoindre le Boss en imputant leur retard au mauvais temps.

Cammie avait fait signe au bateau à moteur de venir s'arrimer le long de leur coque avant de remarquer la peinture noire dont on l'avait barbouillée, étalée en traînées et pâtés, comme un devoir d'écolier. Mais le garçon lui sourit. Il était blond et jeune, sans doute guère plus vieux qu'elle. Cammie ne savait plus quoi penser.

Peut-être bien des pêcheurs, malgré tout, songea-t-elle. Elle lui tendit la main, et il la prit.

– Dieu soit loué, vous êtes venus, lui dit-elle tandis que le bateau à moteur ronronnait bord à bord. Ça fait des siècles qu'on est là. Enfin, c'est l'impression qu'on a. Un cargo vient de nous doubler. Je n'en reviens pas qu'il ne nous ait pas heurtées. Je suis de l'Illinois. Vous êtes d'où ? Est-ce que vous avez une radio en état de marche ? Parce que la nôtre est nase. Elle ne fait qu'émettre, ou alors on ne peut pas répondre... et on n'a plus que cette VHF... (Elle fixa l'échelle et la lança par-dessus bord.) Peut-être que vous pouvez m'aider à la réparer. Normalement, je suis douée pour ce genre de truc...

– Ils ne comprennent pas tout ce que je dis, lui répondit doucement le jeune homme en lui coupant la parole avec une voix aussi sinistre qu'un mauvais présage. Surtout les phrases compliquées. Faites exactement ce qu'ils vous demandent, et peut-être qu'on s'en ira.

Cammie recula vivement sa main.

Elle vit le grand homme à la peau sombre se soulever de son banc dans la petite embarcation. Il tira sa chemise sur son énorme ventre. Puis fit signe au jeune homme, qui lui remit un fusil rutilant de belle taille.

Cammie se débattit pour ramener l'échelle sur l'*Opus*. Mais le plus grand fut sur le pont, semblable à un requin gras avec sa bouche ouverte, la repoussant contre la cloison du carré de telle sorte que sa tête cogna sous le choc. Il fit signe au jeune homme de le suivre. Un autre homme, plus petit mais moins jeune, tournait autour de l'*Opus*. Il lança un cordage, qu'attrapa et fixa le gros type.

Carlo grimpa à bord.

Dans sa langue, Ernesto demanda au jeune homme de saluer les femmes en américain et de leur dire qu'il ne serait fait de mal à personne si elles se comportaient *con mucho cuidado*. Le jeune homme dit :

– Écoutez-le. Faites attention. Il vous tuera. Il faut faire ce que je vous dis, même si je... euh... fais semblant de vous faire mal. J'essaie de faire des phrases qu'ils ne comprendront pas.

– Qu'est-ce qu'ils veulent ?

– Le bateau, j'espère.

– Comment ça, vous *espérez* ? cria Cammie.

– Ils ont envie de vous aussi, dit le jeune homme.

– Hein ? Quoi ? s'écria Cammie. Vous êtes des voleurs ? Qui êtes-vous ? Pourquoi est-ce que vous m'avez souri ?

– Parce que je ne veux pas de grabuge. Je ne suis pas méchant. J'essaie d'utiliser des mots qu'ils ne pigeront pas, vous comprenez ? Ils comprennent quelques mots d'anglais, mais pas les expressions.

Il lança un regard par-dessus son épaule à Ernesto qui examinait une égratignure sur sa main. Puis murmura de façon impérieuse :

– Trouvez-moi un mot long pour, euh, forcer au rapport intime ?

– Forcer au rapport intime, dit Cammie.

– Molester sexuellement, lança Olivia.

– Cet homme pourrait molester la Vierge Marie en personne, dit-il.

– Mon Dieu non, je vous en prie, aidez-moi, murmura Cammie.

– C'est ce que je... hum... m'efforce de faire.

– Cammie ? lança Tracy du fond du carré.

Cammie descendit les marches, fourrant ses bras dans les

manches d'une chemise qu'elle enfila par-dessus son maillot de bain. La vue des hommes sales et de Cammie, son attitude servile, laissa Tracy muette et paralysée. Olivia se tenait à l'arrière, les yeux écarquillés, le dos plaqué contre la porte fermée de sa cabine.

Ernesto s'assit sur les banquettes et attira Cammie sur ses genoux.

– ¡*Mi hija!* s'écria Tracy.

Ernesto marmonna quelque chose au jeune homme tout en pelotant l'épaule de Cammie et en tirant sur la bretelle de son haut de maillot de bain.

– Mon enfant ! protesta Tracy.

– Il sait que c'est votre fille, dit le jeune homme. Est-ce que vous pourriez… faire diversion de n'importe quelle façon pour me permettre de me concentrer ? Sinon il va la violer sur place.

Tracy manqua pousser un cri mais le ravala.

– Très bien, tout va bien. Il faut vous comporter comme si je vous donnais des ordres.

Tracy se précipita dans le carré.

– Vous avez de l'alcool ? Quelque chose à manger ?

– Pas grand-chose, geignit Tracy. Mais un peu. Çà et là.

Cammie gémissait, roulée en boule, balançant son corps d'un côté à l'autre. Carlo s'approcha quand Ernesto remonta légèrement la chemise de Cammie avec le manche de son couteau. Carlo tira sur son soutien-gorge. Sa poitrine, décou-verte, semblait luire dans l'éclairage chiche. Puis Ernesto pointa son couteau en direction de Carlo pour le dissuader d'approcher.

– Maman ! gémit Cammie, redescendant son bonnet pour se couvrir.

– Maman ! bêla Carlo. Ma-man !

Olivia intervint :

– La ferme, Cammie ! Tracy, viens m'aider !

– C'est ta sœur ? demanda le jeune homme.

Cammie ne répondit rien.

Montrant les dents à Carlo pour forcer un sourire, Olivia

passa devant Cammie. Tandis que Carlo retenait obligeamment les bras de Cammie en arrière, Ernesto glissa un majeur dans la ceinture du short de Cammie. Il fourragea jusqu'à sentir la lisière rasée de ses boucles pubiennes. Le jeune homme fit la grimace. Tracy sortit en trombe du carré avec une bouteille pleine de Chivas. Ernesto repéra l'étiquette de la bouteille de scotch. Un alcool américain coûteux. Il pourrait s'occuper de la fille plus tard. Il laissa Cammie faire un pas de côté et se dirigea vers le carré.

Cammie tomba à genoux et se replia tel un crabe dans un coin. Elle s'enroula dans une serviette de plage.

– Non. Prends la barre, lui dit Tracy d'un ton sévère. Lève-toi immédiatement. Va barrer.

Ernesto grommela quelque chose.

– Il aimerait vous demander des verres, traduisit le jeune Américain à l'adresse d'Olivia.

Olivia apporta trois verres et sourit avec ce qui, elle l'espérait, passerait pour une pointe de séduction, insinuation qui ne ferait pas trop cinéma, espérait-elle aussi.

– Écoutez, dit le jeune homme, auriez-vous quelque chose… de dangereux à leur donner, à verser dans leurs verres ? Enfin, pas du cyanure…

Olivia hésita alors que Carlo attrapait son poignet et entreprenait de lui caresser les cuisses. Olivia sourit et se déhancha. Elle savait que le jeune homme avait pris son hésitation pour un « non, il n'y a rien ». Mais elle se disait qu'il ne serait pas souhaitable que le jeune homme sache qu'elle avait de tout, tranquillisants, somnifères, tout ce qui pouvait bien rester dans ses boîtes en émail.

– Dans ce cas, faites-les boire. Ils boivent comme d'autres respirent.

Ernesto vida un grand verre d'un trait, puis un autre. Il sourit presque, avant d'ajouter tranquillement :

– Baise.

Le jeune homme demanda à Olivia :

– Où est le capitaine ? Est-ce que le capitaine est l'une de vous ?

– Il est mort, dit Cammie. Il s'est assommé. Son second a dérivé dans l'annexe. On n'a plus d'annexe.

Le jeune homme désigna Olivia.

– C'est ma tante. L'homme qui est mort est toujours coincé dans l'hélice. Son corps est pris dans l'hélice.

Le jeune homme s'adressa à Ernesto dans un espagnol bref, saccadé.

Carlo dit :

– *¿Un hombre muerto? Mala suerte.*

– Il pense que ça porte malheur, un mort sur le bateau.

Le jeune homme reprit la parole.

– Une bonne chose pour vous. Une femme à bord porte aussi malheur. Peut-être qu'ils préféreront s'en aller. Je lui ai dit qu'on devrait prendre le carburant. On n'en a plus.

– On en a, mais le moteur ne marche pas. Il est endommagé.

Ernesto fit signe qu'il voulait encore à boire en heurtant son verre sur la table du carré.

– Olivia, chuchota Tracy entre ses dents, demande à Holly de te donner les boîtes de conserve. Je vais leur donner le pain et les pâtes. Demande-lui de te remettre les sachets lyophilisés.

Olivia s'approcha furtivement de la porte fermée de Holly.

– Demandez-leur s'ils veulent dîner, dit Tracy au jeune homme.

Avec les restes de son espagnol de lycée, elle comprit qu'on proposait de manger.

– Je te l'ai déjà dit, Camille. Sors d'ici maintenant et va barrer.

Cammie remonta dans le cockpit.

– Elle doit barrer le bateau.

Tracy mima la forme d'un grand gouvernail.

– Sinon on va s'échouer sur un banc de sable.

– Ne redites pas ça. C'est ce qu'ils souhaitent. Comme ça le bateau serait coincé jusqu'à ce qu'ils puissent revenir, répondit le jeune homme.

– *Comida,* dit Tracy.

Ernesto haussa les épaules. Puis il hocha la tête, la paupière lourde.

Tracy fit un signe du menton à l'adresse d'Olivia, qui passa d'un bond dans la cabine qui avait été celle de Lenny, où dormait Holly. Mais une fois dedans, elle ne put trouver Holly. Elle ouvrit les placards et la porte de la salle de bains.

– Tu te planques pendant qu'on se fait assassiner ? murmura-t-elle.

– Je vous entends. J'entends tout ce qui se passe. Prends les boîtes. Il y a surtout du thon et des haricots. Une boîte de riz et une autre de maïs. Fais du bruit. Fais tomber les boîtes, dit Holly.

Sa voix était étouffée. Elle était dans le flotteur, à l'intérieur de la coque. Elle ouvrit une petite trappe et lança les vivres à Olivia.

– Pourquoi ? Qu'est-ce que tu fous là ?

– Je ne veux pas qu'ils m'entendent fermer la porte à clé.

– Fermer la porte ? Espèce de conne ! Sors de là et viens nous aider, dit Olivia en fulminant.

– Olivia, fais ce que je te dis, immédiatement, ou tu n'auras plus besoin de t'inquiéter d'eux parce que je te tue de mes propres mains, dit Holly. Ferme ta grande gueule. Je sais ce que je fais. Il n'y a aucune raison de leur dire que je suis là. C'est bien mieux que je fasse ce que je fais.

– Tout dépend de ce que tu fais ! siffla Olivia.

Holly ne se donna pas la peine de répondre. Elle s'extirpa et s'agenouilla, la douleur dans sa plaie comme une décharge électrique, pour aider à rassembler les boîtes de conserve dans un tablier qu'Olivia fit de son vaporeux chemisier. Tandis qu'elle s'éloignait, se retournant pour lui montrer les dents, Holly referma doucement la porte derrière elle, du bout des doigts. Elle patienta. Un instant plus tard, elle entendait les boîtes tomber avec fracas. Elle fit glisser la serrure et pénétra dans le flotteur par la petite trappe proche de la tête du lit de Lenny. Et se remit à l'œuvre. L'ongle d'un de ses pouces se retourna jusqu'au sang. Holly grimaça et suça son pouce jusqu'à ce que le saignement ait ralenti. Puis elle respira profondément et s'obligea à persévérer.

De retour dans le carré, Olivia proposa les haricots, le poisson en boîte et le riz. Carlo hocha la tête. Le jeune homme dégagea un couteau de l'armée suisse de sa ceinture et ouvrit les boîtes. Attrapant l'un des bidons d'eau, Ernesto but directement dedans. Tracy refoula son haut-le-cœur puis apporta les cuillères. Carlo et Ernesto se mirent à manger. Le jeune homme regardait.

– Vous pouvez manger, vous aussi, dit-elle pour une raison qui lui échappait.

– Non merci, reprit-il.

Il but un grand verre d'eau.

Cammie descendit les marches du cockpit et se tordit les mains quand elle vit sa mère servir les hommes. Le jeune homme leva son fusil et le pointa sur Cammie.

– N'ayez pas peur. Faites comme si vous étiez horrifiée. Le fusil n'est pas chargé. Ils veulent le bateau. Vous voyez ? Peut-être qu'ils vous laisseront vous… euh… enfuir sur le Bombard. Mimez que vous voulez des lunettes. Des lunettes de vue.

Cammie fit deux cercles avec ses index et les pouces. En espagnol, le jeune homme dit à Ernesto et Carlo que la jeune fille n'y voyait pas clair. Carlo haussa les épaules. Il descendit un autre verre de whisky. Le jeune homme dit :

– S'ils pensent que vous ne les voyez pas bien, peut-être qu'ils vous laisseront vivre, parce qu'ils sont censés ne pas tuer d'Américains.

Olivia disparut dans sa cabine, et Ernesto lui ordonna de revenir en rugissant. Elle obtempéra, enfilant par-dessus son haut translucide un long sweat-shirt qui avait appartenu à Michel.

Carlo dit :

– *¿Qué pasa si usan su teléfono para llamar a alguien?*

Le jeune homme dit à Olivia :

– Donnez-lui votre portable.

Olivia s'éclipsa lestement dans sa cabine. Carlo eut un sourire d'approbation à la vue de son postérieur, qu'il pointa du doigt à l'intention d'Ernesto. Olivia rapporta son téléphone mobile.

– Il ne marche pas, dit-elle.

Le jeune homme traduisit.

Carlo piétina le minuscule appareil argenté sous son pied nu jusqu'à fendre le dos de l'appareil.

– *Todo*, ajouta Carlo.

Tracy présenta son portable et regarda Carlo et Ernesto le démanteler avant de le jeter par-dessus bord. Quand Carlo s'enquit du portable de Cammie, Tracy expliqua d'une voix entrecoupée qu'elle et sa fille se partageaient le même. Le téléphone de Cammie était soigneusement rangé au fond de la poche intérieure de son sac marin.

Là-dessus, la BLU se mit à grésiller.

Cammie se figea. Comme elles toutes, le pire choix qu'elles aient pu faire. Les hommes étaient ivres. Tracy songea plus tard qu'elle aurait pu choisir ce moment pour enclencher le bouton du lecteur de CD et monter le volume, à fond. Mais le lecteur n'était pas à sa place habituelle sur l'étagère. Cammie l'avait emporté dans le cockpit. Cammie se rua dans le cockpit. Deuxième erreur.

– Dites-leur qu'elle doit absolument barrer, que personne ne peut nous entendre, plaida Tracy auprès du jeune Américain, qui prenait la parole. Ça fait des jours qu'on essaie.

Mais on entendait tout de même une voix lointaine, qui disait :

– Ici le capitaine Sharon Gleeman, terminé. Lenny, vieux chameau. Mais où es-tu passé ? As-tu oublié qu'on devait se retrouver pour te remettre les provisions ?... Lenny...

Ernesto se leva, titubant sous l'effet de l'alcool et de sa masse, sortit du carré, et, après avoir repoussé Cammie brutalement contre le gouvernail, réduisit la BLU en miettes. De colère, il sortit son couteau de sa ceinture et le planta dans la cuisse de Cammie. Elle cria et Ernesto poussa un soupir, ôtant son couteau d'un coup sec. Puis il regagna prudemment le carré. Il s'assit et demanda le petit couteau du jeune homme. Utilisant le tire-bouchon, il ouvrit une bouteille de vin rouge et but un verre.

– *¿Qué pasa si hay otra radio?* demanda Carlo.

– Il veut savoir où sont les autres radios, dit l'Américain.

– L'électricité est nase. Le tableau de bord ne marche pas, lui dit Tracy. Vous le voyez bien. On n'a pas de lumière.

Ernesto posa sa grosse tête et ses boucles serpentines emmêlées sur la table du carré. Il fit signe à Carlo, un grand arc de cercle de son bras fort, et marmonna un ordre.

– *No !* dit le jeune homme.

Il expliqua très lentement, et en même temps à Cammie, que Carlo venait de se voir ordonner de détruire le tableau de bord. Le jeune homme avait dit à Carlo de ne pas le faire, parce que cela ferait chuter le prix qu'on pourrait tirer du bateau. Si ce tableau de commande ne marchait pas, il n'y avait aucune raison de le détruire.

– Il a poignardé ma fille à la cuisse ! s'écria Tracy. L'entaille est profonde !

– Vous n'avez pas de bandages ? demanda le jeune homme.

Il ajouta en espagnol de ne pas blesser la fille. Une fille malade, ça portait la poisse.

Ernesto s'allongea sur les coussins du banc et se mit à ronfler.

Tracy sortit la trousse de premier secours et trouva des strips adhésifs. Elle pressa une bande de gaze sur la jambe de Cammie. Quand celle-ci fut imbibée de sang, elle prit une double épaisseur de gaze, la découpa au couteau de cuisine, et la pressa de façon à ralentir le saignement. Puis elle appliqua une série d'adhésifs cutanés en travers de la coupure, l'inondant de pommade antibiotique et scotchant une couche de gaze par-dessus. Dieu seul savait où ce couteau avait traîné. Elle s'apprêtait à glisser le couteau dans la poche arrière de son short quand Carlo traversa le pont à grands pas, le prit, et le jeta par-dessus bord. Sous les yeux de Tracy, il fit de même avec le reste des couteaux de l'impeccable porte-couteaux de Lenny, au-dessus de la cuisinière. Tracy alla chercher un jean pour Cammie. C'était celui de Tracy, et elle devrait le ceinturer serré autour de Cammie et rouler le bas, mais au moins il était si large qu'il ne toucherait pas la plaie.

Carlo dit au jeune homme qu'il était temps de prendre le fuel. Tracy remarqua que le jeune homme ne lui obéissait pas de bon cœur. Il patienta un moment avant d'expliquer :

– On va devoir siphonner depuis votre moteur dans le nôtre. Ne bougez pas. Carlo va s'en charger.

Carlo descendit en glissant dans la *yola*, manquant tomber. Il attrapa une longueur de vieux tuyau d'arrosage et remonta à bord de l'*Opus*, puis gagna l'arrière en titubant. Il tenta de faire un raccord et se mit à siphonner. Il demanda de l'adhésif et aspira dans le tuyau jusqu'à ce que le fuel affleure. Mais le tuyau était bien trop court. Il s'arracha de la *yola*. Du diesel se perdit en mer.

Cammie s'empressa d'intervenir :

– Ce tuyau est trop gros et trop court. Il faudrait utiliser un tuyau de plastique et pomper à la main.

– Il est saoul.

– Cammie peut le faire, dit Tracy. Elle est ingénieur.

– Alors qu'elle le fasse, si elle sait où trouver ça, et le plus tôt sera le mieux, lui dit le jeune homme.

– Mais vous devez leur faire promettre de la laisser tranquille, dit Tracy. Ils n'ont qu'à me prendre, moi.

– Ils ne veulent pas de vous, m'dame, dit le jeune homme. Sans vouloir être vexant.

– Et moi d'aucun d'eux non plus, mon Dieu non ! Mais s'ils ne la laissent pas tranquille, alors ils n'auront pas le fuel. Elle ne leur montrera pas où se trouve le tuyau.

– Ils peuvent vous tuer toutes et le trouver.

– Il est dans un casier fermé. C'est moi qui ai la clé, rétorqua Tracy.

En réalité, elle n'avait aucune idée de l'endroit où pouvait se trouver le tuyau de plastique, ni s'il y en avait un, d'ailleurs.

– *A ella*, dit le jeune homme, puis il combina mots et gestes pour indiquer que Cammie pouvait transférer le carburant.

214

Carlo grommela et hocha la tête. Il se versa un verre de vin. Quand il fit signe à Olivia, elle traversa la pièce avec raideur. Carlo dit alors :

– *Pecho.*

Passant la main dans ses cheveux, le jeune homme marmonna :

– Je suis vraiment désolé. Il… euh… voudrait voir vos seins.

Olivia secoua la tête. Carlo montra du doigt l'arme qui reposait mollement, comme une offrande, en travers des mains ouvertes du jeune homme.

– Vous ne pouvez pas l'en empêcher ? supplia Olivia. Vous êtes un homme, non ?

Le jeune homme secoua la tête.

– Je ne… commença-t-il. Je ne sais pas quoi faire.

Le souffle court, Olivia s'extirpa de son sweat-shirt. Fascinée par le sinistre striptease, Tracy observait avec un dégoût lancinant. Olivia commença à enlever le léger chemisier qu'elle portait par-dessus son maillot de bain. Mais ses mains, moites et tremblantes, glissèrent sur son ventre. Carlo s'impatienta. Il se leva et tira d'un coup sec sur le vêtement jusqu'à ce que le soutien-gorge élastique claque sous le menton d'Olivia. Ses mains retombèrent sur le côté, et elle détourna le regard, en direction du fin croissant de lune, pendant que Carlo lui pinçait les tétons et gloussait de les voir durcir.

Tracy se mit à pleurer.

Sans tarder, l'Américain dit à Carlo qu'il devait prendre le fusil. La fille pourrait les rouler et mettre de l'eau dans leurs conduites de carburant.

Mais aussitôt que Cammie et lui se trouvèrent hors de portée de voix, il dit :

– Il va boire encore plus maintenant. Il doit tenir le fusil. Il n'ira pas plus loin avec elle.

– Je vais pas le faire, dit Cammie. C'est quoi son problème, à ce type ?

– Ne jouez pas au con avec eux, chuchota le jeune homme. Ne faites pas ça.

– Je le ferai pas tant qu'il ne la laissera pas remettre sa chemise.

Le jeune homme aboya à l'adresse de Carlo. Il se le permettait parce que Ernesto dormait et que Carlo croyait le jeune homme riche et savait qu'il connaissait personnellement le Big Boss qui donnait les ordres au Boss. Carlo hocha la tête à contrecœur et se détourna. Croisant le regard de Cammie, Olivia rabaissa lestement son chemisier. Carlo demanda à manger. Tracy écarta le couvercle du plat de pâtes. Tel un chien, Carlo se pencha pour le renifler. Il le fit tomber de la table, et le plat se brisa par terre en gros morceaux. Après avoir fait signe au jeune homme d'ouvrir d'autres boîtes de haricots et de thon, Carlo demanda par gestes à Tracy de lui donner des cigarettes.

La bouche de Tracy se dessécha aussitôt.

Aucune d'elles ne fumait.

Mais elle se souvint alors de la boîte à cigares que gardait Michel dans sa cabine. Une image lui revint vaguement en mémoire. Elle l'avait vu, une fois, avec une cigarette noire, française, à la main. Il s'apprêtait à quitter la marina.

– Olivia, demanda-t-elle avec empressement, est-ce que Michel fumait ?

Olivia hocha la tête, la mâchoire pendante.

– Va chercher ses cigarettes.

Olivia détala, glissa et tomba, mais se releva et fut de retour en un instant. Elle alluma une cigarette pour Carlo, qu'elle lui glissa entre les lèvres.

– *Bueno*, dit Carlo.

Il écarta les jambes, et les poils de son entrejambe surgirent à travers une déchirure de son pantalon de toile. Il tira Olivia entre ses cuisses. Le jeune homme s'apprêtait à ouvrir les boîtes quand Olivia, levant un doigt pour expliquer à Carlo qu'elle serait de retour dans un instant, se leva et ouvrit l'un des sachets lyophilisés avec ses dents. Elle ajouta de l'eau. Puis elle ouvrit une nouvelle bouteille de vin à l'aide du limonadier de bord et lui versa un verre. Carlo sourit. Olivia alluma une des cigarettes pour elle-même.

Tracy apporta le lecteur de CD, inséra un disque, et Emmylou Harris évoqua de son chant un mariage d'adolescents, auxquels leurs vieux souhaitaient tout le bonheur du monde. Carlo se balança et remua les lèvres. Puis les piles du lecteur s'épuisèrent, et Tracy s'empressa d'aller en chercher des neuves. Carlo finit sa cigarette et l'écrasa de son pied nu. Il se mit à manger. Après quelques bouchées du plat, Carlo dit :

– Merde.

Il jeta le sachet ouvert et tous les autres par-dessus bord. Tracy profita de cet instant de rage aveugle pour repousser silencieusement du pied un jerrican d'eau sous l'un des sièges du carré.

Le jeune homme ouvrit une boîte de thon et deux autres de haricots, plus une de maïs. Tracy les versa toutes trois dans un plat, et Carlo mangea, le fusil appuyé au creux de son coude comme un enfant. Il jeta les boîtes ouvertes dans l'eau.

– Est-ce que vous savez vraiment où il y a un tuyau ? Si oui, peut-être qu'on peut leur montrer qu'on remplit le réservoir et que je peux les convaincre de… laisser tomber.

– « Laisser tomber » ? Vous voulez dire : « de ne pas me tuer ». Vous êtes un lâche. Je sais où il est, rétorqua Cammie.

– Alors levez-vous.

– Je veux une chemise. Celle de ma mère.

Tracy ôta sa chemise et la donna à Cammie.

– Personne ne barre le bateau.

Le jeune homme désigna Tracy, et Tracy, à contrecœur, jetant un regard à sa fille, gravit les marches pour prendre la barre. Cammie dit :

– Suivez-moi. Il est à côté de la petite boîte à outils, là-haut, avec les gilets de sauvetages. Enfin, un bout. Il y en a partout. Ils s'en servent pour la plomberie ou s'ils pètent une conduite d'eau.

– Qu'est-ce qui est arrivé à la voile ? demanda le jeune homme.

Cammie ne répondit pas. Elle défit un nœud d'une boucle

de tube et retourna au réservoir. Carlo la héla et lui demanda d'allumer l'une des lanternes, qu'il puisse la voir.

– Je ne l'ai pas. Allez la chercher, dit Cammie.

Le jeune homme eut l'air effrayé, indécis.

– Mais qu'est-ce que vous croyez que je vais faire ? Sauter pendant que vous avez le dos tourné ? Il y a des requins par ici.

Il partit chercher la lanterne et l'alluma. À la faible lueur de la lampe, Cammie aspira jusqu'à amorcer le carburant, puis se mit à pomper à la main.

Elle s'interrompit.

– Pourquoi est-ce que vous vous arrêtez ?

– Ça va marcher, mais ce n'est pas assez long, répondit-elle au jeune homme. Il faut que je trouve un morceau plus long. Et quand je le ferai, et que je l'aurai raccordé, ça prendra jusqu'à demain matin, espèce d'ordure.

Il la regarda comme si elle l'avait frappé. Malgré le sordide de la situation, ce garçon ne présentait aucun danger, en conclut Cammie. Il avait l'air encore plus affolé qu'elle-même ; et c'était lui le prédateur.

Cammie se mit en quête de bouts de tuyaux, les soulevant, les déroulant, et les mesurant sur le flanc du bateau jusqu'à ce qu'elle en trouve un qui s'étirerait d'un moteur à l'autre avec suffisamment de jeu. Elle n'arrivait pas à décider si elle ferait mieux de se dépêcher ou si se dépêcher ne ferait que hâter ce que les hommes ne manqueraient pas de leur faire. Gagner du temps signifiait que Sharon Gleeman, ou quelqu'un d'autre, pourrait peut-être arriver et mettre fin à cette épouvantable mascarade. Mais depuis des jours, nul ne l'avait fait. Cammie décida qu'elle agirait aussi vite que possible, ce qui ne donnerait pas grand-chose, en pariant que les hommes seraient obligés de partir pour ne pas rater leur rendez-vous. Cependant, leur départ ne signifierait pas qu'elle ne serait pas violée ou sa mère tuée. Il ne leur suffirait que de quelques instants et Ernesto avait le regard impassible d'un grizzly. Il ne leur témoignait pas plus d'intérêt que s'il mangeait ou chiait un coup. Il ne s'attarderait pas, avant ou après, sur l'innocence de Cammie ou le blasphème qu'il avait commis, pas plus qu'un grizzly ne réfléchirait à la moralité qu'il y a à avaler un poisson. La seule carte à jouer qu'avait eue Cammie en sa possession était celle du carburant, et elle l'avait déjà jouée. Ce qui adviendrait dorénavant se terrait sous un pont, à plat ventre.

– Allez-le scotcher, dit-elle au jeune homme.

– Ils m'ont demandé de vous surveiller.

– Vous êtes leur pantin ?

– J'imagine que oui, dit-il. Mais je vais vous aider.

– C'est ça, aidez-moi. La bonne idée.

Ils pompèrent durant une demi-heure, sans un mot, changeant de main quand celle de Cammie était saisie d'une crampe.

– Qu'est-ce qui vous a pris ? Ça vous a mal réussi de jouer au pirate dans la baignoire ? demanda Cammie.

– Votre mère vous aime.

– Et vous suggérez que la vôtre, pas ? Et que vous faites ça parce que vous n'avez pas eu la bicyclette de vos rêves pour vos neuf ans ?

– Non, je dis juste qu'elle vous aime.

– Et vous cherchez à suggérer que je n'aille pas la tourmenter en me faisant assassiner ? Votre mère vous aime aussi, si elle est encore de ce monde.

– Je sais qu'elle m'aime.

– Même maintenant, elle vous aimerait toujours.

– Oui, dit le jeune Américain, profondément honteux. Sans doute. À moins que ça n'aille plus loin.

Ils échangèrent un regard, pendant un instant simples garçon et fille dans de sales draps.

Puis ils entendirent une dégringolade et un bruit de chute sonore quand Carlo glissa de son siège sur le sol du carré.

Olivia s'écarta de lui d'un bond en annonçant :

– Valium.

DOUZIÈME JOUR

Dave, le mari de Janis, retourna au bureau le lundi, impatient, comme tout héros de guerre, d'exhiber sa cicatrice. Les agrafes ne s'en iraient pas avant quelques jours. Le faux pli de dix centimètres qui saillait sous sa hanche faisait sensation. Jan espérait qu'il ne céderait pas à l'impulsion de remonter brusquement sa blouse blanche pour montrer sa cicatrice à ses patients tout en tassant leurs plombages.

Il embrassa Janis sur le seuil de la porte.

– Je suis désolé que tu aies raté ton voyage. Vraiment, dit-il.

Elle haussa les épaules.

– Ne m'en veux pas, Jan. Je t'ai dit d'y aller. J'aurais préféré que tu le fasses.

Se laissant fléchir, elle lui accorda une étreinte.

– Allez, va. J'ai environ seize lessives à faire dont personne ne s'est occupé pendant que tu gardais le lit, et je dois sortir un communiqué de presse pour le Boo Bop, dit-elle.

Peu à peu, maintenant que les filles étaient au lycée, Janis se remettait au travail. Pour cette mission, un bal masqué pour Halloween au profit de la banque du sang locale, elle était responsable de la publicité et devait démarcher les célébrités du coin. Que ne fallait-il faire pour obtenir d'un nanti prêt à lâcher six cents doll's pour un manteau en un après-midi qu'il remplisse un chèque de cinquante dollars à l'ordre d'une institution caritative... Certes, elle comptait bien quelques amis parmi les reporters du coin, et un ou deux athlètes ayant grandi à Weestbrook. En fait, elle avait envie de mettre une machine en route et d'aller sauter un moment sur son petit trampoline, peut-être soulever quelques haltères, en partie pour évacuer son agressivité.

La part d'elle-même qui n'était pas une épouse dévouée et compatissante fulminait encore. Dave s'en serait en effet parfaitement sorti si elle était partie pour cette croisière. Les hommes étaient de tels enfants dès qu'il y avait maladie. Il était resté allongé, à geindre et réclamer du jus de fruit et du bouillon... pendant que ses amies... ses amies...

Long drinks au soleil couchant, imaginait-elle. Vieilles légendes. De l'eau, de l'eau à profusion, et le soleil, ses éléments naturels. Elle en rêvait, grisée d'ambiance tropicale et de pure paresse. Pas besoin de s'habiller pour des dîners guindés, comme elle l'avait fait à Hawaii pour le congrès dentaire. Juste rester vautrées comme des godiches, comme à leurs dix-sept ans. Janis retourna mentalement aux soirées passées à marauder toutes les quatre depuis le stand mexicain du *Pepe's Taco*, longeant le cimetière des Saints-Innocents, contournant ensuite *Miller's Meadow*, pour aller promener leurs phares sur les couples qui pouvaient s'y trouver garés. Elles finissaient le cul posé sur les tables de pique-nique du *Custard's Last Stand*, le visage baigné de la lumière vert et rose d'un flamboyant néon. Et l'école. Olivia avec son uniforme roulé deux fois à la taille pour le raccourcir et ses bottes à talons aiguilles. Tracy avec son pull d'homme ample (bleu marine réglementaire) qui lui descendait jusqu'aux genoux, avec protections aux coudes. Holly et son rouge à lèvres noir.

Dieu, qu'elles étaient moches, un vrai bonheur. De véritables bandes-annonces vivantes pour quelque film d'horreur qui avait mal vieilli.

Et comme c'était bon.

Janis imaginait ses amies à Grenade à l'heure qu'il était, en train d'acheter des colifichets espagnols, des bijoux faits main, et de l'eau de Cologne en duty-free.

Les salopes.

Elle composa le numéro de Tracy. Pas de réponse. Elle aurait voulu laisser un message, généreusement assaisonné de mots en quatre lettres, mais même la fonction répondeur ne se mit pas en marche. Tout en collectant les draps, elle alluma la chaîne météo. L'orage tropical Eve se dirigeait vers les Caraïbes et risquait d'accoster au Texas dès la fin de la semaine. Mais elles étaient déjà à terre, alors tout allait bien. Janis se promit de consulter à nouveau la chaîne plus tard. Ç'avait été leur seule crainte, cette chance marginale de se retrouver coincées dans un ouragan.

D'en haut, Emma la héla, qui réclamait son haut sans manches superposé.

— Dans le sèche-linge ! lança Janis d'une voix forte.

— Mais je *sors* ! s'écria Emma. Pourquoi c'est toujours moi qui fais tout dans cette maison ? J'ai déjà gâché la moitié du mois de juin, mes seules vacances, à apporter de la limonade à Papa…

— Écoute, il sera prêt dans dix minutes, répondit Janis avec lassitude. T'as qu'à sortir Bidule.

— Seigneur, comme je viens de le dire, pourquoi c'est toujours moi qui… Alexandra, M'man veut qu'on sorte le chien !

— C'est à toi que je l'ai demandé, pas à ta sœur. J'apporte à dîner à oncle Jim et Ted ce soir, alors tu serais gentille de faire ton lit aussi, s'il te plaît. Je fais du bœuf Stroganoff. Ça te va ?

Emma passa dans un mouvement d'humeur, enfilant avec soin son haut blanc, puis le noir.

— Tu pourrais sortir le chien, M'man. Enfin, franchement… Tu ne fais que sauter sur ton machin sans aller nulle part.

– C'est mon machin, et c'est ton chien, Emma Rose ! S'il te plaît, dépêche-toi... Si ce chien pisse encore sur le tapis alors que j'ai passé toute la semaine dernière à mettre du nettoyant-moquette...

– Mais c'est pas vrai ! se vexa Emma. Bidule ! Allez, viens ! On va faire un tour. Je ne supporte pas ce stress. Seigneur.

Janis emporta le linge dans le salon et s'assit de nouveau. Elle appela le bureau de Dave.

– Dave ? demanda-t-elle quand il décrocha. Comment tu te sens ?

– Faible, dit-il. Une demi-journée suffira. Tu avais raison. Je n'aurais pas dû reprendre aussi tôt. J'ai l'impression que je pourrais m'écrouler.

– C'est normal. Ça ne fait qu'une semaine. C'est surtout l'anesthésie générale qui tue. Chéri, j'aimerais que tu me rendes un service. Avant de rentrer, appelle ce type de la Cinq, que tu connais, le météorologue.

Dave avait posé des facettes de porcelaine sur tout le monde, à des présentateurs de nouvelles locales comme aux joueurs de terrain extérieurs de l'équipe des White Sox. Jusqu'à ce que, l'âge venant, elles s'en trouvent embarrassées, il s'arrangeait pour que les filles puissent rencontrer ses célèbres patients, lors des salons de voitures ou de l'ouverture de concessions automobiles.

– Qu'est-ce qu'il y a ? demande Dave.

– Je me fais du souci au sujet de l'orage tropical Eve. Je me demande où sont Tracy et les filles.

– Les *filles*, souligna Dave.

– Et un hygiéniste dentaire, t'appelles ça comment, David ?

– Heu... désolé.

– Je suis sûre qu'elles vont bien, poursuivit Janis. Mais ça m'étonne que Tracy ne m'ait pas appelée. J'aimerais savoir où en est l'orage dans les Caraïbes. Grenade, c'est pile dans les Caraïbes, non ? Pas dans l'Atlantique ?

– J'ai failli ne pas avoir mon UV de géo. Demande à Emma.

– Bref, ton ami, il pourrait passer un coup de fil.

– Je m'en occupe tout de suite. Ce sera mon prochain coup de fil, dit Dave. Mais tout bien réfléchi, n'en parle pas à Em et Alex. Ne les effraie pas. Ce n'est sans doute rien. Tu ne crois pas ? Mais on va te rassurer. J'appelle tout de suite.

Il rappela Janis vingt minutes plus tard.

– Il n'y pas de mauvais temps là-bas, Jan. Tu peux être tranquille.

Janis se mit à sautiller sur son trampoline et s'efforça de se détendre. Mais elle ne parvenait pas plus à se détendre qu'à faire avancer les aiguilles de l'horloge de la cuisine – pour ramener Tracy à cette table et la voir en train de boire un café et de l'enquiquiner pour qu'elle se procure un tapis de jogging : ce petit appareil ringard finirait par lui bousiller les genoux.

Holly savait qu'il ne devait pas être loin de minuit. Elle n'avait aucun moyen de mesurer le temps, mais la petite lanterne à piles avait commencé à décliner.

Allongée sur le ventre, essayant de toutes ses forces d'ignorer la douleur qui hurlait dans sa jambe et de concentrer ses efforts, elle se servit du marteau fendu jusqu'à ce que le moraillon de la serrure cède complètement. Mais le cadenas restait fermé. Si elle utilisait autre chose, on pourrait l'entendre cogner depuis le pont et comprendre qu'il y avait quelqu'un d'autre à bord. Avec un long clou, elle donna de petits coups sur les crans de la serrure, sans résultat. Elle n'entendit nul clic, aucune gorge glisser ou bouger.

Mais c'est alors qu'elle perçut de la musique.

Elle leva la tête.

Qu'est-ce que c'était que ça ? Le volume était fort. Le lecteur de CD marchait à piles. Pourquoi passaient-elles des morceaux de country ? Si c'était un signal qui lui était destiné, elle n'arrivait pas à en comprendre le sens. Par la fente sous la porte, elle avait vu les seins d'Olivia grossièrement libérés d'une chiquenaude par l'homme aux mains crasseuses, elle avait vu le mouvement de recul d'Olivia. Pas besoin d'être un génie pour savoir que Cammie était la suivante sur la liste. Holly décida de croire que la musique était destinée à couvrir les bruits de sa manœuvre. Elle fouilla derrière elle dans la boîte à outils de Lenny et trouva le plus petit pied-de-biche. Ayant inséré le coin de l'une des tranches de la pointe dans la serrure, elle lança son bras en arrière aussi loin que le permettait l'espace restreint et lui asséna un coup de poing. Rien ne se passa. Elle frappa de nouveau. La serrure sembla se déloger légèrement dans sa plaque de métal.

Sans relâche, Holly frappa à coups redoublés, chaque fois plus fort, d'une main plus assurée, oubliant toute retenue. La chanson d'Emmylou Harris parlait de cœur brisé et de mensonges.

— Je croyais que vous aviez dit que vous n'aviez rien de ce genre, reprocha le jeune homme d'une voix forte à Olivia.

— Je pensais à du poison, et quand je me suis souvenue de ça, il ne me laissait plus descendre de ses genoux, dit-elle dans un haussement d'épaules.

— Mais alors, comment t'as fait ? lui lança Cammie.

— J'ai envoyé ta mère les chercher, répondit Olivia.

— Il va se réveiller ? demanda Cammie au jeune homme, en parlant d'Ernesto.

— Sans doute pas, mais à votre place, je demanderais à votre mère de mettre quelques-uns de ses cachets dans son whisky, au cas où.

— C'est pas ma mère.

— Je ne parlais pas de la petite dame. La grande femme, votre mère.

— Allez vous faire foutre, dit Cammie.

— Volontiers, dit le jeune homme.

— Vous êtes d'où ? demanda-t-elle.

— New York. La vallée de l'Hudson River.

— On est loin de chez soi.

— Vous aussi.

— J'ai la main qui fatigue. Pompez, vous, dit Cammie, en se frottant les paumes. Je vais parler à ma mère des cachets.

Pendant que le jeune homme pressait la poire, Tracy se

laissa descendre du cockpit et força la boîte compartimentée d'Olivia, versa trois Valium dans le verre d'Ernesto, puis les recouvrit de trois doigts de whisky. Elle secoua la boîte.

Plus un seul cachet.

Le whisky allait manquer.

– Qui est ce garçon ? demanda Tracy.

– M'man, prends cette VHF avec toi et continue d'appeler. Appelle n'importe qui.

– Non, fais-le, toi, dit Tracy. S'il se réveille, Olivia est là.

– Je vais continuer de le saouler, lui garantit Olivia.

Ernesto grogna, et sa bouche s'entrouvrit. Puis il s'assit, aussi vif qu'un serpent.

– *¿Se acabo?* rugit-il à l'adresse du jeune homme, tandis que sa tête effectuait de lents mouvements de balancier métronomiques, jusqu'à retomber sur la table. Avec difficulté, Ernesto se rassit.

Le jeune homme secoua la tête. Il pointa du doigt la petite poire de la pompe manuelle. Olivia tendit une cigarette et l'alluma. Elle s'assit et alluma une cigarette, elle aussi, puis croisa les jambes. Elle se servit un verre de vin et le porta à ses lèvres. Ernesto descendit un verre de whisky, d'une seule traite, et secoua ses bajoues, le reposant suffisamment longtemps pour que Tracy y glisse un autre cachet qu'elle avait dans la main. Elle regarda anxieusement pour voir s'il aurait le temps de se dissoudre avant qu'Ernesto se remette à boire. Olivia renversa la tête en arrière et fit semblant d'avaler. Elle se leva et se débrouilla pour que le nœud du sarong qu'elle portait autour de la taille glisse, puis s'empressa de se recouvrir. Ernesto adressa à Olivia un clin d'œil. Elle observa son verre. La pilule était un débris minuscule, à peine visible dans le liquide ambré.

Mais il ne leur restait plus que le fond d'une bouteille de whisky et une seule fine bouteille de vin. Qui pouvait rester éveillé après avoir pris trente milligrammes de Valium ?

Holly était-elle morte ? se demanda Tracy. Une part d'elle-même priait pour que Holly soit toujours sagement cachée.

Elle avait dû tout entendre – les voix rudes, les pleurs, les cris, et la musique. Elle serait accourue pour leur porter secours. Rien n'aurait pu l'en empêcher. Une autre part d'elle-même priait pour que Holly soit morte, qu'elle se soit éteinte dans son sommeil. Parce que leurs morts à venir seraient bien pires. Et à moins qu'elle parvienne à atteindre ce mystérieux jeune homme brisé, qui n'avait encore rien à se reprocher, ces morts risquaient également de se prolonger.

Elle s'approcha lentement de lui.

– Le fusil n'est pas chargé, lui dit-il doucement. Ils ne pensaient pas avoir besoin de munitions sur ce coup-là. Mais Ernesto a un gros chargeur. Autour de sa taille, dans une ceinture.

– Que faites-vous là ? demanda Tracy. Pourquoi ?

– Je travaille avec eux, dit le jeune homme.

– De quelle manière ? Vous n'avez pas l'air du genre à faire ça.

– Mais je le fais, donc je dois être du genre à faire ça.

– Ils vous forcent ?

– Non.

– Alors quoi ?

Le jeune homme se frotta les yeux du dos de ses mains.

– Écoutez, je n'aimerais pas que vous ou votre fille vous fassiez tuer, ni votre amie, d'ailleurs. J'essaie de trouver un moyen de nous sortir de là, et la meilleure idée qui me vienne à l'esprit, c'est de transférer ce carburant dans notre moteur.

– Et votre mère, elle est où ?

– S'il vous plaît, arrêtez, dit le jeune homme.

– Où est-elle ?

– Dans l'État de New York. Dans une maison au bord de la mer à l'heure qu'il est, puisque c'est l'été.

– Donc vous venez d'une famille aisée.

– Oui.

– Donc vous n'avez pas besoin de faire ça. C'est quoi au juste, ce que vous faites ? Vous vagabondez et volez les gens, c'est ça ?

Le jeune homme montra du doigt la *yola* dansant sur l'eau.

– Il y a de l'héroïne à bord de ce bateau, et ces hommes l'apportent à un autre qui l'apporte à New York. C'est pour ça qu'on doit se dépêcher de récupérer le fuel. On a été retenus par le coup de vent qui a déchiré votre voile.

– Mais vous avez dit « ces hommes », insista Tracy. Comme si vous n'étiez pas concerné.

– Je le suis.

– Vous apportez de la drogue à New York ?

– Je fais ça pour l'argent, un paquet de fric pour moi. Je ne l'ai fait qu'une fois, et je ne le referai plus de ma vie si je m'en sors.

– Vous prenez de la… ? Vous êtes accro ?

Le jeune homme rit. Il toisa froidement les yeux verts de la femme, tachetés d'or.

– Bien sûr que non, dit-il.

– Alors, pourquoi ?

– Je veux aller vivre dans le Montana, dit-il. J'en ai toujours eu envie.

Tracy éclata de rire. C'était comme s'il avait dit qu'il étudiait la piraterie pour tenir un rôle dans un film.

– Pourquoi est-ce que votre père ne vous donne pas de quoi vous installer dans le Montana, tout simplement ?

– Il ne sait pas où je suis. Pas plus que ma mère, en fait.

– Personne ne fait un truc pareil pour aller vivre au Montana ! Les gens partent au Montana et trouvent du travail sur place. C'est quoi, la vraie raison ?

– C'est la vraie raison, poursuivit le jeune homme. S'il y en a d'autres, je ne les connais pas…

– Mais comment les avez-vous rencontrés ?

– Qu'est-ce que ça peut faire ? Écoutez, c'est le dernier voyage. Je me tire d'ici dans deux semaines, pile. Et voilà qu'arrive ce qui arrive. Mais si j'ai de la chance, ils voudront seulement récupérer le bateau une fois qu'on aura débarqué la cargaison, et vous ne serez plus là. Je vous en prie, soyez parties quand on reviendra dans trois jours.

– Qu'est-ce que ça peut vous faire ?

– Je ne veux faire de mal à personne.

– La drogue fait du mal aux gens.

– Je ne les connais pas ! C'est leur choix !

Tracy se laissa choir sur ses talons pour trouver moyen de tirer avantage de ce profond puits de vacillation. Si ce jeune homme venait d'une famille fortunée, alors on l'avait écarté du droit chemin ; et comme les mères ne faisaient pas ça, ce devait être son père. Mais si sa mère l'apprenait, elle serait affolée. Sa mère… c'était peut-être la raison – au-delà de leur nationalité commune – pour laquelle il était si désireux de s'enfuir sans lui faire de mal, ni à Cammie ou à Olivia. Les gangsters pleuraient leur mère. Ce gosse était en très mauvaise compagnie. Mais peut-être Tracy pourrait-elle creuser quelque filon du récent passé qu'elle venait de mettre au jour. Son passé tout entier était récent – peut-être plus proche de la surface que ne le pensait Tracy.

Il secoua le jerrycan de carburant.

– C'est vraiment long, dit-il en jetant un bref regard vers l'ouverture menaçante de la descente menant au carré, où dormaient Carlo et Ernesto.

– Vous pouvez prendre le fusil et les abattre, lâcha-t-elle enfin.

– Oui.

– Vous y avez pensé.

– Oui.

– Alors pourquoi vous ne le faites pas ? Vous seriez libres. Vous pourriez rentrer chez vous.

– Je ne peux pas rentrer chez moi, répondit-il.

– Votre mère vous accueillerait à bras ouverts.

– Oui.

– Votre père aussi.

– Non.

– Mais si, même s'il ne l'a pas dit. Il est peut-être idiot ou fier, mais vous êtes son fils.

Le jeune homme fit la grimace.

– Vous les laisseriez nous tuer ?

– Non, répondit le jeune homme. Mais je n'ai pas envie de tuer, même eux, à moins d'y être obligé. Je les déteste. Je déteste ce qu'on a fait. Les tuer ferait de moi l'un d'entre eux. Ce n'est pas tout à fait ce que je veux dire. Je suis l'un d'eux. Mais les tuer ferait de moi quelqu'un de pire que je ne suis. J'ai juste envie de me tirer d'ici sans devenir pire que je ne suis.

– Et… souffla Tracy.

– Il y a la question de la prison, pas seulement de ma conscience. Ils ne vous ont rien fait, à part vous menacer. Tuer un contrebandier dans son sommeil, ce n'est pas plus noble que de commettre un meurtre. Les gens l'apprendraient, parce que vous seriez au courant, et une connaissance de ma famille finirait par l'apprendre, et je deviendrais…

– Indigne ? demanda Tracy.

Le jeune homme sourit, d'un sourire qui avait connu l'orthodontie.

– Non, irrécupérable.

Tracy chercha ce qui clochait. Pourquoi ne pas les avoir abattues, simplement, avoir violé Cammie, avant de les balancer par-dessus bord ? Ce jeu de menace et de sursis n'était-il que ça, un jeu – comme le leur avait raconté Lenny, un truc que ne faisaient pas les pirates, pour ne pas gâcher une bonne planche ? Il devait y avoir une raison pour qu'elles ne soient pas toutes déjà en train de couler parmi les requins, et celle-ci devait résider dans l'équilibre des forces entre ces trois hommes. Ce garçon, pas moins beau ou vigoureux que son Ted, et guère plus vieux que Cammie, était un dealer, armé d'une arme automatique, en compagnie de criminels. Lui-même était un criminel. Pourquoi tournait-il vers elle des yeux remplis de désespoir ? Se l'imaginait-elle ? Pour la simple raison qu'il parlait anglais ? Parce qu'il ne sentait pas les ordures, les dents cariées et l'huile rance ? Était-elle raciste au point que le vernis de politesse et de sollicitude de ce garçon, sans parler de ses grands yeux bleus, l'avait convaincue qu'il constituait une raison d'espérer ? Avait-il les mêmes intentions que les deux autres, et le rôle qui lui avait été assigné ne devait-il qu'offrir les apparences de la courtoisie ?

Irrécupérable, songea-t-elle. Il avait dit qu'il voulait s'en tirer.

– Il n'y a pas une âme à des kilomètres à la ronde, insista Tracy. Pourquoi nous avoir épargnées ?

– Je n'ai pas envie de faire du mal. Je l'ai déjà dit.

– Et pourquoi ne l'ont-ils pas fait, eux ? Vous avez peur d'eux ?

– Oui. Mais pour eux, si notre supérieur racontait à son supérieur qu'ils ont tué des Américaines, cela signifierait la mort à coup sûr. Ou si on les attrapait, si on trouvait ce bateau et qu'on l'identifiait. On ne peut pas faire appel dans une prison fédérale américaine. Ils seront pendus, ou traînés devant un mur et abattus. Ils doivent y réfléchir à deux fois.

Tracy médita le fragile équilibre de la balance.

– Ce bateau, on pourrait le rendre aisément méconnaissable. Mais c'est une question de temps.

– Mais comment pourriez-vous seulement le conduire... là où vous allez ? Le moteur est bloqué. On ne peut pas naviguer à la voile.

– Oh, on peut faire une voile avec n'importe quoi. Il vous reste le génois, dit le jeune homme, en désignant la petite voile enroulée. Vous pouvez prendre de la toile. Des draps. En faisant une autre voile et en se servant des deux, même à mi-hauteur, on pourrait filer. C'est le temps que vous mettrez pour arriver, jusqu'à ce que le bateau soit caché et repeint pour qu'il ait l'air d'un autre bateau, qui pose un problème. Parce qu'on est peut-être déjà à votre recherche.

– C'est le cas, s'empressa de répondre Tracy. Ma cousine a appelé le garde-côte. Le garde-côte américain. Et j'imagine qu'ils vont coopérer avec la marine de Grenade...

Elle ignorait totalement, surtout avec la maladie de Dave, si Janis se soucierait d'elle le moins du monde.

– Grenade, vous n'y êtes pas du tout, dit le jeune homme. S'ils vous croient près de Grenade, alors ils ne vous cherchent pas là où il faut. Vous faites route vers le Honduras, maintenant.

Ou en tout cas, c'est le cap que vous preniez. Il faudrait qu'ils sachent où vous êtes pour vous trouver. Ne leur dites pas qu'on vous cherche. Ça pourrait les mettre à cran.

– Qu'est-ce que je peux faire pour sauver ma fille ? Que ferait votre mère pour vous sauver ?

– Je vais essayer de les persuader d'aller porter la drogue à… l'homme qu'on doit rencontrer. Et de les convaincre que vous serez toujours là à notre retour. Je ne veux pas dire : vous. Je veux dire : le bateau. Et peut-être votre… sœur, la jeune femme, et la fille. Elles ne leur serviront à rien, mortes.

– Vous voulez dire, sexuellement.

– Comme ça, et autrement.

– *Autrement* : quoi, au juste ?

La voix de Tracy s'éleva. La main du jeune homme relâcha la pompe.

– Il y a des endroits où on envoie les femmes. Mieux vaut ne pas savoir.

– Que ferait votre mère pour vous sauver ? Parce que vous tomberez avec eux, vous aussi. Vous avez parlé de prison. Votre père l'apprendra. Ou alors ils vous tueront. Vous parlez anglais. Vous pourriez dire à la police qu'on vous a forcé sous la menace d'une arme. Ils savent que vous pourriez le faire. Vous pourriez les trahir et ils n'en sauraient jamais rien. Vous pourriez mourir et votre mère ne saura jamais ce qui vous est arrivé. On ignore votre nom, de toute façon. Votre mère aurait envie que vous finissiez comme ça ? Est-ce que votre mère aurait envie que vous preniez la vie de l'enfant d'une autre mère ? De mon enfant ?

– Non. J'essaie de… c'est ce que j'essaie d'empêcher. Maintenant, taisez-vous. Je vais tenter de le leur expliquer. Vous pourriez leur proposer… vos bagues, vos montres. Peut-être qu'ils en voudront.

– Vous ne le pensez pas, n'est-ce pas ? Vous pensez qu'ils les prendront et qu'ils nous tueront ensuite, de toute façon ? Ou alors qu'ils prendront les bagues, les montres, les boucles d'oreilles, l'alcool, et qu'ensuite ils drogueront les autres avant de les revendre et de me tuer, moi ?

Le jeune homme la dévisagea, et son regard était terrible.

– Vous, et moi aussi, dit-il. J'aurais aimé qu'on n'aperçoive jamais ce bateau.

Le soleil montait au-dessus de leurs têtes et les hommes dormaient toujours, depuis huit heures au moins, imaginait Cammie.

– Olivia, chuchota-t-elle, tu crois qu'on peut les soulever ?

– On pourrait essayer avec le plus petit. Ta mère pourrait nous donner un coup de main, répondit Olivia.

Les ronflements sales de Carlo furent ponctués d'un grognement et d'un soupir.

– Elle est avec lui, dit Cammie en montrant le jeune homme d'un bref signe de tête. Si on lui demande de nous aider, il fera quoi, à ton avis ? À mon avis, il nous aidera. Ou il continuera à pomper l'essence pour essayer de se tirer d'ici, parce qu'il a dit en montant à bord qu'il ferait de son mieux pour qu'ils ne nous fassent pas de mal…

– Et si c'était juste pour pouvoir monter à bord ? Et s'il essayait seulement de te faire marcher ?

– Il faut qu'on tente le coup.

– Il coulera, dit Olivia, en indiquant Carlo du menton.

Elle le poussa de la pointe de sa sandale, et il ne bougea pas.

– J'espère bien, répliqua Cammie.

– À ton avis, que fait Holly ? demanda Olivia. Elle m'a ordonné de ne surtout pas dire qu'elle était là.

– Elle souffre. Ils lui feraient encore plus mal. Elle ne peut pas nous aider.

– Si on arrive à le porter en haut des marches et sur le bord, on peut le faire basculer.

– Il faut déjà le hisser en haut des marches. Il est plus lourd que nous deux réunies, et c'est un poids mort.

– Et pourquoi est-ce qu'on ne se tirerait pas, *nous*, dans leur bateau ? demanda Olivia.

– J'y ai pensé. On est obligées d'attendre jusqu'à ce que ce truc soit rempli de fuel. Au moins assez, en tout cas, pour nous éloigner d'eux. Et il faudrait emporter la radio, les gilets de sauvetage et les fusées de détresse. Des couvertures ou quelque chose pour nous protéger du soleil...

– On ne prépare pas un pique-nique, Cammie. Il faut qu'on se tire de là. Le plein devrait être fait, maintenant.

– Non, on a perdu tellement de temps avant que je puisse commencer à pomper qu'il va falloir patienter encore un moment pour faire plus de quelques milles. C'est un gros moteur. (Elle leva les yeux vers le ciel.) Le Valium va les assommer combien de temps ?

– Des heures. Il y a de quoi défoncer un éléphant. Je lui ai donné deux cachets de dix milligrammes, et un troisième, et ta mère a donné la même chose à l'autre, plus ce qu'ils ont bu...

– Bon, dans ce cas, tu restes ici. Je vais chercher Maman. Toi, tu vas barrer. Ils ne s'en rendront pas compte.

Cammie se glissa sur le pont, restant à l'ombre comme si le passage était une ruelle et elle un chat en maraude. Quand elle aperçut sa mère assise sur ses talons, comme le ferait une vieille Chinoise, ses mains sur les genoux, en pleine conversation avec le jeune homme, elle se figea sur place. Elle vit sa mère avancer les mains, sans oser toucher le jeune homme pour de bon, mais caressant l'air autour de ses épaules. Cammie comprit qu'elle argumentait, qu'elle plaidait la cause de sa fille, offrant sa vie en échange, suppliant le jeune homme de leur venir en aide. Elle s'avança sur les genoux.

– M'man, on a besoin de toi en bas, dit Cammie. Tante Olivia est malade. Elle vomit. Vous pouvez faire ça tout seul, non ? demanda-t-elle sèchement au jeune homme.

Il hocha la tête. Puis, mue par une impulsion, elle murmura :

– Pourquoi est-ce que vous ne nous aidez pas ? Pourquoi ne pas les jeter par-dessus bord ? Vous pourriez prendre le bateau vous-même et aller retrouver votre type. Vous pourriez nous prendre avec vous si vous vouliez...

– On ne tiendra pas à quatre, dit l'homme.

Cinq, songea Cammie. Cinq, avec Holly.

– Dans ce cas, vous pourriez m'emmener, comme garantie…

– Cammie ! l'avertit Tracy.

– Ensuite on pourrait envoyer quelqu'un pour ma famille !

– Il me tuerait. Le type à qui on remet la came. Comme on écrase une mouche. (L'Américain s'interrompit pour méditer ce qu'il venait de dire.) En tout cas, c'est ce que je crois. Peut-être qu'il ne le ferait pas. Si, il le ferait. Parce que je pourrais raconter à d'autres ce qu'ils trafiquent. Il me tuerait.

– Vous n'avez qu'à y aller tout seul, alors, et lui dire qu'ils ont essayé de vous doubler et que vous les avez laissés quelque part, en légitime défense ! Et vous ne pourriez pas tout simplement ne pas y aller, espèce d'enflure ? Vous ne pouvez pas réfléchir par vous-même ? Aidez-nous à les pousser par-dessus bord pendant qu'ils sont dans les choux et foutez le camp d'ici !

– Il connaît ces types depuis quinze ans. Il sait qu'ils viendront.

– Non ! chuchota Cammie. Et si vous ne nous aviez pas vues ? Vous seriez tombés en panne. Vous ne vous seriez pas pointés du tout. Vous pigez pas, ça ? Vous êtes débile ?

– Écoutez, insista le jeune homme, malheureux.

Il songea à l'argent dans sa pochette plastique derrière les livres dans sa chambre. Il songea aux grandes gorges du Montana.

– Il faut que je retourne là d'où je viens, rien qu'une fois. Je ne les laisserai pas vous faire de mal. Je vous le jure. Aidez-moi juste à remplir ce réservoir, je vous en prie. Je ne veux pas avoir fait toutes ces saloperies pour rien. S'il vous plaît.

Pendant une demi-heure de plus, tandis que Tracy marchait de long en large, serrant et desserrant les poings, Cammie pressa la poire.

Soudain, un grondement furieux retentit, qui n'en finissait pas de monter ; et, clignant des yeux, Ernesto se leva.

– Est-ce que le réservoir est rempli, assez, en tout cas ? demanda le jeune homme.

– Oui, mentit Cammie.

Ils ne sauraient pas à quel point le réservoir était – ou non – rempli avant d'être trop loin pour faire demi-tour. Ils se retrouveraient en rade.

– Bon. Je vais essayer de les faire partir d'ici. Il n'arrivera rien. Ne dites pas un mot.

Cammie s'assit, jambes croisées, faisant semblant de pomper le fuel, tandis que le jeune homme parlait d'un ton insistant à Ernesto, indiquant la montre à son poignet. Ernesto secoua la tête et désigna Cammie.

– *¿Por qué no guardamos a ella?*

– *¿Por qué?* demanda le jeune homme. *Solo queremos el barco.*

Pas de place, dit-il en anglais, en désignant la *yola*. Ernesto haussa les épaules et de son gros doigt indiqua fugacement la surface ridée de l'eau.

Ils parlaient d'elle, se rendit compte Cammie. De l'emmener avec eux. S'ils avaient besoin d'elle, ce ne serait pas pour bien longtemps, réalisa-t-elle. Elle se mit à envisager un plan au cas où l'un d'eux ferait un geste dans sa direction. Elle courrait jusqu'à sa chambre, du côté opposé du carré à celui où se trouvaient les hommes. Elle fermerait la porte à clé. Le temps qu'ils aient défoncé la porte de sa cabine et celle de sa salle de bains, elle aurait arraché la lame de son petit rasoir jetable et se serait tranchée l'artère derrière l'oreille. Elle ne mourrait pas entre leurs +sales pattes pour finir jetée ensuite, seule, dans des profondeurs impassibles. On la ramènerait chez elle pour être enterrée auprès de son père et sa mère. Enserrant ses genoux, elle s'interdit de pleurer. Elle devinait que la voir pleurer ferait jubiler Ernesto. Cammie essaya de se faire toute petite. Elle tenta de se ratatiner jusqu'à disparaître.

La musique avait cessé, et Holly entendait qu'on haussait le ton. Cette foutue serrure refusait de céder. Tout autour, le métal de la caisse était cabossé et perforé. Ses coups avaient ouvert un trou dans le fer-blanc. Elle pouvait facilement y insérer le pied-de-biche, mais il n'y avait pas moyen d'en sortir quoi que ce soit. Elle n'avait plus le choix, néanmoins. Elle ouvrit la trappe du flotteur et rampa au dehors, grimaçant, et s'allongea, l'oreille collée à la mince fente de lumière qui courait sous la porte de la cabine.

– Je lui explique que le Boss ne le laissera jamais en vie s'il se pointe avec cette fille, disait une voix, une voix forte, jeune, américaine.

– *¿Por qué no la llevamos con nosotros?* reprit la même voix avant d'ajouter d'un ton sonore en anglais : J'essaie de le convaincre qu'on peut revenir pour le bateau, le retrouver avec notre GPS, et ensuite ramener la fille avec nous là où… ils vont. Ils paieront *mucho* pour… *ella linda*. Bien évidemment, vous aurez disparu d'ici là, implora le même homme. Prenez le canot de sauvetage. Il est conçu pour quatre personnes. Montez, c'est tout, et partez aussi loin que possible. Tâchez de toucher terre. Il vous faut un appareil qui vous indique où vous êtes… Vous n'êtes plus loin du Honduras maintenant…

Holly regagna le flotteur en rampant. Elle se sentit découragée. Elle utilisa alternativement le bout fourchu du marteau et le pied-de-biche pour agrandir le trou. Six centimètres. Neuf…

Par extraordinaire, la serrure tomba à l'intérieur de la caisse. Holly ouvrit le couvercle à la volée.

Ernesto prit la parole. Lentement, d'un geste quasi léthargique, il souleva le chargeur de sa poitrine et, sous le regard de Tracy, entreprit d'armer le fusil.

Le jeune homme s'écria :

– *¿Matar a todos? ¿Por qué?*

Une nouvelle fois, Ernesto fit un geste en direction de l'eau. Tracy comprenait un peu ce qu'il disait. À la mer, avait-il dit. On ne les… verra jamais ?… retrouvera jamais ? Le jeune homme fit valoir que le bateau finirait sur les rochers, qu'il risquait de couler. C'est idiot de faire ça, disait-il à

Ernesto. De gâcher la fille et le bateau. Pourquoi ne pas... juste la plus vieille ?

– Elles ne peuvent même pas s'en aller à la voile ! insista-t-il en indiquant les lambeaux de toile et en oubliant, dans sa hâte, de traduire. Elles ne savent pas comment faire !

Il se mit à tout reprendre dans un espagnol boiteux.

– *Por favor*, implora Tracy, *mi hija...*

– *Si hagas eso, no vas a la cárcel. Te ahorcarán*, dit tranquillement le jeune homme.

– Qu'est-ce que vous leur racontez ? demanda Tracy.

– Que s'il tue des Américains, il finira pendu, parce qu'on sait déjà que vous êtes par ici.

Ernesto s'assit sur ses talons comme pour réfléchir. Il marmonna quelque chose à l'adresse du jeune homme.

– Dites à votre fille de se déshabiller, dit le jeune homme à Tracy. Je vous jure que je ne le laisserai pas la toucher.

– Non !

– Je vous le jure.

Le regard de Tracy traversa le pont jusqu'à sa fille, si petite, tapie dans un coin. Elle s'approcha et s'agenouilla.

– Tu as entendu ? chuchota Tracy en touchant l'épaule de Cammie.

Cammie s'écarta brusquement.

– M'man, tu les laisserais me regarder ? Tu permettrais qu'ils me touchent ?

– En toute honnêteté, oui. Je le ferais pour te sauver la vie, Camille. Ce serait un souvenir révoltant et obscène. Mais...

– Il a sans doute le sida, M'man !

– Oh, mon Dieu. Oui. Tu as raison. Mais ça n'ira pas jusque-là. Le garçon promet qu'il ne les laissera pas te toucher.

– Comment tu sais qu'il tiendra parole ? Je préférerais mourir, M'man.

– Non, tu ne préférerais pas mourir, Camille. Non, certainement pas. Tu peux survivre à l'humiliation. Tu n'auras pas à surmonter un viol. C'est notre seule chance, mon trésor. Je ne les laisserai pas te toucher. Il faudrait qu'ils me tuent d'abord, chérie.

Ruisselante de larmes, Tracy aida Camille à se relever. Comme elle l'avait fait quand Cammie s'habillait pour la maternelle, elle tira les bras de sa fille au-dessus de sa tête et ôta son sweat-shirt. Dans son dos, elle entendit Ernesto apprécier d'un sifflement lascif.

– Maman va t'aider, sanglota Tracy.

Elle défit la ceinture de son jean et le baissa, aidant Cammie à sortir une jambe après l'autre.

– Mais pourquoi on fait ça, alors ? chuchota Cammie.

– Pour lui donner le temps de les convaincre. Il essaie de leur dire qu'ils pourraient... te vendre.

Elle s'interrompit et pressa Cammie, à présent vêtue de son seul soutien-gorge et de son slip, contre elle, dos aux hommes, la protégeant tout en prêtant l'oreille à une dispute qui semblait avoir éclaté entre Ernesto et le plus jeune. Carlo, toujours endormi, ne fit que geindre tandis que leurs voix montaient. Le jeune homme dit :

– *Nunca nos van a ver de nuevo.*

Ernesto répliqua :

– *Muerta.*

Le jeune homme reprit la parole, durement cette fois, montrant Olivia du doigt. Les yeux d'Ernesto s'élargirent. Il hocha la tête.

– *¡Joyas y relojes! Díles.*

Le jeune homme reprit :

– Il veut que vous lui donniez vos bijoux. On peut s'en tenir là si vous le faites. J'en suis quasi certain.

Tracy prit la main de Cammie et défit son bracelet de saphirs. Abandonnant Cammie prostrée sur elle-même, bras croisés sur la poitrine, qui cherchait à tâtons une serviette, Tracy apporta le bracelet à Ernesto.

– Okay ? demanda le jeune homme. Ça a *muy...*

– Okay, répondit Ernesto. *¡Traela y ven aquí! Rápido.*

– *No vale la pena*, répéta le jeune homme. *No americanos.* Mon père... le Boss vous descendra comme... *un perro.*

– *Haz lo que digo*, dit Ernesto en indiquant de nouveau Cammie.

Il montra du doigt le canon du fusil.

– On a des opales ! cria Tracy. Des opales d'une valeur de plusieurs milliers de dollars !

– Tout alors, implora le jeune homme. Immédiatement. *¡Rápido!* Il faut qu'il croie que c'est moi qui commande ici.

Le jeune homme fit un geste suggérant des pierres précieuses, sur une bague, un collier.

– Je vais les chercher !

Elle descendit les marches d'un bond et ouvrit la porte d'Olivia à la volée.

– Olivia ! Viens là. Donne-moi les opales que tu as achetées.

Elle s'empara du sac à main d'Olivia et regagna le pont en courant, vidant le contenu par terre, envoyant rouler des rouges à lèvres comme autant de tubes de marbre. Le sachet de velours se trouvait dans une pochette zippée.

– Les voilà. Donne-moi ta bague.

Olivia la dévisagea.

– Donne-moi… Tes boucles d'oreilles, ce sont des vraies ?

Immobile, Olivia hocha la tête.

– Donne-moi les boucles d'oreilles, lui ordonna Tracy.

Les yeux débordant de larmes même si son visage restait sans expression, Olivia les ôta et les laissa tomber dans la main calleuse de Tracy.

Avec une rapidité inattendue, comme peut le faire un ours, Ernesto traversa le pont et pressa Cammie contre lui, la traînant en arrière sur le revêtement. Elle n'avait aucune consistance entre ses bras, légère comme un paquet de chiffons. Il n'aimait pas ces femmes maigres. Mais elle était belle. Et toutes les femmes étaient trouées pareil.

– Maman ! hurla Cammie, battant des jambes sans que ses pieds n'atteignent le pont.

Les griffures que laissèrent ses ongles sur les avant-bras d'Ernesto se fendirent soudain en laissant perler du sang.

Cela ne semblait pas plus l'affecter que si Cammie lui avait caressé le bras avec une plume.

— On a des pierres précieuses ! lança Tracy en brandissant les opales, qu'elle faisait rouler d'une main à l'autre pour laisser la lumière jouer au travers, réfléchie en arcs-en-ciel miniatures. Mais dites-lui que je ne lui donnerai ces diamants et ces pierres que s'il laisse ma fille revenir vers moi. Je les jetterai par-dessus bord une à une, ces pierres de merde, sur-le-champ ! Il y a des dizaines de milliers de dollars, là. Là, dans ma main.

— Lâchez-la, dit le jeune homme à Ernesto.

— *No. Dije no,* dit Ernesto. *Haz lo que te mando, ahora mismo.*

Le jeune homme éloigna Cammie de Ernesto. Elle trébucha, et il la remit sur pieds avec rudesse.

— Idiot, dit-il à son aîné. J'essaie de lui faire croire qu'on peut l'avoir elle, et les opales aussi, vous comprenez ?

Sa voix était sévère mais ses mots pressants. Il franchit les quelques mètres qui le séparaient de Tracy et lui prit la pochette de la main, raclant sa paume pour faire tomber les joyaux dans le sac. Il l'ouvrit devant Ernesto, et répandit les opales sur une des bannettes du cockpit. Il laissa Ernesto les tripoter, en apprécier la quantité et la diversité. Il vit le regard d'Ernesto s'éclairer.

— Ça lui plaît, avança prudemment le jeune homme. *Diamante grande.* Ça vaut combien, un diamant comme celui sur la boucle d'oreille ?

— Cinq, dix milles dollars, dit Tracy.

Elle n'en avait aucune idée. Ernesto lâcha :

— *Bueno. Ven aquí.*

Il remit les bijoux dans leur sac, en resserra les cordons, puis le fourra dans la poche à moitié déchirée de son pantalon. Ensuite, de son fusil, il cogna le jeune homme sous le menton, pas trop fort, mais assez pour le faire tituber. Il serra son bras autour du cou de Cammie.

— Maman ! cria Cammie, se contorsionnant en tous sens, shootant en arrière de ses talons agiles et puissants de joueuse de football.

Ernesto cracha sur le pont. En anglais, il dit :

– Elle vise les couilles.

Il repoussa Cammie vers le jeune homme, qui la retint mollement pendant qu'elle essayait de lui attraper les bras, la bouche ouverte, prête à mordre.

– *¡Carlo, que cochino eres! Ven aquí,* héla Ernesto.

Comme Carlo ne bougeait pas, Ernesto s'empara d'un broc d'eau sur l'étagère et le versa tout entier sur la tête de son cousin. Quand Carlo, crachotant, heurta le sol du carré, Ernesto lui envoya un coup de pied dans le ventre. Lentement, comme s'il avait été réveillé pour l'école par son propre père, Carlo se remit sur pieds et gravit les marches. Il secoua ses cheveux mouillés et se fendit d'un large sourire. Ernesto se laissa pesamment descendre dans la *yola*.

– *¡Vámonos!* grommela-t-il à l'adresse de Carlo.

– *Ven aquí,* dit-il au jeune homme, en désignant Cammie. *Fuck tu papá.*

– *¡Ya!* grogna Carlo, tentant d'imiter le ton de son cousin, tandis qu'il se laissait choir dans l'embarcation.

– *No es,* euh, *necesario…* dit le jeune homme.

Je leur ai promis, se dit-il. Je l'ai promis à sa mère. Dans son esprit, la mère ne faisait plus qu'une avec la sienne. Tous les sentiments amers et positifs que lui avait brièvement procurés le transport de drogue la dernière fois, sentiments de victoire parce que son père se prosternait chaque jour devant l'homme qui avait fait rentrer son fils dans ce trafic, étaient retombés, repartis comme l'air fuit du jouet d'eau d'un enfant. C'était comme si le jeune homme pouvait le voir dégonfler et s'enfoncer sous lui en tournoyant. Quand Ernesto en aurait fini avec cette fille, elle serait déchirée, et saignerait. Rien de tout ceci n'aurait jamais dû se produire. Il savait combien ces hommes étaient rustres, brutaux. Il les avait vus se battre, il avait vu les jeunes putes qu'ils corrigeaient. Mais il ne s'était jamais imaginé partie prenante d'un meurtre. Le jeune homme avait misé sur la peur qu'ils avaient du Boss et de son supérieur. Ils les savaient rapaces mais n'avait pas imaginé que l'appât du gain puisse les rendre aussi téméraires. Comme toutes les brutes, Ernesto et Carlo étaient des lâches. À sa connaissance, ils n'auraient pas pris de tels risques autrefois.

Le jeune homme se rendit compte qu'il avait continué à croire, bêtement, qu'être le fils de son père, avec ses cheveux blonds et son accent de jeune homme bien élevé, ferait office d'écran protecteur invisible, lui épargnerait de se salir vraiment les mains. Il se percevait désormais comme ce qu'il était : un monstre aux yeux bleus, à la joue tendre, qui allait maintenant révéler ce qui avait poussé en lui au point de bouleverser sa réputation, de déshonorer sa famille si bien qu'il ne pourrait plus jamais se faire aimer de quiconque.

Il pointa le doigt vers l'océan et fit un geste qui embrassait l'horizon à l'intention d'Ernesto. Il croyait toujours qu'Ernesto n'irait pas le tuer, mais il avait épuisé les recours à sa portée pour tenir la promesse faite à sa mère de ne jamais commettre de bêtise irréparable.

– *¡Policía!* cria-t-il.

Le fusil était posé sur le pont, le magasin chargé. Ernesto fit mine de ne l'avoir pas entendu. Il se leva maladroitement à bord de la *yola* et fit signe au jeune homme de lui passer le fusil.

Le jeune homme hésita. Il dit à Ernesto qu'il fallait qu'ils partent, maintenant.

Le jeune homme ne voulait pas mourir. Il ne voulait pas que la fille meure. Il tira Cammie à lui en faisant semblant d'être brutal.

– Quand je vous le dirai, courez, dit-il à l'oreille de Cammie. Courez et couchez votre mère dans la cabine. Ce type est gros et vieux. Je crois que je peux l'arrêter si je lui retire le démarreur d'un coup de pied. Et je lui tirerai dessus si nécessaire. Mais il faut faire vite.

À voix haute, il ajouta :

– *¿Comprendes?*

Cammie hocha la tête.

Il pouvait tuer Ernesto. Si Ernesto tuait le jeune homme, le

Boss l'abattrait comme un chien, d'une balle dans la bouche. Mais le Boss ne tuerait pas le jeune homme pour Ernesto. Il y en avait des centaines comme lui dans le coin. Il crut pouvoir se rattacher à cette certitude.

Le jeune homme tira Cammie en arrière, comme pour lui faire enjamber le bord et qu'elle descende dans la *yola*, où se tenait Ernesto qui tendait la main pour stabiliser l'échelle. Le vent agitait l'eau. Ernesto ordonna au jeune homme de se dépêcher. Il fit demi-tour pour entamer la descente, emmenant Cammie avec lui.

– Je vais poser le pied sur la première marche puis vous lâcher, chuchota le jeune homme, en faisant mine de serrer Cammie plus fort par la taille, comme pour la soulever.

Un fracas à l'arrière de l'*Opus* lui fit brusquement tourner la tête et lever les yeux.

Le coup le cueillit en pleine poitrine, sur le côté gauche. Son épaule s'ouvrit, aspergeant le pont, le visage et les cheveux de Cammie de filets de sang écarlates. Il tomba à la renverse, ses yeux bleus ouverts aussi vastes que l'océan, se remémorant une fraction de seconde le poster qu'il avait au-dessus de son lit d'enfant, une grande photo de Wayne Gretzky, puis la première dent qu'avait perdue sa sœur, puis plus rien. Sa tête heurta l'arrière de la *yola* avec un grand *poc* creux, avant que son corps ne glisse lentement sous la surface. Cammie glapit comme un lapin tout en s'agenouillant.

Ernesto bondit et s'empara du fusil.

– Jetez votre arme, dit Holly à Ernesto qui venait de surgir sur le bord du bateau et faisait un geste avec le fusil de Lenny.

Tracy détacha le bout, et la *yola* se mit à dériver. Holly tira de nouveau, et perça le flanc de la *yola*. De l'eau jaillit dans la coque du petit bateau. Carlo se jeta en travers pour boucher le trou avec des chiffons. Ernesto fit mine de lever son fusil, mais Holly ne bougea pas. Elle tira une troisième fois, éraflant l'épaule d'Ernesto, et dit :

– *Muerto.*

Ernesto laissa choir le grand fusil bleu automatique dans l'eau. Holly le vit faire signe à Carlo de lui remettre autre chose. Elle visa et tira dans la cuisse de Carlo. Carlo hurla, d'une voix plus forte et plus haut perchée que les cris de Cammie.

– *Pistola*, dit Holly en envoyant une autre balle dans la coque de la *yola*.

Tracy fit le compte. Holly n'avait plus qu'une balle.

Ernesto se rua sur le moteur, et la *yola* se cabra presque à la verticale quand il prit la barre pour l'éloigner de l'*Opus*.

À moins de deux milles du voilier, alors qu'il ne le distinguait plus qu'à peine, il poussa Carlo, qui sanglotait toujours et baignait dans son sang, par-dessus bord. Carlo le suppliait tout en battant l'air, avant de disparaître sous la surface. Sans plus tarder, Ernesto le laissa derrière lui. Il aurait de la chance s'il parvenait à temps au rendez-vous. Il était seul désormais. Il savait que le patron du Boss avait quelque chose à voir avec le père du blond. Ça n'augurait rien de bon. Il raconterait que le garçon était parti, un lâche, qu'il ne l'avait pas trouvé à la pension de famille. Il enfouit soigneusement le sachet de pierres dans sa chemise et se demanda s'il devait y aller ou simplement faire demi-tour et rentrer chez lui en vitesse.

Décrivant un large cercle autour de l'*Opus*, et de sa salope meurtrière à son bord, c'est l'option qu'il choisit. Il lacérerait les paquets de façon à ce qu'ils s'éparpillent en morceaux qui couleraient. Le sang, c'était déjà assez moche. Mais il pouvait rejoindre la rive à la nage avec les joyaux dans la bouche. Il y avait des fois où les tentatives les mieux organisées ne résistaient pas au destin. Il sauverait ce qu'il pouvait. Ce bateau, maculé de sang et inutile, disparaîtrait, comme les deux autres.

TREIZIÈME JOUR

Elles n'avaient pas dormi ni parlé depuis les coups de feu.

Dans la pénombre, Tracy regardait Cammie, les yeux grands ouverts, fixer la cloison du carré. Olivia barrait, et Holly s'était administré une dose d'analgésique. Elle dormait.

Le fusil était resté sur le pont, tel un serpent, jusqu'à ce que Tracy le redescende et le pose sans bruit par terre, dans la cabine de Holly.

La lune s'était levée, et la teinte de la nuit se modifia, lentement, tirant vers le gris. Enfin, Olivia lança :

– Il faut que je m'allonge un peu, Trace. Ça m'a secouée, moi aussi. Ce n'est pas à toi qu'ils en voulaient.

– Je ne veux pas la laisser seule, dit Tracy.

– Je ne crois pas qu'elle fera quoi que ce soit, observa Olivia. Il faut qu'on la lave, en revanche. Tu crois que ça arrangerait les choses ?

– On peut essayer, dit Tracy.

– Très bien, je vais chercher des vêtements et tu prends la barre. T'as qu'à la laisser un moment.

L'*Opus*, délabré, flottait dans un silence radieux sur une

246

mer qui n'aurait jamais de rivage. La surface, parfois huppée par quelque vague minuscule, tour à tour blanche, turquoise, vert, grise, blanche, turquoise, était absolument divine, ce qui rendait leur situation encore plus abjecte. Elles savaient grâce au seul compas qu'elles faisaient maintenant cap à l'ouest, et le soleil brûlait dans le ciel comme la flamme d'un fer à souder.

Malheureuse, Tracy alla réveiller Holly qui se dirigea vers la barre en se traînant.

– On n'en a pas pour longtemps, promit-elle.

Cammie ne dit pas un mot pendant que Tracy et Olivia lui ôtaient ses vêtements pour les brûler. Elles la savonnèrent et lui shampouinèrent les cheveux jusqu'à ce qu'il n'y ait plus aucune trace de sang ou de tissu bleu sur elle. Tracy soutint Cammie sous le filet de la douche. Elle était aussi malléable qu'une poupée quand elles l'habillèrent, dans les délicats sous-vêtements brodés d'Olivia et un pantacourt large de coton, sous un tee-shirt vert et propre qui avait appartenu à Michel. Cammie cracha dans le lavabo quand Tracy lui brossa les dents. Tracy natta du mieux qu'elle put les longs cheveux emmêlés de Cammie. Elle prit enfin place sur l'un des sièges du pont, avec l'un des grands chapeaux d'Olivia tiré sur le visage.

Pour éviter de regarder la vaste surface d'eau, Tracy essaya de faire la lecture à Cammie. Elle lut à voix haute des passages de *Rebecca*. Elle lut à voix haute des extraits des romans de la Table ronde. Jetant un coup d'œil derrière elle, Holly vit Tracy lire à voix haute pour son enfant. Cela lui rappela son premier emploi ; les visages et les attitudes de ces femmes sans âge qu'elle avait changées et habillées, soutenues et lavées, fredonnant joyeusement pour elles. Elle les avait assises au soleil de la même façon, et elles se laissaient docilement asseoir, avec un regard qui remontait le temps avec sérénité. Quand une branche de leurs lunettes de soleil tombait de travers sur une oreille, Holly la remettait doucement en place. Leurs mains étaient aussi belles que des lis, aussi fragiles que les pages de la Bible.

– Laisse-la tranquille, dit enfin Holly. Fais-lui une injection.

247

– Tu en as besoin, répondit Tracy.

Tracy et Holly échangèrent un regard. Dans celui de Holly ne se lisait que du regret, pas de la peur ; et une pointe d'angoisse transperça Tracy, malgré son épuisement.

– Fais-lui une injection, répéta Holly. Et sans attendre.

Même si Cammie se cramponna sans mot dire à la main de sa mère jusqu'à ce que sa conscience la quitte, la piqûre l'assomma. Ça ne devait pas être de la lidocaïne, en déduisit Holly, mais quelque chose de plus fort. Elle s'interrogea sur le poids de Cammie et le dosage mais… son heure n'était pas venue.

Quand Olivia s'éveilla de sa sieste, Holly et Tracy s'installèrent dans les fauteuils du capitaine. Olivia prit la barre.

– Ça doit ressembler à ça, le stress posttraumatique, dit Tracy. Je n'arrête pas de tout revivre.

– Oui, et tu peux en parler à ton généraliste, mais les études ont montré que le remède engendre des effets secondaires tels que vertiges, insomnie, symptômes de la grippe, douleurs des articulations, nausée, maux de tête, brûlure d'estomac, parfois de sévères…

– Comment peux-tu plaisanter ?

– Parce que c'est comme ça qu'on se remet d'un trauma. C'est ce que font les soldats à l'hôpital. Et les victimes de crime. Et les flics qui ont tiré sur la mauvaise personne.

– Tu n'as pas tiré sur la mauvaise personne.

– Ce n'est pas sur une *personne* que j'ai tiré.

Tracy décida de ne pas évoquer le chagrin et le trouble du jeune homme.

– Où as-tu appris à tirer ? s'enquit-elle à la place. Ou même à charger un fusil ?

– C'est Chris qui m'a appris, dans sa période macho. On allait au faisan. Aucun faisan n'a jamais souffert.

– Mais tu as été incroyable.

– C'est l'adrénaline. Elle n'arrêtait pas de monter tout ce temps passé dans le flotteur, pendant que j'essayais de défoncer la serrure du casier de Lenny. Elle m'a bien résisté, la garce.

– Tu es trop modeste. Tu nous as sauvé la vie.

– Oui, je l'ai fait, admit Holly. Je reconnais volontiers mon mérite. Je ne fais que décrire une réalité biologique. Il y a des choses qu'on peut faire sous l'influence de l'adrénaline, et qu'on ne peut pas faire sans. Je l'ai vu, à l'hôpital. Des patients vissés à leur fauteuil roulant, qui se lèvent et vont vers leur fils revenu d'une zone de combat. Des mères qui ont soulevé des voitures de la poitrine de leurs enfants.

Tracy posa sa main sur celle de Holly et fut stupéfaite de la trouver si légère et menue.

– Je t'aime, Hols. Je t'aimais déjà avant. Mais maintenant je te dois la vie de ma fille.

Holly sourit. Elle porta son regard sur l'eau scintillante.

– Tu feras ce qu'il faut pour qu'ils sachent que je n'étais pas une mauviette ? demanda-t-elle doucement.

Elle rit.

– Je veux juste que mes garçons sachent que je n'étais pas une poule mouillée.

Tracy vit combien la peau de son amie avait jauni, à quel point la peau était flasque sous sa mâchoire ferme.

– Ça n'arrivera pas. On leur racontera cette histoire ensemble, protesta-t-elle vigoureusement.

– Mais s'il arrive quelque chose, tu leur diras ?

– Que tu es la femme la plus courageuse que j'aie jamais connue. Mais ce n'est pas comme ça que ça va se passer.

Elles topèrent là et s'entremêlèrent les doigts. Et demeurèrent ainsi, sans en avoir conscience, comme de vieux amoureux sur une plage, à regarder des marsouins s'ébattre en groupe, pendant plus d'une heure, sans que l'une ou l'autre n'ait le réflexe d'étreindre brièvement l'autre pour prendre congé avant de retirer sa main. Tracy se demanda si l'amitié avait quoi que ce soit à voir avec l'état amoureux et si elle avait jamais consciemment préféré Janis ou si leur proximité n'avait existé qu'en raison des liens familiaux qui les réunissaient sans cesse. Elle avait envie de pleurer pour tous ces matins où elle avait failli téléphoner à Holly pour aller faire un jogging ou prendre un café en vitesse avant de laisser tomber parce qu'il était plus rapide d'y aller toute seule. Holly se demandait si les garçons savaient déjà quels seraient leurs professeurs. Mais non, ils ne pouvaient pas le savoir déjà. On n'était même pas le 4 juillet. Ils adoraient les feux d'artifice de l'Independance Day au Navy Pier, la grande jetée sur le lac Michigan, et tous les feux d'artifice en général. Holly espéra que ses garçons ne rateraient pas les feux d'artifice.

– Ici Janis Loccario, dit Janis au standardiste des gardes-côtes. Vous me recevez ?

– Je vous reçois, Miz Loccario.

– Je vous entends très mal.

– On a un petit orage ici, M'dame. Les liaisons sont souvent médiocres dans ces conditions. D'où appelez-vous ?

– J'appelle des États-Unis, de l'Illinois. Enfin, vous êtes aussi aux États-Unis, évidemment. Je veux dire : du continent. Ma cousine et ses amies ont quitté Saint Thomas il y a dix jours, et elles auraient dû arriver à Grenade à l'heure qu'il est. Mais je n'arrive pas à joindre ma cousine. Je sais qu'elle me rappellerait si elle le pouvait. Alors je voudrais signaler un bateau disparu.

– C'est un peu tôt pour ça. Si elles devaient arriver aujourd'hui seulement.

– Hier.

– Tout de même, c'est un peu tôt. La navigation à voile n'a rien de précis. Elles ont pu décider de faire halte quelque part. Elles ont pu mouiller deux nuits au lieu d'une. À votre place, je ne m'en ferais pas.

– J'aimerais juste vérifier. Est-ce que vous avez... Les voiliers ne font-ils pas de rapport chaque jour ?

– Si. Ils signalent leur position chaque jour.

– Dans ce cas, pourriez-vous vérifier les transmissions de l'*Opus*, un charter ? demanda Janis.

– C'est le bateau de Lenny Amato, Miz Loccario. Franchement, je ne m'en ferais pas pour eux, dans ce cas. Il se trouve que je connais le type. Lenny connaît ces îles comme sa poche. Tout comme son second, Michel Eugène-Martin.

– J'aimerais quand même vérifier. Vous voulez bien, s'il vous plaît ?

– Mais certainement, répondit le standardiste. Vous voulez que je vous rappelle ?

– Je reste en ligne.

– Ça peut prendre du temps.

– J'attends. Maintenant que j'ai quelqu'un en ligne.

Janis tripota le sac qu'elle avait trouvé dans un vide-grenier et qu'elle retapait pour l'anniversaire de Tracy. Il était presque fini. Elle n'avait plus qu'à ajouter un bouton ancien et une trace de galon doré. Il était violet. Violet, la couleur de Tracy. Dieu, venez en aide à Tracy, songea-t-elle. Secourez Cammie. Jim et Ted n'avaient pas eu de nouvelles, eux non plus. Dans son innocence, Ted avait suggéré que sa mère et sa sœur s'amusaient trop, tout simplement. Mais il y avait un pli soucieux entre les yeux de Jim ce matin quand il avait rapporté le plat dans lequel Janis leur avait donné le bœuf Stroganoff. Il lui avait demandé :

– Tu crois vraiment qu'elles vont bien ?

Et elle lui avait répondu :

– Mais bien sûr.

Et aucun d'eux n'avait cru l'autre. Janis ne savait absolument pas comment joindre le garde-côte, mais cela avait été étonnamment facile, grâce aux Pages bleues, exactement comme les pompiers. Le numéro était différent pour Saint Thomas, évidemment, mais la femme qui lui avait répondu l'avait trouvé en un rien de temps elle aussi. C'est ainsi que, une fois Dave parti travailler et les filles à l'école, Janis rassembla son ouvrage et son courage et passa l'appel. À présent, elle patientait, mesurant son galon. Trop long. Elle le coupa. Pile poil. Trop classe. Elle cala le combiné sur son épaule et fit quelques points.

– Miz Loccario, dit une voix masculine.

– Oui.

– Je crains que nous n'ayons reçu aucune transmission du

voilier *Opus* depuis… sept jours. Mais cela ne signifie pas nécessairement qu'il y ait un problème. Lenny Amato a parlé à Sharon Gleeman, un autre capitaine, le… voyons voir… le 15. Et il se peut qu'il y ait du mauvais temps là-bas qui nuise aux transmissions…

– Alors vous allez le signaler ? Vous allez diffuser un message pour qu'on se mette à leur recherche ?

– Nous prenons cela très au sérieux, M'dame. On ne va pas mettre en route une opération de secours officielle, qui se fait à grande échelle et coûte cher, avant d'avoir au moins fait cela. Mais nous allons émettre un communiqué sur-le-champ.

Plus tard, Tracy se mit à ramasser des débris – les verres et le plat brisé, les boîtes de conserve dégoulinantes et poisseuses, et les bouteilles qu'avaient fracassées les hommes. Incapable d'imaginer quoi faire d'autre avec ces traces de leur présence, elle jeta les ordures par-dessus bord. Même si elles devaient attendre encore longtemps et quel que soit le temps écoulé depuis… qu'ils étaient partis, Tracy savait qu'aucune d'entre elles ne pourrait survivre et contempler la scène du massacre. Après avoir enfilé les épais gants de pêche en caoutchouc de Lenny, elle se servit d'une serpillière et d'un seau d'eau salée pour laver le pont. Elle s'efforçait de ne pas penser au sang innocent du garçon, frottant comme une forcenée. Elle essayait de ne pas penser à la mère du jeune homme, qui dormait sans rien savoir. Cela ne servait à rien. Son esprit s'y attarda un moment. Est-ce que la mère se retournait et murmurait son nom ? Quel était son nom et comment, s'ils l'apprenaient jamais, ses parents sauraient-ils qu'ils avaient perdu leur fils aux cheveux blonds ? Ernesto lâcherait-il son identité s'il était pris, comme il le serait sûrement, à flotter à la dérive sur un bateau qui faisait eau et à court de carburant ?

Tracy en eut fini avec la serpillière et utilisa ensuite des serviettes de toilettes trouvées dans un casier pour ôter le sang des recoins où il s'était glissé. Son estomac vide se souleva tandis qu'elle s'obligeait à continuer. Son esprit était ballotté d'avant en arrière au gré des mouvements de la serviette. Ce garçon n'était pas un type bien. Il aurait laissé mourir Camille pour sauver sa peau. Il était pris au piège dans une situation impossible, pour des raisons que Tracy ne connaîtrait jamais. Il était mort pour sauver Camille. Frotte, frotte, frotte, elle s'activa, en nage, jusqu'à ce que l'intérieur du bateau, au moins, retrouve sa blancheur, tandis que Holly et Cammie dormaient toujours. Elle essora les serviettes dans le seau d'eau qui se teinta de rose, puis d'un rosé soutenu. Elle vida l'eau par-dessus bord et ne put s'empêcher de murmurer une prière à l'intention de la famille du jeune homme.

Après quoi, incapable de mettre au repos ses mains nerveuses, Tracy décida de fabriquer une nouvelle voile, minuscule. Il n'y avait pas un souffle de vent ; elles se balançaient dans ce que Lenny aurait pu qualifier de calme équatorial. Aujourd'hui, le soleil les malmènerait autant qu'un chalumeau. Tracy ne pensait pas pouvoir revoir le lever du soleil un jour sans le redouter. Mais avec un peu de chance, sa voile de fortune marcherait. Elle la coudrait et déroulerait ensuite le génois, et hisserait les deux. Elle ferait exactement comme le jeune homme avait dit.

Elle ne repenserait pas sans cesse – en tout cas plus – au trou s'ouvrant sur le côté, juste en dessous de sa première côte, et à la longue, interminable douche de sang.

Sans tarder, elle alla chercher les draps de la chambre où avait dormi Olivia jusqu'à l'arrivée des contrebandiers. Olivia s'était depuis retranchée avec Holly, tirant le rideau entre leurs lits. Utilisant la seule aiguille qu'elle put trouver, une énorme aiguille d'ameublement que les hommes avaient dû utiliser pour réparer la toile, imaginait-elle, Tracy cousit deux draps ensemble sur leur longueur et fit un trou dans l'épaisseur de l'un des bords supérieurs. À l'aide de pinces coupantes, elle tailla dans les fils métalliques qui étaient sortis de leurs attaches durant le coup de vent jusqu'à obtenir un faisceau suffisamment épais à passer dans l'une des ferrures du mât. Puis, utilisant une nouvelle longueur de corde résistante, elle fixa l'autre coin de la voile de fortune dans l'un des taquets sur le côté du bateau.

Quand viendrait le vent, Tracy serait prête.

Lorsque Tracy prit la barre, Olivia jeta avec dégoût le reste du carton de desserts encore intact, périmés au-delà de ce que Louis XVI lui-même aurait pu ingérer, dit-elle : la crème et les garnitures légères étaient une directe invite à l'empoisonnement. Dans le seul sachet lyophilisé qu'elle put trouver, les macaroni et le bœuf séché grouillaient de petits insectes blancs – Olivia préférait ne pas savoir d'où ils venaient. Elle jeta également cette horreur par-dessus bord. Restaient une demi-boîte de céréales et un sachet d'amandes. Où étaient passés les biscuits ? Elle ne se rappelait pas avoir vu les hommes les manger. La seule eau à boire était l'unique bidon qu'avait dissimulée Tracy. Et quatre cannettes de *ginger ale*. Olivia en but une. Elle en aligna deux autres auprès du bidon. Elle remplit un gobelet en carton et apporta du *ginger ale* à Holly qui l'avala avec gratitude avant de le revomir aussitôt. Olivia appela Tracy qui lava la bouche de Holly à l'eau de mer et la porta comme une poupée sur son lit, l'aidant à enfiler une chemise propre. Elle promit à Holly qu'elle pourrait remonter quand le soleil serait plus clément.

– Une telle chaleur rendrait malade n'importe qui, jacassa-t-elle d'un ton jovial.

Mais avoir fait tout ce que cela lui avait coûté pour briser la serrure et assembler le fusil avait comme éteint quelque chose en Holly. Je vous en prie, oh, je vous en prie, priait Tracy. Donnez-moi une autre chance. Accordez-moi encore un peu de temps à partager avec Holly. Permettez qu'elle retrouve ses proches. Elle vaut tellement mieux que moi, priait Tracy qui savait pertinemment que pareil raisonnement n'avait jamais constitué un motif suffisant pour octroyer la survie. Pas une seule fois, depuis le début de l'histoire de l'homme.

Au crépuscule, Cammie se réveilla.

Tracy la conduisit alors hors de sa cabine pour l'asseoir dans le carré. Elle versa à Cammie un verre de *ginger ale*. En vain, elle tenta de lui expliquer qu'il fallait qu'elle parle de ce qui s'était passé. Au moins, remarqua Tracy avec gratitude, Cammie secoua-t-elle la tête en signe de refus. Tracy s'obstina. Ce qu'elle n'évacuerait pas la hanterait, de nuit comme de jour, insista-t-elle. Cammie prit son gobelet entre les mains et le termina. Tracy posa quelques amandes sur la table et l'encouragea à manger, ce qu'elle fit. Mais elle retourna au lit sans dire un mot. Quand Tracy alla voir comment elle allait, ses yeux étaient ouverts, mais elle gisait inerte, les draps soigneusement bordés sous son matelas, son visage brûlé aussi immobile que celui d'une poupée. Elle ne cillait même pas.

Ce soir-là, quand elles eurent fait passer leurs céréales avec le *ginger ale,* Tracy élabora un plan de consommation de l'eau : chacune d'elles aurait droit à un doigt d'eau deux fois par jour jusqu'à épuisement du bidon.

– C'est débile, lui rétorqua Olivia. Personne ne peut survivre avec ça.

– On peut, si, répliqua doucement Holly.

Holly avait dit à Tracy qu'elle se sentait mieux en continuant à bouger. Mais elle était enroulée dans sa couverture, et quand Tracy posa sa main sur son front, il était aussi chaud qu'une spatule tout juste ôtée de la casserole.

– Et on peut vivre quatre ou cinq jours sans boire du tout. Et s'il le faut, on peut boire l'eau des réservoirs d'eaux sales. Et s'il le faut, on peut boire sa propre urine, parce qu'elle est stérile.

– Doux Jésus ! s'exclama Olivia. Comme un animal.

– On est des animaux, dit Holly. On ferait n'importe quoi pour survivre. Commettre des meurtres. Manger nos petits. Peut-être pas nos petits. Mais devenir cannibales.

Olivia eut un mouvement de recul et leur souhaita bonne nuit. Tracy remonta prendre son quart.

QUATORZIÈME JOUR

Le lendemain matin, après avoir dormi une heure, Tracy fouilla le moindre recoin de l'*Opus* pour essayer de trouver ne serait-ce qu'une miette de nourriture en conserve qui n'aurait pas été consommée par les pirates. Pendant deux heures, elle chercha partout dans le fond de cale, les placards, les casiers et les étagères. Avec de la farine et du sel, elle aurait pu faire une pâte mangeable, mais il lui fallait absolument de l'eau pour la faire prendre. Enfin, tout au fond du flotteur à côté de la couchette où dormait Holly, sous les équipements et divers outils qu'avait jetés de côté Holly dans sa frénésie, elle trouva une unique boîte de thon.

Tirant le couvercle de la boîte, elle la divisa en quatre parts, apportant la sienne à Olivia sur une sous-tasse. Olivia fit la grimace, puis avala les quelques bouchées.

– J'ai besoin d'eau, dit Olivia. Tu veux bien m'en apporter ?

Holly parut au pied des marches. Elle utilisait, remarqua Tracy, le fusil non chargé de Lenny comme béquille, vision profondément dérangeante.

– Je vais convoquer la presse, dit-elle à Olivia. On a toutes besoin d'eau. Mais tu n'auras rien de plus avant ce soir, à moins que tu ne tiennes à consommer ta ration.

– Très bien, je consommerai ma ration. C'est n'importe quoi. Je la transpire aussi vite que je la bois, rétorqua Olivia avec hargne.

– Comme nous toutes, dit Tracy.

Une fois Holly installée dans le carré, à écouter tranquillement de la musique, Tracy apporta à Cammie sa part de thon. À son grand soulagement, Cammie n'en fit qu'une bouchée qu'elle enfourna à deux mains.

– Chérie, tu veux te lever maintenant ? demanda-t-elle à Cammie. J'ai besoin de toi. Il faut que je fasse démarrer le désalinisateur. Je n'y arrive pas toute seule. Si je ne fais pas marcher le désalinisateur, on va toutes y rester. Et on n'a pas traversé... tout ça pour mourir ici. S'il te plaît, Cammie. Aide-moi.

Cammie ouvrit la bouche comme pour tester sa voix. Aucun son n'en sortit.

– Cammie, j'ai besoin que tu m'aides. J'ai dormi une heure en deux jours.

Enfin, Cammie dit :

– Oui.

Tracy tendit les deux mains. Cammie ajouta doucement, d'une voix toujours cassée par ses cris :

– Je ne suis pas blessée, M'man. Je n'ai rien de blessé, physiquement. Comment va tante Holly ? Je... j'ai eu une absence. Je ne l'ai jamais remerciée, je ne lui ai jamais dit combien je l'aime pour ce qu'elle a fait. Elle va bien ?

– Elle est là, dans le carré.

Cammie sortit en trombe de sa cabine et dévala les marches pour se blottir dans les bras de Holly. Tracy vit bien Holly grimacer sous l'étreinte brutale de Cammie, mais son amie tenta de dissimuler sa douleur en changeant de position.

– Et te revoilà parmi nous, sortie de ton coma, dit Holly.

– Je n'aurais jamais cru vivre des trucs pareils, dit Cammie.

Tracy ressentit un pincement au cœur involontaire : Cammie ne s'était pas confiée à elle.

257

– Sur le moment, je n'avais qu'une seule envie : qu'ils meurent. Mais après, ce garçon est mort, et il essayait de nous sauver. Jusqu'à la semaine dernière, je n'avais même pas renversé un écureuil. Et maintenant j'ai vu des gens mourir.

– Cam, l'avertit Tracy.

Cammie leva les yeux, déconcertée.

– Il essayait, M'man. Tu sais bien qu'il n'arrêtait pas de me chuchoter à l'oreille que dès qu'il aurait descendu une marche, il me lâcherait et qu'il reprendrait le moteur à ce gros porc et que je devrais foncer...

– Arrête, Cam !

– Non, Tracy. Laisse-la dire. Le garçon que j'ai tué, le blond, il n'était pas avec eux ?

– Bien sûr que si, dit Tracy en s'asseyant et tapant de la main sur la table. Il était tout aussi responsable que ces types. Il passait de la drogue en contrebande avec eux depuis des années.

– M'man ! protesta Cammie. C'est pas vrai...

Puis ce fut comme si elle rassemblait une poignée de fils épars au creux de son esprit.

– Tante Holly ! Tu n'as rien fait de mal. Ce n'était pas un... tueur professionnel, comme les deux autres, mais ils m'auraient emmenée de force dans leur bateau. Il n'aurait pas pu les en empêcher...

– J'ai tué un garçon qui essayait de nous sauver ? demanda Holly à Tracy.

– Il essayait, mais ça n'allait pas marcher.

– Sainte Mère... exhala Holly.

– Tu ne pouvais pas deviner ! dit Cammie à Holly en lui caressant le visage. Ce n'était pas un type bien !

– C'était le fils de quelqu'un.

– Les deux autres aussi, remarqua Tracy.

– Tu sais ce que je veux dire. Mais quand j'ai vu Cammie en sous-vêtements, et lui qui la tirait par-dessus bord... et que j'ai vu sa jambe...

– Mais bien sûr... dit Tracy d'un ton apaisant.

— Sainte Mère… répéta Holly. Trace, aide-moi à me lever. J'aimerais aller m'allonger.

— Nous avons lancé des recherches, Miz Loccario, dit l'officier des gardes-côtes à Janis. Vous pouvez venir, bien évidemment, mais ça ne changera rien. Nous faisons tout notre possible pour les retrouver, absolument tout. Nous n'arrivons pas à les localiser par radio ; nous en concluons qu'ils sont hors de portée d'une VHF portable. Le cargo *Cordoba* parti du Costa Rica les recherche activement.

— S'il n'y a plus beaucoup de bateaux en mer à cette époque, et que l'orage les a dépassés, on devrait les repérer facilement, non ?

— Ça fait une immense étendue d'eau, M'dame. Mais je vous le promets, nous les trouverons.

— Mais ils seront morts d'ici là ?

— Non. La plupart des bateaux ont des rations de survie. Ils devraient avoir largement de quoi tenir un moment, et s'ils ont un désalinisateur, ils ne manqueront pas d'eau douce. Pas d'inquiétudes de ce côté.

Janis leva les yeux vers le réveil.

— Très bien. J'attendrai. Et vous m'appelez demain, promis ?

— J'appellerai dès que nous avons quelque chose.

Cammie était malade de ce qu'elle avait dit à Holly.

Elle s'était attelée à faire fonctionner le désalinisateur. Il ne s'agissait guère que d'un grand filtre, observait-elle, qui marchait sur batteries. Elle le remplit d'eau de mer et laissa l'eau traitée goutter dans des bidons vides. Elle en avala un peu. Ça avait un petit goût métallique bizarre, mais pas trop écœurant. Si Lenny l'avait, alors il devait être en état de marche, simplement inutilisé depuis longtemps. Mais ça prenait un temps dingue.

Sous leurs yeux, le niveau du bidon diminua. C'était l'idée de Cammie d'alterner la « bonne eau » avec « l'eau dég' » pour les rations quotidiennes. De la sorte, une poignée d'amandes et quelques gorgées d'eau de pluie auraient l'air d'une délicatesse.

C'est ainsi que cet après-midi-là, Cammie servit à Olivia sa ration parcimonieuse dans un gobelet en carton. C'était de l'eau « fabriquée » par Cammie. Olivia la recracha aussitôt.

– Y a quoi dans cette merde ? Une espèce de cachet désinfectant ?

– Non, c'est de l'eau potable. C'est juste qu'elle est faite avec de l'eau de mer. Le désalinisateur enlève seulement le sel.

– Eh bien dans ce cas, je n'en veux plus, lui rétorqua Olivia. Je ne peux pas boire ça.

– Il le faut, lui répondit Cammie tandis qu'une colère sourde montait au creux de son ventre. On est toutes obligées. Le bidon d'eau est réservé aux…

– Non, c'est la dernière bouteille de vin qui est réservée ! Je ne bois pas cette merde.

– Tu vas avoir soif, alors, dit Cammie.

Elles se retrouvèrent toutes au coucher du soleil pour leur « bonne » eau et une ration de fruits secs et de céréales. Holly le leur rappela une nouvelle fois : les gens pouvaient survivre pendant trente jours sans alimentation aucune et n'avaient besoin que d'un traitement médical mineur après ça. C'était le liquide qui comptait. N'importe lequel, pourvu qu'il ne soit pas salé. Elle évoqua de manière très convaincante le martyre de ceux qui, par désespoir, avaient bu de l'eau de mer. Même Olivia fut calmée.

Cammie prit la parole.

– Je sais que l'eau du désalinisateur est infecte. Et pour couronner le tout, vous allez devoir attendre que j'en fasse. C'est tellement lent. Il faut attendre des heures avant d'obtenir, genre, un demi-litre.

– Il n'y a pas moyen de le faire marcher plus vite ? demanda Olivia.

– Livy, intervint Holly, profondément enfoncée dans l'un des canapés capitonnés du carré, si tu veux que ça aille plus vite, fais-le toi-même.

– Ça marche sur batteries. Ça fait ce que ça peut, expliqua Cammie.

Peu après le coucher du soleil, un petit avion bourdonna à basse altitude au-dessus d'elles. Cammie alluma et lança des fusées l'une après l'autre, et le pilote, dont elle apercevait la tête, plongea une aile en réponse.

– T'as vu ça, M'man ? cria Cammie avec ravissement. Il nous a vues. S'il nous a vues, ça veut dire qu'il a peut-être vu le SOS sur le pont. Il sait qu'on a des ennuis ! Il enverra quelqu'un !

– Sans doute pas, mais je prie Dieu, dit Tracy.

– Tu peux me faire monter sur le toit du cockpit ? Je veux vérifier que la peinture tient toujours. Elle est résistante à l'eau, alors ça devrait aller.

Tracy aida Cammie, qui lui sembla d'une légèreté alarmante dans ses bras, à poser ses coudes sur le toit du cockpit. Elle sentit Cammie retomber mollement dans ses bras.

– Qu'est-ce qui ne va pas ? lança Olivia depuis le cockpit.

– C'est parti.

– Quoi ?

– Le panneau n'est plus là. Il a dû être emporté.

– Cammie. Ça arrive.

– Pas tout le temps. Ça n'arrête pas, comme si je méritais de mourir.

– Eh bien, pas moi ! aboya Olivia du carré, où elle buvait un doigt de vin rouge.

– Ce n'est pas ce qu'elle voulait dire, dit Tracy. Tu dramatises, Liv. Toi aussi, Cam.

J'en ai par-dessus la tête de jouer les conciliatrices, songea-t-elle. Qu'elles se rabibochent ou se tapent dessus. On n'est pas au théâtre. C'est la réalité. La première chose que Tracy avait l'intention de faire en regagnant Lowell Street était de courir sur des kilomètres, courir jusqu'à en perdre le souffle, jusqu'à épuisement. Dès que tous les bleus et les coupures qu'elle s'était faits sans s'en apercevoir auraient guéri, elle n'arrêterait plus de courir. Elle grimperait jusqu'au sommet de la colline et respirerait profondément l'air de la vie normale. Elles étaient emprisonnées, comme des rats affamés dans une cage, à s'observer entre elles avec malveillance et rancune – confinées au milieu d'une étendue sans fin, sans un souffle d'air, de ciel et d'océan. L'ironie de la situation était trop vaste pour que Tracy puisse en distinguer tous les contours. Elle ferma délibérément les oreilles aux querelles de bas étage de Cam et Olivia, comme aux piques intermittentes de Holly, jusqu'à ce que leur bavardage s'évapore, aussi insignifiant que la brume et moins consistant.

Holly frissonnait malgré la chaleur. L'obscurité n'apporta aucun soulagement. Aucune dose d'aspirine ne semblait faire tomber la fièvre, et chaque nuit elle se servait de sa lampe torche pour examiner la ligne noire qui remontait inexorablement le long de sa cuisse, nettement plus longue de jour en jour. Elle essaya de tourner son attention vers les autres, de l'éloigner de ses propres soucis. Rien d'autre n'avait jamais marché. Holly tenta d'analyser quel degré d'égoïsme avait marqué sa vie. Oui, elle avait été égoïste – trop allumeuse, trop avide de tenir la vedette. Mais elle n'avait pas été plus égoïste que tout le monde et moins que beaucoup. Elle s'était privée de quantité de plaisirs pour le bien de ses enfants, de choses superflues pour elle et le rêve de Chris d'avoir une maison de vacances. Mais était-ce de la charité ? Avait-elle jamais donné d'elle-même, de la chair de son âme ? Pas jusqu'à ce voyage, songea Holly, et ç'avait alors été pour commettre un meurtre. Elle resserra la couverture autour d'elle.

– Je peux pas rester ici sans rien faire ! Il ne nous reste plus qu'à trouver un autre morceau de bois, et faire un nouveau panneau à clouer là-haut, dit Cammie. On se bouge. Il y a des panneaux de bois sur toutes les cloisons des cabines.

– Bouge-toi toi-même, dit Olivia. Je suis fatiguée de bouger. J'en ai marre de hisser et de barrer, et de pomper et de rester debout toute la nuit. C'était ton idée, ce voyage, Tracy.

Elle but sa dernière gorgée de vin et reboucha la bouteille.

– Olivia, c'est vraiment du cinéma ? demanda soudain Holly dont l'examen de l'âme avait été interrompu par une soudaine bouffée de rage. Ou peut-on vraiment être aussi cruche ?

– Oh, la ferme… À part ton numéro, tu n'as rien fait d'autre que rester assise sur ton gros cul en te plaignant de ta jambe pendant deux semaines.

La voix dangereusement douce, Holly répondit :

– Écoute, Livy. Regarde la réalité en face. Il se trouve que je suis blessée. Salement blessée. Tu l'aurais certainement remarqué si tu ne t'en foutais pas complètement. Tu as peut-être l'habitude que les gens te passent tous tes caprices. Mais tu sais quoi ? Tu es comme nous, Comtesse. Ma jambe est infectée. Le cœur de Cam est en lambeaux. Tracy a tué un homme. J'ai tué un homme. Et tu te pointes en touriste chaque jour comme si c'était bientôt l'heure de ta prise de vue. Je t'entends utiliser la douche. À ton avis, elle vient d'où, l'eau ? On a pris deux douches depuis qu'on est parties, nous autres. Tu en prends une deux fois par jour, quand elles sont trop occupées et moi trop dans les vapes pour t'en empêcher. Et maintenant tu comptes sur la grande et forte Tracy et sur Cammie pour faire ce qui pourrait te sauver. Ça ne va pas suffire, là.

Olivia soupira.

– Vous avez l'air de pouvoir gérer n'importe quelle crise. Vous l'avez prouvé, ça ne fait aucun doute. Vous vous passez très bien de ma contribution.

– Tu peux parler normalement, Livy ? Tu es Olivia Seno, une gosse avec un joli cul et un bonnet B moyen, de la banlieue ouest de Chicago. Descends de ton grand cheval. Tes meilleures amies sont en danger. *Camille* est en danger. Si tu avais tant de super bonnes copines en Italie, tu ne serais jamais rentrée au pays. Ta mère vit toujours dans la même petite maison de Westbrook où tu habitais à douze ans. Pourquoi est-ce qu'elle n'a pas de villa, *elle*, Comtesse ?

– J'ai offert à ma mère des voyages, des vêtements… non pas qu'elle ait jamais rien eu à foutre de ma gueule.

– Mais elle vit dans un trou à rats, poursuivit Holly. Comme ton frère et sa femme. Joey travaille dans un atelier de reliure, Liv. Pourquoi ? Est-ce que ça pourrait être parce que tu ne leur as jamais proposé de les aider à faire mieux ?

– Et pourquoi je l'aurais fait ? demanda Olivia.

Elle fit demi-tour, gravit les marches du carré d'un pas sonore, et regagna sa cabine sous le clair de lune.

– Écoute, on est fatiguées, commença Tracy. Ils n'ont jamais fait grand-chose pour elle non plus.

– Peut-être qu'elle a toujours été comme ça.

– Non, tu n'en sais rien. Sa famille était comme une horde de loups, et pas des très sympas.

Holly lâcha d'un ton cassant :

– Oui, et ma mère me giflait si je mâchais la bouche ouverte. Tes parents étaient saouls la moitié du temps. On ne se comporte pas comme ça. Non. J'en ai assez d'elle, Trace. Je ne lui dois rien.

– S'il te plaît.

– Non ! Écoute, Trace. Tu te rappelles combien Olivia nous semblait cool, audacieuse et sublime quand on était gosses ? Elle était tellement genre : « Et alors ? » Et on adorait ça ! Elle était capable de tout. C'est pour ça qu'elle était la reine des reines, le capo des Parraines. On était seulement ses dames d'honneur, ses sous-fifres, son petit peuple.

– Où veux-tu en venir ?

– Eh bien, ce que je crois, c'est qu'Olivia est une sociopathe.

– Holly !

Tracy la dévisagea fixement.

C'était inconvenant, inquiétant, d'avoir l'air aussi… empressée que l'était Holly de partager pareille information. Mais c'était bien de ça qu'elle avait l'air : avide – comme si elle avait trimballé quelque chose très longtemps, dont elle avait fini par comprendre l'usage.

– Non, écoute. Je suis infirmière, Trace. La plupart des sociopathes traversent la vie comme les gens normaux. Ils ne deviennent pas des criminels en série ni n'empoisonnent le chat de leurs voisins. C'est juste qu'ils n'ont rien à foutre des autres. C'est la différence entre nous et Olivia. Elle n'avait rien à foutre des autres à l'époque – si ce n'est d'elle-même –, et elle n'a rien à faire de nous aujourd'hui. Les sociopathes sont très charmants et séduisants. C'est parce qu'ils devinent ce dont les autres ont besoin. Ils ont comme un instinct pour ça.

Tracy lança un regard en direction de Camille, qui écoutait, captivée.

– Et ils leur donnent ce qu'ils attendent pour que les gens leur lèchent les bottes ou fassent ce qu'ils veulent. C'est une chose quand tu n'es qu'une sale gosse et que tu veux qu'un garçon avec carte d'identité truquée te paie une bière. C'en est une autre quand tu es une femme censée avoir une conscience. Olivia ne se soucie pas vraiment de savoir si on se sortira toutes d'ici, tant qu'elle, oui. Elle s'en fout.

– Tu ne crois pas vraiment ce que tu dis, dit Tracy, atterrée. Tu es en colère.

– Non, je le pense vraiment.

Elles entendirent un bruissement quand Holly passa ses doigts dans ses cheveux raides.

– Vraiment.

– Bien, dit lentement Tracy. Même si ce que tu dis est vrai, elle va devoir aider un peu plus ou la chance va la lâcher, comme nous autres.

– Espérons-le, murmura Holly, d'un ton énigmatique exaspérant.

– Allez, on fabrique ce panneau, intervint Cammie. Ça fout les jetons, et on a eu assez de merdes effrayantes pour les dix prochaines réincarnations. Parlons pratique. Tante Holly, le casier que tu as forcé. Il était étanche, et toutes les piles qu'on a sont dedans. Tu l'as forcé, et maintenant, il n'est plus étanche. Et si le bateau se retourne, ou un truc dans le genre ?

Holly haussa les épaules.

– Alors ça n'aura plus d'importance que les piles soient mouillées. Si ? demande-t-elle.

265

Tracy garda le silence un long moment. Puis elle demanda tranquillement :

– Ce n'est pas vraiment le grand lit que tu voulais, hein, Hols ?

Holly ne dit rien.

– Ce n'était pas que ça, si ? Tu voulais être celle qui serait responsable de tout ce qu'il y avait dans ce coffre.

Holly ne répondit pas.

– Holly ?

Elles l'entendirent se lever et prêtèrent l'oreille à ses pas inégaux tandis qu'elle s'éloignait. Elles entendirent cliquer la porte de sa cabine, suivi d'un petit *tic* discret.

Le verrou.

QUINZIÈME JOUR

À l'aide de bois arraché aux cloisons de la cabine de Michel, Cammie et Tracy fabriquèrent un nouveau panneau qu'elles clouèrent sur le roof, en utilisant cette fois-ci deux fois plus de clous que précédemment. Alors qu'elles étaient à l'œuvre, elles entendirent un petit avion bourdonner haut dans le ciel, mais aucune ne se donna la peine de lever les yeux. Cammie avait la tête ailleurs. La vue des livres de Michel, de ses chemises, une photo de lui avec sa mère à la terrasse d'un restaurant, ses lunettes de soleil sur un crochet, toutes ces choses lui retournaient encore le cœur. Elle décrocha les lunettes pour les porter. Elles étaient trop grandes mais pour une raison obscure, réconfortantes, protectrices. Elle se sentit mieux, comme si Michel était en quelque sorte plus proche.

Quand elles eurent terminé, elles mouraient de faim, aussi chacune dénombra-t-elle une douzaine d'amandes pour accompagner son eau plutôt que les six habituelles.

– Allez, lâche-toi, M'man, dit Cammie.

– Ouais, je ne sais pas où se range le péché de gloutonnerie, mais je donnerais ma prémolaire droite pour un bon gros filet à point…

– Des pommes de terre au four avec de la *sour cream* et de la ciboulette…

– De la limonade et un tas de ces petits pains infects et pâteux que Ted mangeait directement dans leur emballage en carton…

– Ted me manque. Tu te rappelles, il mangeait aussi du beurre ? Et du fromage à tartiner comme d'autres mangent du yaourt !

– Je ne peux plus parler de bouffe, dit Tracy. C'est presque aussi indécent que du *soft porn*…

À leur surprise, elles se mirent à rire toutes les deux.

– En plus, je dois barrer.

Sur quoi elles entendirent, plus qu'elles ne virent, Holly approcher. Un pied qui se traîne, un pas, un pas traînant, un autre pas.

– Coucou, Hols, lança résolument Tracy.

Elle avait examiné son propre visage la veille dans le miroir de la salle de bains, choquée de découvrir qu'elle n'avait pas remarqué que sa lèvre inférieure était recouverte d'escarres et gonflée, qu'elle s'était fendue, avait saigné, et séché en formant une croûte. Stupéfaite que son nez soit aussi à vif qu'un steak d'aloyau haché. Elle n'avait pas oublié de mettre de crème solaire. Ou bien si ? Elle se rendait bien compte, et cela l'effrayait, que des pans de sa mémoire, et même du temps, commençaient à lui échapper. Mais Holly, Holly faisait peur à voir.

– Laisse-moi t'apporter une couverture pour que ce soit plus confortable sur la banquette. Il y en a une là qui est peut-être même sèche.

– Il fallait que je monte, vois-tu, répondit Holly d'un air absent, comme si elle n'était pas réveillée et en leur compagnie, mais en train d'expliquer quelque chose à quelqu'un d'invisible.

– Bien sûr, chérie, répondit Tracy.

– Non, il le fallait, vraiment. Je faisais un rêve. J'ai cru que j'avais fait un rêve. Parce qu'il s'est passé un drôle de truc. Je suis allée dans la cabine d'Olivia pour chercher un livre, c'est ça, un livre. Elle était dans la salle de bains. Avant de venir ici. Et j'ai trouvé ça, dit Holly en tendant une poignée de papiers, soigneusement pliés, et un tas de ce qui ressemblait à des barres chocolatées. Son matelas avait glissé, et des petits trucs se sont envolés par terre, poursuivait-elle. Alors je les ai ramassés pour regarder ce que c'était. Cammie, va prendre la barre une minute, chérie. Je ne veux pas que tu entendes ce que j'ai à dire, là, maintenant. Tu veux bien remplacer ta mère, sans discuter s'il te plaît ? Tu veux bien demander à Olivia de venir ici ?

Quelque chose d'insistant dans le regard calme de Holly poussa Cammie à agir sans tarder, qui pivota et se dirigea en hâte vers la descente.

Sans se presser, quelques instants plus tard, Olivia descendit avec précaution les marches du cockpit, prenant la place de Cammie.

– J'ai cru que ma tête allait exploser avec le boucan que vous faisiez là-haut, les filles, dit-elle.

– On a vu passer un autre avion pendant qu'on clouait, Livy, dit Cammie en passant. Peut-être qu'on approche d'un aéroport. Ça fait deux fois en deux jours.

– Espérons-le, chérie, dit Livy.

Cammie referma la porte du cockpit derrière elle.

– Bon, Olivia, poursuivit Holly, soudain plus présente qu'elle ne l'avait été depuis des jours. Dis-moi donc ce que… non, explique-nous, à Tracy et à moi, ce que c'est que *ça*.

– J'imagine, dit Olivia, que c'était à Michel. Il les gardait dans une boîte en plastique dans un tiroir sous sa couchette.

– Et de quoi s'agit-il ? demanda Holly, le regard brûlant.

– Ce sont… des barres énergétiques, non ?

– Mais oui, Liv ! Bravo ! Ce sont des barres énergétiques. Elles sont remplies de vitamines et de calories. Elles sont destinées à ceux qui… (Elle reprit son souffle, et Tracy entendit un léger crépitement dans la poitrine de Holly.)… utilisent des tonnes de calories en faisant de l'exercice, un marathon, par exemple. Ou pour les personnes âgées qui n'arrivent pas à se nourrir. Ou pour ceux qui crèvent de faim, dont les provisions ont été gâchées ou jetées par des putain de criminels, sur un bateau, et qui ont dû trouver un moyen de survivre avec le peu qu'il restait.

— Et ? demanda Olivia, le regard perdu au loin.

— Il y avait vingt-quatre barres dans cette boîte. J'ai trouvé la boîte, elle aussi. Soigneusement aplatie. Et chacun des emballages, pliés, sous le matelas, à part ces dernières six. Et j'ai pensé que j'allais vous les montrer, à Tracy et toi.

— Tu ne les as pas mangées, Livy, implora Tracy.

— Quelques-unes, j'imagine.

— Environ dix-huit, j'imagine, dit Holly.

— Lenny en avait peut-être mangé quelques-unes. Et Michel.

— Et quand bien même ? On manque de nourriture depuis plusieurs jours, au moins. Je sais que je suis la seule malade, et ce n'est pas par manque de nourriture. Mais qu'est-ce que tu fais de Cammie et Tracy ? Elles n'ont pas arrêté de porter des trucs, de nettoyer du verre brisé, de pomper la cale à la main et de fabriquer des voiles et d'ouvrir des boîtes de conserve et de faire tout ce qu'un corps humain peut faire, pour tenter de nous sauver. Crois-tu qu'elles auraient pu tirer profit d'une barre énergétique ?

— Il ne m'est certainement pas venu à l'idée que vous pourriez en avoir besoin, toi ou Tracy. Vous pouviez survivre avec vos... enfin... vos réserves de...

— Pas d'insulte, espèce de salope. Réponds à la question.

— Je suis menue. Je n'ai pas les réserves d'énergie d'une jeune comme Cammie. J'ai pensé que si je pouvais apporter ma contribution à quoi que ce soit, j'avais besoin d'un supplément de nourriture.

— Et pourtant, tu n'as contribué à rien du tout. Rien de rien, bordel de merde, à part quelques Valium, rétorqua Holly.

— Dis-moi, supplia Tracy, que tu n'as pas trouvé ces barres

et décidé qu'elles constitueraient ta planque de calories personnelle.

– Je n'ai jamais eu l'intention de vous priver de quoi que ce soit ! Et je ne pouvais pas avaler tout ce poisson frit et ce pain et ce beurre dont vous vous êtes goinfrées, toi et Holly, les premiers jours. Je ne suis pas faite comme ça.

– Et tu es faite comment ? demanda tranquillement Holly. Par exemple, qu'est-ce que le magicien d'Oz t'a mis à la place du cœur ? On aurait pu imaginer que tu te sentirais au moins quelque responsabilité vis-à-vis de la plus jeune, vis-à-vis de Cammie…

– Oh, la ferme, Holly ! grinça Olivia.

– Non, c'est toi qui la boucles, Comtesse. On t'obéissait toutes au lycée, mais là, ça dépasse les bornes, même venant de toi ! Ce que je devrais faire, c'est ce que j'ai fait à ce pauvre gosse.

– Mais oui, tu es une héroïne, c'est ça ! dit Olivia.

– On avance à peine, dit Cammie en descendant du cockpit d'un bond. C'est quoi, tous ces cris ?

– Ça, dit Holly, tendant une poignée de papiers d'emballage et de barres.

– Tu as trouvé des barres énergétiques ! Tante Holly ! Tu es formidable ! Comment as-tu… mais qu'est-ce que vous avez toutes, maintenant ? Je croyais qu'on avait plus ou moins décidé qu'on ne se disputerait plus.

– Je ne les ai pas trouvées. Olivia, la *contessa*, les a cachées sous son matelas. C'est pour ça qu'elle a l'air si en forme, Cammie. Pour ça qu'elle n'essaie pas de tenir avec une cuillerée de céréales et une noisette. Elle a mangé de ça tous les jours.

– Non, dit Cammie. Ce n'est pas possible.

– Je leur ai dit. Je ne peux pas manger de ce… sauté de ragougnasse ou de la merde en boîte. Je serais morte à l'heure qu'il est. Je n'ai pas de réserves de gras…

– Pas de doute là-dessus, putain ! On t'a tout liposucé ! s'écria Cammie.

– Je suis menue par nature, dit Olivia. Comme toi. Tu voulais que je m'effondre complètement, comme Holly ?

– Et toi, c'est ce que tu attendais de moi ? riposta Cammie. J'ai dix-neuf ans. Je n'ai même pas connu l'amour. Je n'ai jamais travaillé pour de vrai ou été nulle part sauf… ici. En enfer. T'as tout vu ! Tu as eu assez d'argent et de sexe et de chirurgie plastique pour dix existences !

– Cammie, ça doit faire mal d'être jalouse de quelqu'un qui a le double de ton âge, la rembarra Olivia d'une voix emplie de vitriol, qu'elle crachait comme de l'huile bouillante.

– Je ne suis pas jalouse de toi ! Je suis désolée pour toi ! Tu fais pitié, vraiment ! Si tu t'imagines que ton ravalement ne se voit pas, tu te plantes. On dirait qu'on t'a tiré toute la peau et attaché un élastique autour avant de couper !

– Camille, je me suis fait faire une retouche pendant que j'étais encore jeune pour ne pas avoir à prendre de mesures plus drastiques quand je serai plus âgée. C'est important de préserver son apparence, Cammie. Tu as un heureux patrimoine génétique, et ça aide. Tu as de la chance, tu ne vieilliras pas comme ta mère, avec des grains de beauté et des rides et…

– Mais au nom du ciel, de quoi tu parles, Olivia ? demanda Tracy d'un ton incrédule. Pourquoi parles-tu des avantages relatifs du lifting ? Maintenant ?

– Elle m'a accusée de…

– Tu disais que ma mère était la plus chouette personne que tu connaisses ! cria Cammie.

– Oui, mais il y a une différence entre bonne et belle. La gentillesse vous garantit à coup sûr qu'on abusera de vous. Les gens ont profité de Tracy toute sa vie. Elle croit que ça veut dire qu'elle est une personne bien. Elle est bien. Mais ce n'est pas toujours le bien qui gagne. Si ton père avait pu m'avoir, il l'aurait fait, ça va de soi, mais une fois, ça a suffi…

– Mais de quoi tu parles ? demanda Tracy.

– De Jim. De Jim et moi.

– Jim. Et toi ?

– Un petit rendez-vous galant, qui, je te l'assure, ne signifiait rien pour moi, pendant que tu faisais rebondir des ballons sur un terrain de basket dans l'herbe haute…

– Tu as couché avec Jim ?

– Mais tu le sais bien… Enfin, si tu ne le savais pas, qu'est-ce que ça change ? À l'époque, on s'était mis d'accord pour ne pas t'en parler. Vous étiez déjà fiancés.

– Tu mens, Olivia.

– Très bien, je mens. Je mentirais si je disais que Dave n'attendait pas son tour juste après, lui aussi, même si Chris n'avait pas l'air trop sûr de lui côté sexe.

– Tu mens ! hurla Cammie. Tu n'as réussi à avoir personne à part un vieux que tu as épousé pour son argent.

– Franco était un homme bien. Mais en Europe, une jeune épouse peut se permettre quelques libertés, Cammie. Crois-moi, j'ai eu une vie bien remplie, et satisfaisante à tous égards. Et j'ai l'intention de continuer.

– On a vu ça à Saint Thomas !

– Je l'ai fait, parce qu'il y a des choses plus séduisantes que la jeunesse, chérie. Je sais comment contenter un homme…

– Tu n'as jamais couché avec Jim, dit Tracy, la voix tremblante.

Elle se serait bien mise à pleurer, mais n'avait plus de larmes à verser.

– Ben, tu peux lui demander, j'imagine. C'était en terminale, juste avant mon départ pour l'Italie, et juste avant que je rencontre Marco. Je crains que ça n'ait un peu dérapé, mais tu n'es pas fâchée, n'est-ce pas, Tracy ?

– Qu'est-ce qui te prend ? demanda Tracy.

– On parlait de provisions volées, interjeta Holly. Il n'y a aucune raison de pousser plus loin. C'est suffisamment moche comme ça.

– Sauf que j'en ai assez de vous voir vous comporter comme si une femme avec une once de féminité était une espèce de maladie ! J'en ai assez de vous voir vous comporter comme des courageux pompiers et des héroïnes, à crier ho-hisse et pomper la sentine et me traiter comme si j'étais un excédent de bagage. J'en ai assez d'entendre Holly me donner des leçons et me dire que je ne fais pas ma part quand tout ce qu'elle a fait c'est cuire de la merde et rester sur son lit. Je suis sale et brûlée, je veux rentrer chez moi, et je n'ai jamais voulu partir sur ce putain de...

– Il aurait mieux valu que tu ne viennes pas. Tu ne fais que du mal aux gens ! Tu n'as jamais rien fait de gentil pour personne de ta vie, hein ? À part m'envoyer des trucs parce que tu étais sans doute trop occupée à baiser de tous les côtés pour élever tes propres enfants ! cria Cammie.

– J'ai choisi de ne pas avoir d'enfants. À ce que j'en sais, la plupart d'entre eux deviennent ingrats et irresponsables. Rien de ce que j'ai vu depuis ne m'a prouvé le contraire. Mais quand je suis tombée enceinte de Marco, j'étais encore une petite catholique pleine d'abnégation, et j'ai décidé de donner mon bébé à un bon couple catholique. Et il se trouve que j'en connaissais un, justement.

Il y eut un silence interminable, suspendu, durant lequel Tracy adjura le temps de faire machine arrière. Il n'en fit rien. Elle tâtonna à la recherche des doigts forts, carrés de Holly et se sentit réconfortée, au plus profond de son cerveau de primate, quand leurs mains s'entremêlèrent. Quand elle leva les yeux vers Holly, celle-ci hocha la tête comme pour lui dire : Du calme, maintenant ; tout va bien. Mais sans ciller, elle lançait des regards furtifs à Cammie et Olivia. Tracy se détourna en direction du néant de mer somptueux qui s'étendait à perte de vue. Les minuscules crêtes bleu-vert des vagues lui adressaient des clins d'œil narquois.

– Tu es ma *mère* ? finit par demander Cammie en relâchant son souffle comme si elle l'avait retenu sous l'eau. Tu... tu es ma vraie mère ?

– Tu ne l'as jamais deviné ? Tu es un peu mal dégrossie. Mais une grande beauté. Intelligente et douée, aussi.

Cammie dévisagea Tracy.

– Tu aurais dû me le dire depuis longtemps. Je te l'ai demandé cent fois, et tu ne me l'as jamais dit.

– Elle m'avait fait jurer de ne pas le dire, admit Tracy, piteuse. Elle ne voulait pas te donner, sinon.

– Et tu l'as écoutée. Et tu m'as laissée gamberger. Je m'en

doutais, M'man. Tu sais quoi ? J'y ai pensé. C'est juste que je n'arrivais pas à le croire. Dans ce cas, Olivia, est-ce que ça signifie que je suis la jeune comtesse Montefalco ? J'ai droit à un gros héritage, et une voiture ? J'aime bien les Alfa Roméo...

– Je crains que non, chérie. Quand je t'ai donnée à Tracy, tu es devenue la fille d'une prof de gym, avec un père qui dessine des usines et des extensions de maisons particulières. Du point de vue juridique, une Kyle. Camille Kyle. Maintenant, il y a un nom. (Elle tendit le bras vers la bouteille de rouge et entreprit de la déboucher, mais la main de Holly surgit traîtreusement pour la lui arracher. Olivia haussa les épaules.) Il a pu m'arriver de regretter mon choix. Tu aurais certainement été... mieux nantie, mettons. Mais à vingt ans, je ne savais pas de quoi l'avenir serait fait. Et on pensait tous que Tracy ne pourrait jamais avoir d'enfant, à cause de son avortement.

– Avortement ? M'man ?

– C'était une grossesse ectopique, Cammie. On allait se marier, Papa et moi, mais j'ai perdu ce bébé.

– Comme tu vois, poursuivit Olivia, ç'aurait été très cruel de ma part de revenir sur ma parole. Mais ensuite, voilà que débarque ce bon vieux Teddy ! Le portrait craché de ta maman, non ? Est-ce que tu penses que peut-être – je dis bien peut-être – ça pourrait expliquer pourquoi Tracy et toi ne vous entendez pas trop bien ?

Le regard de Cammie passait de l'une à l'autre.

– Je n'ai jamais pensé que ça faisait une différence.

– Parce que ça n'en fait aucune, Cammie ! s'écria Tracy. Je t'ai posé des gants de toilette sur le front quand tu avais de la fièvre. C'est moi qui t'ai appris à parler, et à lire. Papa a repéré ton don extraordinaire pour les maths. Ted t'adore ; tu le sais bien...

– Mais je ne suis pas celle que je croyais être...

– Tu savais que tu avais été adoptée, dit Tracy d'un ton suppliant. Tu savais que nous ne t'en aimions que plus.

– Je ne savais pas que j'étais la fille de la pute de la ville, dit

Cammie. Tu as dû craindre que les gènes ne se transmettent, M'man. C'est pour ça que tu me surveillais d'aussi près.

– Cammie, je t'en prie… je te surveille de près parce que tu es ma fille, dit Tracy qui s'effondrait à vue d'œil, tremblant comme une feuille. Tu es ce que j'ai de plus cher au monde.

Camille se leva pour se diriger vers sa cabine, et referma la porte. Tracy agita la poignée. Elle était verrouillée.

– C'est quoi, ton problème ? Pourquoi tu nous fais du mal comme ça ? hurla Tracy à l'adresse d'Olivia.

– Je voulais lui donner de l'espoir, Tracy. Je voulais souligner qu'elle ne serait pas obligée de ressembler par la suite à un manche à balai avec un pneu autour de la taille.

– Tu me hais, découvrit Tracy, fascinée. Tu me détestes. Je savais que tu avais eu une enfance merdique. Mais le reste… Tu as dû avoir une vie franchement épouvantable, Olivia. Je ressens pour toi la même chose que Cammie. Je suis désolée pour toi. Tu ne pourras pas m'enlever ma fille si tard que ça. Tu as entendu ce qu'elle a dit. Tout ce que tu peux espérer c'est que, pendant quelques semaines ou quelques mois, elle ressentira une espèce de haine à son propre endroit qu'elle ne mérite pas. Tu te délectes d'être malfaisante. C'était marrant quand on était jeunes. Ce n'étaient que des blagues et des sales tours. Mais en fait, tu aimais vraiment exclure les autres filles. Leur peine te faisait plaisir. Tu aimais faire en sorte qu'elles se sentent inférieures. Mais elles ne nous étaient pas réellement inférieures, Olivia. Cissy Hewlett était sympa. Mary Brownell était mignonne et futée, bien plus intelligente qu'aucune d'entre nous. Peggy Ojewski aussi était sympa. Mais c'est nous que tu as choisies. Pourquoi ? Pourquoi moi ? Pourquoi Holly ?

Olivia, hérissant l'échine, leva un regard furieux vers Tracy.

– Je vais te dire pourquoi. Holly avait une grande gueule. Elle me faisait rire. C'était la fille avec qui tout le monde avait envie de faire l'andouille, la meneuse, elle avait la cote avec tout le monde. Je la voulais à mes côtés, pas avec ses potes sportifs débiles. Je convoitais les garçons. Si je voulais Janis, qui était canon et qui avait aussi plein de garçons sur les talons, il fallait que je te prenne avec. Vos mères n'auraient pas permis qu'il en aille autrement. Et quand j'ai appris à te connaître, j'ai admiré ton culot. Ta façon de toujours faire le sale boulot pour avoir mon approbation. S'il fallait voler ou couper ou renverser quelque chose, tu le faisais, pour que je n'aille pas t'éliminer des Parraines. Tout le monde rêve d'avoir des esclaves, Tracy. Je n'ai jamais cru que j'en aurais un jour pour de vrai, même si c'est arrivé plus tard. Mais bon, on était au lycée…

– T'aimerais bien que je te haïsse, hein, Liv ? Mais ce n'est pas le cas. Chaque fois que je te regarde, je vois un reflet de ce que j'aime le plus au monde, à part Ted et Jim. Quelque chose que tu ne verras jamais. Un jour ou l'autre, tu seras vieille et seule, Olivia. Joey a ses enfants. Ta mère a Joey et ses petits-enfants, et le souvenir de ton vieux salopard de père, Sal. Et toi, tu auras qui ? Un petit jeune comme le pauvre Michel que tu devras payer pour qu'il te tienne compagnie ? Je préfère encore mille fois mon popotin en 44 à ta vie taille 36, Olivia, dit Tracy. Mets-la bien au coffre.

Olivia se détourna pour s'éloigner avec une raideur offensée. Mais Tracy posa le pied devant elle. Un nuage passa. Quand la lune émergea de nouveau, le visage de Tracy était aussi vide qu'une paume offerte.

– Va prendre la barre. Si je dois te faire mal pour que tu obéisses, je le ferai.

SEIZIÈME JOUR

T
– u m'appelles dès que tu arrives ? demanda Dave à Janis pour la cinquantième fois.

– David ! Je t'appelle quand je t'appelle ! Je t'appellerai quand j'aurai quelque chose à te dire !

– C'est ce que disait Tracy.

– Chéri. Dans le congélateur, il y a des plats cuisinés faciles à réchauffer par toute personne capable de mettre un four en marche. J'en ai préparé cinq au cas où. S'ils mangent de la pizza cinq soirs de suite, je m'en fous. Détends-toi. Ne travaille pas trop dur. Ne te crève pas à la tâche.

– Ils ont dit que tu ne pouvais rien faire.

– Mais je ne peux pas rester sans rien faire, Dave ! On a grandi comme des cousines, Tracy et moi, on est comme des...

– ... sœurs, je sais. Et je veillerai sur Jim. C'est un paquet de nerfs.

– Écoute, on en a parlé et on est tombés d'accord pour dire que ça ferait vraiment trop pour Ted de se retrouver sans ses deux parents ni sa sœur. Il faut que j'y aille, David. Je

278

n'ai pas le choix. Et s'il arrivait quelque chose et que j'aurais pu les aider ?

— Tu as tout ce qu'il te faut ?

— La vieille dame a dit que je n'avais besoin de rien sauf d'un jean, un short et une veste. Et un maillot de bain. Comme si j'allais piquer une tête !

— Elle va aller les chercher alors qu'ils ont des vedettes et des hélicoptères de gardes-côtes parfaitement compétents ?

— Lenny est ami avec cette vieille dame. Lenny, c'est le propriétaire du bateau. Apparemment, c'est une petite communauté très solidaire. Elle a retardé son retour vers les Hamptons pour participer aux recherches.

— Mais tu me jures de les laisser partir, elle et son compagnon ? Tu ne poses le pied sur aucun bateau. J'ai ta parole ?

— Dave, tu viens de me le rappeler. J'ai fini le sac à main de Tracy. Je fonce le chercher, ensuite je dois aller à l'aéroport. Quand je la verrai, je veux lui remettre le cadeau d'anniversaire que je lui ai préparé. Ça m'aide à croire que je vais vraiment la voir. Emma va arriver d'une seconde à l'autre pour me conduire à l'aéroport. Souhaite-moi bonne chance.

Dave la serra fort contre lui et embrassa sa bouche aux commissures retroussées.

Janis courut à l'étage et déposa avec amour dans son bagage à main le petit sac de soirée qu'elle venait de terminer la veille. Emma klaxonna. David et Janis échangèrent un nouveau baiser, et Janis jeta son sac sur son épaule.

Douze heures plus tard, elle montait à bord du *Big Spender*. Aux côtés de Sharon Gleeman et Reginald Black, elle promit à Meherio Amato et au petit Anthony qu'ils retrouveraient Papa, et ils laissèrent derrière eux la marina de Saint Thomas.

Tracy monta sa voile expérimentale. Quand elle prit le vent, son premier instinct fut de crier victoire à Cammie. Mais Cammie n'était sortie de sa cabine que pour boire son eau et grignoter quelques bouchées de céréales. Elle déverrouilla la porte ce soir-là pour laisser entrer sa mère. Quand

Tracy posa les yeux sur elle, elle dormait, ou faisait semblant de dormir. La cabine empestait littéralement la tension, l'hostilité muette. Ce fut donc à Tracy de s'assurer que Holly avale quelque chose, même si ce n'était qu'une gorgée d'eau imprégnée d'un sachet de thé, additionnée d'un peu de sucre ou de miel. Tracy était tendue comme un élastique prêt à rompre, et pourtant essayait de maintenir seule un ballon de gymnastique en équilibre sur ce fil étroit. Pour la première fois de sa vie, elle se dit qu'elle allait peut-être craquer. Le travail et l'épuisement tenaient cependant l'anxiété à distance. Elle oubliait parfois pendant des heures d'affilée que sa famille présentait désormais des fissures qui ne résisteraient plus à la moindre pression. Les fissures deviendraient ravines. Cammie ne ferait que s'éloigner, spiralant toujours plus loin le long d'une trajectoire d'évitement solitaire. Le cœur de Jim allait se briser.

Et encore, à condition qu'elles s'en sortent vivantes.

Elle n'avait pas dit un mot à Olivia, et ne le ferait pas. Mais Olivia avait été habile. Elle avait placé ses piques avec soin, et efficacement.

Après son dernier quart, elle avait refermé la porte de sa cabine à double tour. Elle non plus ne voulait plus sortir.

Ce qui laissait Tracy livrée à elle-même, Holly à peine capable de parler, Cammie et Olivia enfermées dans leur coin. Avec son esprit pour seul compagnon, elle ne pouvait plus maîtriser ses pensées : Tracy se sentait-elle réellement plus proche de Ted parce qu'il était leur chair et leur sang, à Jim et elle ? Non. Cammie avait plutôt été la timbale, le prix, la plus chérie, l'insaisissable nymphe, qui avait toujours un temps d'avance. Tracy avait plutôt pris la bonne humeur de Ted comme allant de soi. Aurait-elle aimé donner la vie à Cammie ? Bien sûr. Mais à Cammie, à aucun autre enfant. Avait-elle jamais envisagé de le dire à Cammie ? Oui, elle avait prévu de l'apprendre à Cammie cet été, précisément, pour ses dix-neuf ans. Puis Franco était mort, et Olivia avait annoncé sa décision de rentrer aux États-Unis ; et Tracy avait calé, effrayée – oui, effrayée par leur ressemblance qui serait tellement évidente maintenant que Cammie était devenue femme. Qu'avait-elle redouté ? Olivia était glam' et exotique. Tracy était… quelconque et, comme toute mère aux yeux de son propre enfant, ordinaire. Craignait-elle que Cammie désire plus qu'une simple relation « de nièce à Tata » avec Olivia ? Ou avait-elle remis la discussion prévue – une conversation prudente et intime – par peur du brasier qu'elle ne manquerait pas d'allumer, vu l'âge instable de Cammie et son état d'esprit ? Elle n'avait jamais pu souffrir les conflits. Et merde ! Jim le savait. Elle disait toujours oui aux desiderata de Jim.

Ce qui était fait était fait. Tracy se secoua, mentalement, et accorda toute sa persévérance aux voiles. Une fois le bateau reparti, son moral remonta.

N'importe quel mouvement valait mieux que cette lente dérive interminable. Toute alarmée qu'elle était de voir le compas indiquer qu'elles avaient en gros de nouveau dérivé vers là d'où elles venaient, maintenant qu'elles avançaient bien. De temps à autre, Tracy apercevait un brin d'une plante terrestre quelconque à la surface de l'eau. Elle se sentait comme Noé. Peut-être distingueraient-elles bientôt la terre, ou un navire, peu importe quoi. Peut-être qu'elles pourraient trouver une île inconnue, s'ancrer, et pêcher : Tracy avait en effet lu dans le manuel de plongée que les poissons jouaient parfois autour des quilles des bateaux s'ils étaient stationnaires. Peut-être pourraient-elles faire un feu et manger leur prise.

Son front était si crevassé qu'aucune quantité de lotion ne parvenait à le soulager, et elle redoutait d'avoir à se faire faire quelques greffes de peau sur le nez. Il était méconnaissable – on aurait dit un nez artificiel, à vif et clownesque. Elle le couvrait en permanence d'une épaisse couche de Vaseline, et cela faisait tout de même mal, même lorsqu'elle éternuait. Ses mains, jamais soignées, s'étaient mises à saigner alors qu'elle les tartinait de matière grasse récupérée dans le bac en fer-blanc. Le vent et l'eau salée avaient emmêlé ses cheveux de manière incroyable. Elle n'avait pas essayé d'y passer un peigne. Les chapeaux étaient tous détrempés ou réduits en lambeaux, à l'exception du machin en paille tressée que portait Olivia chaque fois qu'elle sortait de sa cabine. Même les yeux lui piquaient derrière ses lunettes de soleil, et sa vision se brouillait périodiquement. Quelque chose avait éclaté dans l'un d'eux, qui dansait comme un point dans son champ de vision. La tête lui tournait quand elle se levait, et sa langue était légèrement gonflée, la peau de ses mains se relâchait, signes de déshydratation qu'elle reconnaissait pour avoir fait du sport.

En temps normal, Tracy buvait souvent près de deux litres d'eau par jour. La ration réduite à cent millilitres avait eu moins d'effet sur Olivia et Cammie, peut-être, chez Cammie, en raison de son âge. Mais Tracy savait qu'elle devait conserver ses forces. Sans obliger quiconque, mais avec une détermination farouche, elle quittait simplement le cockpit toutes les quatre ou cinq heures, et soit Olivia, soit Cammie, prenait sa place. Même si Tracy mourait d'envie de tendre le bras vers sa fille, elle n'en faisait rien. Cammie devrait accepter les faits entourant sa parenté biologique du mieux qu'elle pourrait. Cette ignoble façon de révéler quelque chose d'autrefois chéri restait dans le ton de ce périple cauchemardesque. Tracy espérait, avec trop d'optimisme peut-être, que tout ceci ne serait un jour qu'une épreuve à analyser quand ce pourrait être fait sans dommage.

Cammie était au plan affectif plus mature qu'elle n'avait eu à le prouver jusque-là. Tracy n'avait plus qu'à prier, et espérer. Mais elle ne pouvait rien changer au caractère rétif de Cammie, ou au fardeau que représentait tout naturellement la perte de ses droits civiques. On venait de reconfigurer son univers. Il faudrait du temps pour voir si ce monde remanié n'avait pas fait sauter les bases de la véritable personnalité de Cammie. Tracy essaya d'imaginer comment elle aurait réagi elle-même face à semblable nouvelle, et en toute honnêteté, elle savait qu'à défaut de péter un câble, elle se serait constitué une grotte psychique pour s'y terrer, tout comme l'avait fait Cammie.

Tracy n'en voulait pas à son enfant, seulement à Olivia.

Elle n'osait pas penser plus loin qu'à l'heure suivante, à la prochaine risée. Elle ne s'était jamais sentie plus seule, à ce point simple souffle ténu dans un monde étouffé. L'une de ses amies était… eh bien, pour regarder les choses en face, peut-être à l'agonie. L'une de ses amitiés, construite sur un lien unique, n'était plus. Sa relation avec sa propre fille était sous assistance respiratoire, et il n'y avait aucune garantie qu'on les retrouve avant… avant qu'il soit trop tard. Et elle tenait dans sa main les barres énergétiques. Elle en avait réduit trois morceaux en miettes ce matin, qu'elle avait données à Holly avec sa première ration d'eau. Elle avait mangé le reste de la barre.

Les deux dernières seraient pour Cammie.

Cammie s'en sortirait.

DIX-SEPTIÈME JOUR

C'était quoi, ça ? s'écria Cammie.

Tracy bougea, trop épuisée pour répondre.

– J'ai senti quelque chose, M'man, une grosse vague, peut-être.

– Monte voir, alors. Monte dans le cockpit.

– Olivia y est ?

– Non.

– Il n'y a personne là-haut ?

– Non.

– Mais alors… qu'est-ce que tu fais ?

– Je meurs. Je n'ai pas dormi. Je ne sais pas depuis combien de temps. Alors tais-toi et laisse-moi dormir.

– Le bateau est sous voile. On pourrait tout foutre en l'air.

– Parce que je suis trop nase, bordel. Fous-moi la paix, dit Tracy.

– Lève-toi, M'man. J'ai senti quelque chose.

Tracy se roula hors de la couchette inférieure et, Cammie sur les talons, sortit sur le pont d'un pas titubant.

Ensemble, incrédules, elles sentirent le sillage du cargo qui passait devant elles : une montagne qui se déplaçait comme une rivière.

– Les fusées ! Cammie, va chercher les fusées ! ordonna Tracy. Il ne va pas nous heurter. Il est au moins à deux cents mètres. Mais il y a peut-être quelqu'un de garde à l'arrière. Remonte la radio !

Cammie alluma et lança des fusées en l'air, les unes après les autres, jusqu'à ce qu'il n'en reste plus que six. Tracy secoua la radio, qui semblait refuser obstinément de se réactiver, et cria à tue-tête :

– Ici le voilier *Opus* ! Mayday ! Mayday ! Les piles sont mortes, Cammie !

Cammie tâtonna à la recherche d'un nouveau paquet, qu'elle déballa d'une main fébrile. À la lumière de la lanterne fonctionnant sur piles, elles firent sauter les anciennes sur le pont et rechargèrent.

– Ici le voilier *Opus* ! Mayday ! Mayday ! Vous m'entendez ?

Après d'interminables moments, une voix répondit en brusques syllabes slaves.

– En anglais ! cracha Tracy qui tâchait de se remémorer toutes les idiomes en langues étrangères de sa connaissance.

– Anglais ! *Nous êtes l'*Opus[1] *! Vir sind der* Opus *!* Cammie ! C'est de l'allemand ? Il parle quoi là, l'allemand ?

La voix, plus faible, semblait lister des chiffres, des coordonnées.

– Passe-le-moi, la pressa Cammie. Mayday ! Mayday ! Tout le monde pige ça. Pourquoi est-ce qu'il n'écoute pas ?

– Pour l'amour du ciel, Camille, tu croyais le prononcer plus nettement que moi ? On les entend, mais pas eux, dit Tracy. Tu ne piges pas ça ? Je ne sais pas pourquoi. On doit être sur la même fréquence !

– Tu as raison, mais je refuse de l'admettre, répondit Cammie, éclatant en sanglots furieux et dépourvus de larmes. Je mettrais bien en pièces cette putain de machine débile si

---

1. En français dans le texte (sic).

je pouvais, mais c'est la seule putain de machine débile qu'on ait !

Elles se retournèrent de conserve pour regarder les lumières du cargo s'amenuiser avant de franchir le bout du monde. Ensuite, Cammie leva les yeux vers le cockpit.

— M'man, dit-elle lentement, le bateau est toujours sous voile et personne ne le barre... et on est dans un rail de cargo, maintenant.

Tracy gravit les marches glissantes en quelques bonds.

— Olivia ! héla-t-elle. Olivia !

— Je m'en occupe, dit Cammie. J'y arriverai. Va la chercher, toi.

— Olivia ! hurla Tracy en martelant la porte de la cabine. Sors de là. Un cargo nous porte secours. C'est fini !

Olivia ouvrit la porte à la volée, et Tracy lui attrapa le bras.

— Tu m'as laissée barrer ce bateau jusqu'à ce que je m'endorme debout et on a failli heurter un paquebot. Pas question que tu retournes là-dedans. Il y a encore des munitions pour ce fusil.

— Fous-moi la paix, Tracy.

— Non. Tu vas m'aider à sauver la fille à qui tu as donné la vie, Olivia. Tu vas m'aider à sauver la mienne. J'étais la seule amie que tu aies jamais eue.

— Je ne vais pas rester assise pendant quatre heures à fixer le néant pour toi. Si tu dois me laisser crever de faim, je vais rester là et sauver le peu d'énergie qu'il me reste. Je ne ferai rien du tout. Tu peux être bien certaine que je survivrai. Il y en a d'autres comme ceux que j'ai trouvés, là où je les ai trouvés. Et je ne t'en donnerai pas une miette, et je ne te dirai pas où c'est, et tu ne les trouveras jamais.

Elle sourit d'un air victorieux.

— Tu n'as pas envie qu'on te pardonne, Olivia ? Même Cammie ?

— Comme tu l'as très bien souligné, c'est ta fille, et toi la maman ours protégeant son ourson. C'est toi qui pourvois à ses besoins.

Tracy n'avait jamais frappé un autre humain. Elle recula sa main et gifla le visage d'Olivia.

– Pour l'aventure, répondit Sharon Gleeman à la question de Janis. Pour l'argent ? Oh non. Mon père a passé sa vie à plumer de pauvres ouvriers textile. Ça a largement suffi pour me mettre à l'abri, pour ma vie entière. On emmène des gens pour le plaisir. Quelquefois, ce sont des gros richards. La plupart du temps, ce sont des gens qui ne pouvaient pas s'offrir un autre bateau, hein, Regin ? (Sharon se tourna vers son compagnon.) On a eu des gosses des taudis de Boston, venus avec leurs profs. On a eu des familles à qui il fallait qu'on paie le billet d'avion jusqu'ici. C'est marrant. Vous seriez étonnée du bien que leur fait la mer. Et puis, bien sûr, c'est magnifique. C'est magnifique pour l'instant. Mais ça peut s'en prendre à vous, comme la vie. En une minute. Et je dois l'admettre, c'est aussi ça que j'aime. Ça demande un effort. Je pourrais être assise sur ma véranda, avec des vieilles bonnes femmes, à organiser des œuvres de bienfaisance pour snobs. Pas mon genre. (Sharon plongea son regard dans celui de Janis.) Ne le prenez pas mal, ma chère. Dans l'immédiat, ce n'est pas l'aventure que je recherche. Je suis à la recherche de Lenny et de cet adorable garçon, et de votre sœur. Et on les retrouvera, je vous le promets.

Janis rit, et Sharon la dévisagea.

– Non, il n'y a pas de mal, lui dit Janis. C'est juste que, ce que vous avez dit, c'est précisément ce que je fais. Organiser des œuvres de bienfaisance pour snobs.

– Je ne voulais pas manquer de respect, en aucune manière.

– Oh, vous ne l'avez pas fait. Pas du tout. Mais ce sont les snobs dont on fait la louange, néanmoins, pas les organisateurs.

– Tout juste, reconnut Sharon.

Sharon Gleeman était une merveille d'agilité. Janis la regarda gravir des échelles et soulever de lourds bidons et jerricanes d'essence avec la force d'un homme – et un homme de la moitié de son âge, avec ça.

Reginald Black était l'architecte des détails. C'est lui qui avait assemblé les éléments d'une carte de fortune, à partir de la description que Meherio lui avait faite de la route qu'emprunterait Lenny. Pendant que Janis piaffait d'impatience, Reginald avait passé les dernières heures à glaner couvertures, eau, provisions de base, et informations auprès de tous ceux qui avaient parlé avec Lenny et Michel avant qu'ils prennent la mer. Elle savait qu'ils auraient besoin de tout cela. Elle *espérait* qu'ils auraient besoin de tout cela. Mais il lui fut impossible de se poser avant que *Big Spender* n'ait dépassé l'île Norman au moteur, et abordé le large. Ils n'auraient pas besoin des voiles, lui avait dit Sharon. La voile, c'était pour le plaisir, le moteur, pour la vitesse.

– Si vous vous inquiétez de ce qu'elles puissent mourir de faim, ne vous en faites pas. Lenny a une bonne réserve de boîtes de conserve à bord en cas de besoin, y compris des cannettes d'eau douce. Et s'ils n'ont pas rencontré de gros temps, ce que j'espère, ils devraient encore avoir plein de nourriture congelée. Dans le pire des cas, ils devraient avoir de l'eau en quantité dans les réservoirs, et ils peuvent faire de l'eau douce si nécessaire.

– Qu'est-ce qui vous tracasse, alors ? demande Janis.

– Pour l'instant, contentons-nous de garder le cap, ma chère.

– Non, dites-moi.

– Eh bien, vous me forcez la main. Apparemment, Regin a parlé à quelqu'un qui croit avoir vu la petite annexe du bateau de Lenny, comme notre petit bateau à moteur, vous voyez, mais le leur est plus grand, bleu, assez caractéristique.

– Repéré ?

– Repéré en train de dériver. Il était pressé et le mauvais temps était infect, alors il n'a pas insisté. Mais il avait l'impression qu'il n'y avait personne à bord. Ou alors, s'il y avait quelqu'un, il était allongé, ce qui serait logique, évidemment.

– Ce qui veut dire…

– Je n'en ai pas la moindre idée. Rien du tout, sans doute. Le bout de l'annexe a pu se défaire. Lenny aurait certainement tenté de le récupérer. Peut-être qu'il est dedans. Peut-être qu'il l'a raté, et qu'ils l'auront halé à bord. Michel et lui sont très certainement avec vos amies. Une annexe à la dérive ne signifie pas accident. Ça ne veut rien dire en soi. Je ne compte plus le nombre de fois où les gens ont perdu leur annexe. Ils échouent quelque part. Quelqu'un les récupère et les remorque. Tout se finit bien. Cela dit, deux précautions valent mieux qu'une, poursuivit Sharon. Vous savez, quand j'ai rencontré Lenny, je n'ai jamais cru qu'il durerait dans le métier. Le seul bateau qu'il avait jamais skippé, c'était dans sa baignoire, pensais-je. La marine, ça ne compte pas, ça ne fait que croiser sur des villes flottantes géantes. Mais c'était un excellent plongeur, l'un des meilleurs. Et il était patient. Il a appris auprès de tous ceux qu'il a rencontrés. Quoi qu'il ait pu se passer, Lenny saura quoi faire.

– Tracy, ma cousine, est très débrouillarde, dit Janis.

– Dans ce cas, aucune inquiétude. Quoi qu'il en soit, je n'étais pas pressée de retrouver le début de la morte saison sur Long Island. On rira tous de ça dans quelques jours.

– Et si Lenny était blessé ?

– Il faudrait un sacré coup de déveine pour mettre Lenny dans le pétrin.

– Et si c'était le cas ?

– Eh bien, à chaque jour suffit sa peine. C'est ce que disait ma mère.

– Il y a autre chose qui vous embête.

– Non, rien.

– Reginald. Monsieur Black, qu'est-ce qui pourrait arriver d'autre ?

– Miz Loccario…

– Janis, s'il vous plaît.

– Janis, Sharon est la personne la plus incurablement optimiste que cette bonne vieille Terre ait portée. Je la connais depuis qu'elle a dix ans. En arrivant de Caroline du Nord, ma famille a emménagé juste à côté de chez elle. Tout le monde pensait qu'on se marierait. D'une certaine façon, c'est ce qu'on a fait, j'imagine.

– Mais ?

– Mais elle n'aime pas s'attarder sur l'aspect sombre des choses.

– Et vous, si ?

– Je suis plus ce que les gosses appellent un bourdonneux. J'ai bien mérité mon patronyme au fil des ans, à ce qu'il paraît, et épargné à cette chouette femme un monde de malheur, je dois dire, quand il m'arrivait d'avoir raison.

– Où voulez-vous en venir ? finit par demander Janis.

– À cette époque de l'année, les bateaux en mer, et il n'y en a pas beaucoup, ne naviguent pas tous pour le plaisir. Certains mettent le cap sur leur destination d'hiver. Mais les autres, ceux qu'on ne voit pas, font, comment pourrait-on dire, du vilain. Ce sont de tristes sires.

– Vous voulez dire, des pirates ?

– Des pirates des temps modernes, j'imagine. Des voleurs. Mais ceux dont je parle ne veulent pas être vus. Ils apportent de la drogue au large des côtes des États-Unis. De la drogue en provenance du Costa Rica, ou du Salvador, qui transite par le Honduras ou autre. Un boulot très lucratif et très dangereux pour eux.

– Mais également pour ceux qui croisent leur route.

– Oui, et ceux qui croisent leur route sont généralement des agents de la marine du Honduras qui leur passent les menottes vite fait. Fin de l'histoire.

– Mais pas toujours.

– Presque toujours. Pas toujours. Mais la plupart du temps.

– Reginald, dit Sharon, pour ma part, j'ai très faim. Tu veux bien aller préparer quelque chose, s'il te plaît ? Personne n'a envie d'entendre ces racontars pour touristes… Janis, on ne rapporte pas le moindre cas où quelqu'un aurait été inquiété par ces vauriens.

– Sharon, chérie, tu sais que ce n'est pas vrai. Il y a eu ce couple qui s'est fait aborder, et ils ont humilié la femme, je suis désolée de le dire, et l'homme s'est fait salement tabasser.

– Personne n'a été tué. Pas depuis dix ans, au moins. Je vous en prie, ne laissez pas mon lugubre coéquipier aggraver encore vos motifs de soucis.

Janis porta son regard sur l'immensité bleue insondable, gentiment ridée, clémente. Verres de rhum glacés avec tranches d'ananas et ombrelles en papier. Vieilles légendes, musique Motown, et lait solaire.

– Je n'avais pas besoin de lui pour ça. J'y pensais déjà, Sharon.

Et quand bien même les humains ne seraient pas des animaux, capables de sentir un orage ou un prédateur à l'approche, Janis et Tracy avaient été promenées ensemble au zoo par leurs mères dans une même poussette. Elles avaient dormi, tête-bêche, dans le même berceau, puis dans un grand lit. Janis n'avait jamais eu de prémonitions. Mais debout sous le soleil, à bord du *Big Spender*, elle sentait littéralement Tracy, et la détresse de Tracy, et l'urgence de la situation.

– Quelque chose ne va pas, dit-elle à Sharon.

DIX-HUITIÈME JOUR

Enfin, une torpeur s'abattit sur elles toutes, comme une coiffe.

Leurs morts auraient été terribles. Mais si elles avaient eu suffisamment à boire et à manger, guidées par l'exemple de Lenny, elles auraient peut-être tenu. Des petits coups de chance leur avaient été accordés : elles avaient réussi à se deséchouer du banc de sable. Tracy avait cousu une voile. Même les hommes armés... au moins, le fait qu'elles aient pu les tenir à distance constituait une sorte de pitoyable victoire. Mais la confrontation acerbe entre Holly et Olivia, le repli meurtri, perplexe de Cammie, la malveillance affichée d'Olivia : mis bout à bout, c'était trop.

Des avions et des bateaux et, pour autant que Tracy le sache, des vaches et des trains passeraient non loin. Elles étaient invisibles sur l'immensité sans nom de la mer imperturbable. Rien n'arriverait, si ce n'est la fin. Et si quelque chose devait se produire avant la fin, ce serait atroce.

Le jour retomba avant que Tracy se réveille.

C'était le jour suivant l'altercation entre Holly et Olivia.

Le soir de ce jour-là.

Elle dormait depuis plus d'heures qu'elle n'en avait jamais dormi durant sa vie entière. La gifle infligée à Olivia lui cuisait toujours la main. Elle songea : Nul besoin urgent d'aller aux toilettes. De me brosser les dents. De manger mes amandes. Puis : Ça m'est égal désormais. Elle n'avait pas barré cette nuit-là. Elle ne se souvenait pas de s'être allongée sur les coffres, la tête posée sur un gilet de sauvetage en guise d'oreiller. Mais alors que Tracy dormait, les côtes de la Jamaïque avaient défilé devant elles. Les derniers membres de l'équipage de l'*Opus* n'auraient pas été capables de virer avec suffisamment de savoir-faire pour maîtriser une approche vers cette destination si l'une d'entre elles l'avait aperçue. Peut-être valait-il mieux qu'elles ne l'aient pas vue. Sur la côte qu'elles longeaient, il n'y avait pratiquement aucun habitant, rien que de traîtres rochers et hauts-fonds.

Les réflexions de Cammie valaient celles de sa mère.

Barrer… mais vers où ? Boire… à quoi bon ? En s'alimentant de miettes dont son corps n'aurait peut-être même pas le temps de tirer profit ? Elle songea aux condamnés, capables, on ne sait comment, de se dissocier de la réalité et d'avaler un *dernier* repas. Je réclamerais de la ciguë, se dit Cammie. Elle s'était souvent demandé : comment les gens savent-ils que c'est la toute dernière fois qu'ils feront l'amour ? Qu'il ne leur sera tout simplement plus donné de le refaire ? Comment savent-ils qu'ils ne reverront jamais plus leurs parents ? La dernière fois que Papa ou Ted m'ont embrassée ? Tout ce qui doit m'arriver est sans doute déjà advenu, songea-t-elle. Mais il fallait qu'elle se lève et qu'elle aille trouver Tracy. Elle avait besoin de faire au moins ça. Elle s'était servi des mots « vraie mère » pour décrire Olivia. Elle avait posé le pied sur une fêlure et brisé le cœur de sa mère. Si elle devait vraiment trouver la mort, celle-ci ne serait pas grevée par la honte que ces deux mots lui faisaient ressentir.

Holly reposait assise dans sa couchette : respirer lui était devenu difficile, un labeur, lent et délibéré. Elle entendait sa poitrine s'emplir et se vider avec un bruit de petits galets déboulant dans un verre, au loin. Elle l'avait souvent entendu auparavant, à l'hôpital, dans de paisibles chambres avec l'instruction « Ne pas réanimer » punaisée sur la porte. Mais les êtres qui gisaient et inhalaient leur dernier souffle crépitant étaient la plupart du temps âgés, entourés de ceux qui les aimaient depuis toujours. Et s'ils étaient seuls, des infirmières prenaient tout spécialement soin de les réconforter et de les apaiser. Elle savait que la mort n'était ni douloureuse ni difficile. Le choc septique était un espèce d'agréable lâcher-prise, lui avaient rapporté ceux qui avaient frôlé la mort – expérience à l'origine de légendes de lumières accueillantes et d'entrées euphoriques dans un royaume réel et visible. Y aurait-il un royaume ? Y aurait-il un royaume pour quelqu'un dont le dernier acte avait été l'assassinat erroné du fils d'une autre mère ?

Olivia croqua dans sa barre au café et but de l'eau saumâtre au robinet. Elle se sentait nauséeuse et faible. Au-dessus de son bikini, son ventre était flasque. Elle était résolue à ne plus ressortir de là, à ne plus jamais ouvrir sa porte. Qu'elles viennent donc la supplier. Elle survivrait et s'en sortirait même bien. Qu'elle ait engendré cette petite Jézabel, en toute charité et dans la douleur, n'était que bile amère. Que Tracy elle-même ait pu s'en prendre à elle était au-delà de l'entendement. Olivia avait reçu là une leçon amère. On ne pouvait compter sur personne, *personne*. En Europe, on se gaussait de ces Américaines, grandes, pataudes, tapageuses. Olivia n'était pas des leurs. Elle ne leur avait jamais ressemblé. Elle était comme un enfant substitué, que le hasard avait fait naître chez les ploucs. Un jour peut-être, Camille viendrait vers elle. Olivia la recevrait de bonne grâce et la mettrait en garde contre l'ineptie des imbéciles.

Une fois le soleil couché, Tracy et Camille se retrouvèrent à la porte de leur cabine. Tracy, qui savait qu'en dépit de son apathie elle était toujours une mère, et que les mères faisaient ce qui devait être fait, venait revendiquer son enfant.

Camille, qui s'était souvenue que le seul endroit vraiment sécurisant qu'elle ait jamais connu sur Terre jusqu'ici avait été le lit à baldaquin de ses parents où elle grimpait, enfant, le dimanche matin, était venue trouver sa mère.

Elles s'observèrent avec méfiance.

Elles ne tombèrent pas dans les bras l'une de l'autre. Mais quand Camille ouvrit la bouche pour prendre la parole, Tracy porta un doigt à ses propres lèvres. Si ce devait être son dernier geste, elle ne permettrait pas à Olivia de l'entendre évoquer avec sa fille des choses qui n'appartenaient qu'aux Kyle, à leur famille.

En silence, Camille hissa le seau que sa mère avait récemment récuré à fond et versa de l'eau dans le désalinisateur. Elle avait une folle envie d'en recueillir les premières gouttes, de les avaler toutes, mais se dit : D'abord, il faut que je veille à ce que tante Holly ait les siennes. Holly n'avait pas ouvert sa porte depuis la veille au soir.

Quand il y eut enfin de quoi remplir un gobelet, Cammie en porta un tiers à Holly. Avec reconnaissance, la paupière lourde, Holly accepta quelques gorgées. Puis elle tapota la main de Cammie – un geste qui rappelait tant à Cammie sa grand-mère, la mère de son père, qui avait fait ce même geste, précisément, quelques jours avant de s'éteindre, tranquillement et sans protester, alors que Cammie avait neuf ans, qu'elle fut traversée d'un frisson de peur pour Holly. Sa main offrait ce même contact évanescent, parcheminé, que celui de Grand-Mère alors. La même odeur douce mais déplaisante flottait autour d'elle.

Sa mère et elle mangèrent chacune six amandes. Elles auraient pu compter les fruits secs restants dans le sachet. Enfin, Cammie s'autorisa à étancher sa propre soif effroyable.

Cammie ne pouvait pas se rappeler un seul jour de sa vie traversé sans parler. Elle passa ainsi la journée entière. Elle veilla à l'approvisionnement en eau pour ce jour et le lendemain. Elle scella l'eau dans un bidon propre qu'elle trouva dans l'un des placards. Elle écrivit une longue lettre à son frère au dos de plusieurs cartes postales successives, s'excusant d'avoir été peste avec Ted, jalouse de la façon qu'il avait de tout bien faire et de s'intégrer parfaitement quand ça n'avait jamais été son cas, disant qu'elle espérait qu'il se souviendrait d'elle comme de la grande sœur qu'elle avait été quand il était petit, qui le laissait lui mettre du dentifrice dans les cheveux en guise de mousse de coiffage, et lui avait appris à faire de la bicyclette à deux roues pour faire une surprise pour la fête des Pères. Puis elle rentra s'allonger et essaya de lire. Mais elle ne pouvait pas lire, et la délimitation entre l'éveil et le sommeil n'était pas nette. Ces deux états ne se distinguaient plus tant l'un de l'autre.

Tracy ne voulait pas retomber dans l'oubli du sommeil. Quand elle monta dans le cockpit, elle prit une lanterne et déplia la vieille chemise en plastique de son portefeuille contenant les photos. Elle les libéra une à une. Les clichés de Ted et Cammie faisaient un renflement presque trop épais pour laisser place à la monnaie et à son unique carte de crédit. Sans savoir trop pourquoi, quand arrivait l'heure de la photo scolaire annuelle, elle ne pouvait jamais se résoudre à se dessaisir de l'adorable pose – ou de la pose idiote – de l'année précédente, aussi se contentait-elle de glisser le tirage du jour par-dessus les autres. Il y en avait une douzaine de Cammie, se terminant par le glamour portrait pris en terminale, à Sainte-Ursule. Et plus de Ted, parce que Tracy conservait également ses photos de sport, et d'autres prises en d'autres occasions, rognées pour tenir dans la pochette.

Ted en joueur de football, avec quelques dents en moins, en CE1.

Et là, Ted dans son premier costume au bal de Noël en seconde.

Elle se souvenait de cette soirée – un bruyant troupeau de garçons, six ou plus, en train d'étaler tous leurs sacs de couchage par terre dans sa salle de jeux, de courir dehors après minuit dans le noir pour lancer des rouleaux de papier toilette dans les arbres de la maison d'Angela Sheridan, pendant que Tracy les observait avec indulgence depuis la fenêtre de sa chambre obscure. Le matin suivant, elle avait fait sauter d'interminables piles de crêpes dorées, pendant qu'ils mangeaient et mangeaient sans fin, parlant de telle et telle fille – qu'ils n'avaient pas le courage d'aborder, et encore moins d'inviter à danser.

Tracy contempla la photo d'elle et Jim à la fête de leur dixième anniversaire de mariage. Ils avaient dansé jusqu'à une heure du matin. Les pieds de Tracy, engoncés dans d'inhabituelles chaussures à talons, étaient si gonflés le lendemain qu'elle ne pouvait les glisser dans ses pantoufles. Jim s'était gentiment moqué d'elle en lui disant qu'elle était l'une des demi-sœurs de Cendrillon. Elle était heureuse qu'elle et Jim, tout comme Holly et Chris, aient pris des leçons de danse de salon à la fac. Jim fut fier de la faire valser tout autour de la pièce ce soir-là, sous les applaudissements des autres couples.

La génération de Cammie ne dansait pas. À la vive honte de sa fille, Tracy avait chaperonné plusieurs des bals du lycée de Cammie. « Tu ne pouvais pas laisser faire quelqu'un d'autre ? » avait imploré Cammie, livide.

On aurait dit que les gosses s'envoyaient valser dans les murs durant les danses rapides et tanguaient d'avant en arrière comme du bétail soudé par le bassin pendant les slows.

Ted saurait danser.

Malgré ses protestations, Tracy lui avait enseigné les rudiments du swing et une valse crédible. Il passerait certainement ses seize ans à valser dans les murs et tanguer du bassin lui aussi, s'imaginait-elle. Mais un jour… il lui en serait reconnaissant. Il se souviendrait de leurs rires tandis qu'il lui marchait sur les pieds avec ses Nike pointure 46.

Il était assez vieux pour se souvenir d'elle.

Cela faisait mal.

Quand il s'agissait de perdre ses parents, un enfant s'en sortait mieux très jeune ou suffisamment âgé pour avoir une personnalité à endosser, pas en pleine croissance. Les parents de Tracy étaient encore en vie et pleins d'énergie, et le père de Jim faisait toujours son jogging quotidien, même si sa mère était décédée d'un problème de cœur congénital quand Cam était petite. Ted s'en sortirait, s'imaginait-elle, même si…

Il fallait qu'elle sauve Cammie.

D'une manière ou d'une autre, elle trouverait un moyen de sauver Cammie.

Quand elle ne put plus supporter sa solitude, Tracy s'éloigna un moment pour aller rejoindre Holly, lui donna de l'eau à la petite cuillère, passant sur le lecteur CD de Lenny de la musique qui avait l'air de lui plaire. Elle parla à Holly, qui ne répondait pas mais hochait la tête de temps à autre. Elle ne s'était pas levée de son lit depuis la crise, excepté une fois pour aller aux toilettes en prenant appui sur le bras de Tracy.

Le même interrupteur avait sauté en elles toutes.

Mais la lumière de Holly avait déjà vacillé auparavant. Sa confrontation farouche avec Olivia n'avait tenu qu'à sa seule volonté. Elle allait de moins en moins souvent aux toilettes, à peine une fois par jour.

Tracy lui parlait d'Ian et Evan, de leur prochaine rentrée scolaire, des dindes que Tracy ferait cuire dans les doubles fours le lendemain de Noël, pour un dîner habillé, après que chacun aura passé la matinée précédente à ouvrir ses cadeaux et aller à l'église en famille. Tracy recevait tous ceux qui voulaient bien venir, depuis les parents de Jim jusqu'à la mère d'Olivia, Anna Maria. Elle l'avait toujours fait.

Elle évoqua les souvenirs qu'elle avait de la mère de Holly, Heidi. De la cuisine de Heidi, qui sentait le gâteau au café parfumé à la cardamome et ses incomparables sablés. Elle parla à Holly des gnocchis qui la laissaient le ventre littéralement saillant quand elle se levait de table pour rentrer chez elle. Heidi n'était décédée que deux ans auparavant. Souvent, elle avait dit à Holly qu'elle était une vieille fille, de quarante et un ans quand elle avait donné naissance à Holly, quarante-trois quand elle avait accouché de la sœur de Holly, Berit.

– Figure-toi qu'autrefois dans les campagnes, racontait volontiers Heidi, ç'aurait été un scandale que je me marie si vieille. Mais j'ai suivi mes parents ici, et j'ai rencontré ton père. Il ne m'a pas dit son âge. Il n'avait que trente ans ! C'était impossible qu'il meure avant moi.

Et pourtant, c'était arrivé. Le prénom d'Evan s'écrivait Even sur son certificat de naissance en mémoire du père de Holly, qui avait survécu jusqu'aux cinq ans des garçons. Et Holly, à son tour, avait épousé un Norvégien, descendant de grands-parents immigrés. Ils avaient atterri à Westbrook grâce à une connaissance du père de Tracy. Membre éminent de la Chambre de commerce junior des États-Unis, Frank Loccario chantait les louanges de leur maison de banlieue, avec des pelouses – qui semblaient vastes aux familles ayant grandi dans des immeubles puis dans des maisons divisées en appartements –, portiques et lampadaires, et des rues où les enfants faisaient de la bicyclette jusqu'à ce que leurs parents les appellent pour rentrer dîner au coucher du soleil.

– Holly chérie, ne me laisse pas, supplia Tracy. Tu fais partie de ma famille tout autant que Janis. Holly, écoute-moi. Evan et Ian ont besoin de toi. Christian a besoin de sa femme. J'ai besoin de toi. Tu m'entends, Hols ? Ne me laisse pas ici toute seule. Avec Olivia. Aide-moi.

Et de temps en temps, Tracy avait l'impression que Holly lui pressait doucement la main.

Enfin, après avoir couvert Holly d'un léger édredon piqué, tout humide qu'il était, jusqu'en sa moindre fibre, Tracy regagna le cockpit. Elle s'endormit la tête sur les bras. Personne n'entendit la radio s'animer et la voix ferme d'une femme lancer :

– Ici le voilier *Big Spender*, de Saint Thomas, des îles Vierges. *Opus*, vous nous recevez ?... Ici le capitaine Sharon Gleeman. S'il vous plaît, répondez, *Opus*. Me recevez-vous ?... Est-ce que quelqu'un a des nouvelles du voilier de Lenny Amato, l'*Opus*, disparu depuis le 15 juin ? Terminé...

DIX-NEUVIÈME JOUR

Cammie rêvait de son lit. Elle rêvait de son lit tel qu'il était quand elle était enfant, son doux édredon blanc cousu par Grand-Mère, léger et protecteur comme une aile d'oiseau. Elle rêvait qu'elle ouvrait son armoire sur les portants étincelants de sa garde-robe, rangée par taille et par couleur, pas les noirs et bruns agressifs de son adolescence, mais des roses, des verts et des jaunes, des rayures et des fleurs. Elle en voulait à Jenny. Jenny organisait une fête de poupées American Girl et avait fait mine d'inviter Cammie, pour inviter finalement Rachel à sa place. Rachel et Jenny, qui croyaient toujours qu'elles valaient mieux qu'elle. Cammie s'en fichait. Papa l'emmènerait au Palais de la découverte. Ils joueraient avec la machine qui projetait de vraies ombres sur les murs, des ombres de soi qui restaient quand on s'éloignait. Elle sentit l'odeur des gaufres en train de cuire, et du sirop en train de chauffer. Dans son rêve, elle débattait avec elle-même : encore une demi-heure de sommeil ? Une gaufre fraîche plutôt que réchauffée ? Et si Teddy les avait toutes mangées ? Cammie sursauta.

— Teddy ! lança-t-elle. Teddy ! Tu manges pas mes gaufres, hein ?

Teddy n'avait que trois ans.

— Cammie ? dit Tracy la voix pleine d'espoir. Cammie chérie ?

— Non, non, non, non, non, marmonna Cammie. Je veux pas.

— Cammie ?

— Ted ne se souviendra jamais de moi comme d'une sœur bonne, M'man, dit Cammie en pleurant étrangement, les yeux secs comme elles le faisaient toutes maintenant.

Son discours était mal articulé.

— Il me verra toujours comme une peste jalouse. Et je l'étais. Je l'étais, M'man ? J'étais jalouse de Ted parce qu'il était vraiment, vraiment de toi, et moi pas ? Est-ce que Teddy est un grand garçon, maintenant ?

— Cammie, lève-toi et viens boire ton eau, ma chérie.

Au lieu d'être émue par la soudaine retombée en enfance de Cammie, Tracy était alarmée. Cammie était-elle mentalement atteinte ? Définitivement ou en raison de la déshydratation ?

— Tu sais où on est ? Cammie ?

— À la maison ?

Elle gardait les yeux fermés, résolument, contre le soleil aux abois par la porte ouverte, tel un prédateur.

— On est où, Cammie ?

— On est… non, non, non, non, non, non… Je sais où on est, M'man. Je sais. On est au milieu de nulle part ; et Lenny est mort, et Michel est mort, et l'autre garçon est mort, et tante Holly… M'man, je voudrais être morte, moi aussi.

— Mais non, tu ne veux pas.

— Si, je voudrais. On va mourir, M'man. Quoiqu'on fasse. On va mourir. Hein ? Dis-le-moi, M'man.

— Tu ne vas pas mourir, Camille.

— Tante Holly va mourir. Alors je tuerai Olivia moi-même. Je la tuerai de mes propres mains.

— Ce ne sera pas de la faute d'Olivia. Elle n'a rien fait, à part cacher de la nourriture. Je crois que tante Holly a une sorte d'infection dans le sang. Et que les antibiotiques n'ont pas réussi à l'enrayer.

– Je déteste Olivia.

– Arrête. Ça ne vaut pas le coup. Tu n'as qu'à voir les choses de cette façon : elle ne vaut pas la peine qu'on dépense la moindre énergie pour elle, dit Tracy.

– M'enfin, comment est-ce qu'elle a pu nous faire ça ?

– Cammie, peu importe : c'est arrivé. Si on ne veut pas que cette expérience nous transforme, si on veut juste que cela devienne une nouvelle expérience dans nos vies, ça passe, tu vois ? Ton arrière-grand-père, mon grand-père, vivait en Italie sous le règne de Mussolini. C'était un petit garçon. Il a vu des combattants pour la liberté abattus le long des murs où ses professeurs avaient peint des fresques. Ton père, Cammie, James Kyle – et je ne parle pas du coup d'un soir d'Olivia –, ses grands-parents étaient hollandais. Les Hollandais portaient tous des étoiles jaunes pour soutenir les Juifs. Les Kyle s'appelaient alors les Conklings. Ton grand-père a changé le nom pour le rendre plus doux, plus américain, comme une chanson pop. Grand-Papa Loccario était pompier. Tu descends de gens bien… Cammie.

Seigneur, songea Tracy, si elle avait eu tous ses esprits, sa fille serait en train de lui rire au nez à l'heure qu'il était, de se moquer de son savant exposé.

– Mais ce n'est pas le cas, M'man. En fait, je descends d'une garce – pas de braves gens. J'étais égoïste et nulle et méchante avec mon adorable petit frère, ce bon garçon, qui m'a aimée toute ma vie. Et maintenant je sais que c'est parce que j'ai un lien avec elle.

– Non. Tu l'as fait parce que tu as un tempérament fort, Cammie. Tu ressens vachement les choses, tout le temps. De la colère envers moi. De l'irritation envers Ted. De l'admiration pour Papa. Envers Michel, de l'amour. Du désir. Tout ça.

Cammie se remit à pleurer.

– Tu crois que j'aurai une autre chance, M'man ?

Elle se leva pour lui toucher la joue.

– Tu m'as lavée. Je m'en souviens, maintenant. Merci, M'man. Mais, j'ai le visage tout sec. Pourquoi je… pourquoi je ne pleure pas ?

Tracy ne dit rien.

Elle alla chercher le pot d'eau que Cammie avait patiemment rempli la veille. Il était vide. Écœurée, elle versa à sa fille un verre de vin.

Sharon s'adressa à l'officier de marine du Honduras, qui parlait un anglais impeccable. Il avait arrêté Ernesto Flores dans un bateau à moteur volé, à cinquante milles environ au large de Choluteca. Flores n'avait pas été tabassé, simplement ramené au port et remis entre les mains des autorités locales après interrogatoire. Il avait avoué faire de la contrebande et dit qu'il y avait été contraint par un Américain, qu'il pourrait désigner si les autorités organisaient une séance d'identification. Il n'était qu'un pauvre homme, qui avait longtemps subvenu aux besoins d'une femme malade, aujourd'hui décédée, et de toute la marmaille de son cousin Carlo. Il était illettré, et le travail était rare. Un adolescent américain lui avait proposé de dealer de la drogue, en lui disant qu'il rapporterait des milliers de dollars américains chez lui. Il n'avait rien fait de tel auparavant. Questionné au sujet des opales dans ses poches, il dit qu'elles lui avaient été données par des femmes à bord d'un voilier endommagé. Données de leur plein gré, quand il les avait sauvées des pattes de son cousin Carlo qui avait tenté de voler et violer une jeune Américaine. Lui, Carlo et le jeune Américain avaient trouvé la fille et sa mère quelque part entre Saint-Domingue et le Honduras. Ernesto avait dû se battre avec les deux et finalement recourir au fusil que lui avait confié un homme appelé le Boss. Il n'avait jamais possédé d'arme. Plusieurs de ses cousins se présentèrent à la base militaire pour attester qu'Ernesto disait la vérité.

Janis écoutait tandis que Sharon notait la zone où l'on avait aperçu l'*Opus* pour la dernière fois.

Sharon conclut d'un « Bravo ! » quand l'officier du Honduras lui annonça que la Marine allait coopérer avec les gardes-côtes américains pour alerter les navires et envoyer des bateaux de secours à la recherche de l'*Opus*.

– Ah ! Enfin du solide ! s'exclama Sharon. Regin, cap à l'ouest. On pourra peut-être les rejoindre d'ici demain en voyageant toute la nuit. Ils pourraient facilement y arriver avant nous. J'espère que ce sera le cas. Mais ça ne serait pas chouette si c'était nous ? Vous voyez, Janis ? On sait que votre cousine était en vie il y a moins de vingt-quatre heures, et sa fille aussi !

– Et votre ami ?

– Ils n'ont pas parlé de Lenny. Ce type, ce passeur de drogue, eh bien, c'était exactement ce qu'avait raconté Regin. Lenny a pu être… mettons, maîtrisé par son complice, celui dont il parle, ou bien l'agent a simplement omis de faire mention de son cas. Quoi qu'il en soit, on sera vite fixés, n'est-ce pas ?

Sharon essayait de garder le moral par égard pour cette brave jeune femme. Elle savait que Lenny était mort. Lenny n'aurait jamais laissé quiconque monter à bord de l'*Opus*. L'histoire de ce voleur empestait. Elle redoutait ce qu'ils découvriraient sur l'*Opus* s'ils le retrouvaient jamais, mais il n'était pas dans la nature de Sharon Gleeman de ne pas mener à bien ce qu'elle avait entrepris. Elle devait bien ça à Meherio. Et à ce gentil garçon, Michel, qui l'appelait *madame*[1]. Elle le lui devait bien, à lui aussi. Il était membre de leur confédération, et leurs disparitions seraient une perte pour ceux qui sillonnaient ces mers turquoises se déversant les unes dans les autres. Il restait toujours une chance, évidemment. Les événements étranges étaient monnaie courante dans les Caraïbes. Lenny était peut-être sur le chemin du retour à cette heure. Michel était peut-être allongé, meurtri par l'exposition au soleil mais vivant, quand on avait repéré l'annexe.

––––––––––

1. En français dans le texte.

Janis se pencha en avant, comme pour encourager *Big Spender* à avancer plus vite, plus vite vers Tracy.

– Sharon, dit-elle, est-ce qu'il est possible qu'ils aient dérivé par rapport à la position où ils se trouvaient quand… l'accident s'est produit ? La mer est si calme…

– Ici, ma chère, mais peut-être pas là où ils sont. Le vent se lève, ça va être agité au large. Et les courants se croisent toujours. Sous une latitude, on peut trouver la brise. Un degré au sud, rien. Un temps à faire de l'aviron pour Regin. Regin s'entraîne à faire de la godille dans le Sound de Long Island.

– Donc, ils pourraient dériver…

– Janis, tout est possible. Espérons que ça ira pour le mieux.

– Je dois lui donner raison, pour le coup, Janis. Gardons espoir, intervint Reginald. Je vais nous préparer une bonne omelette. On pique-niquera en chemin.

– Je vois la terre, M'man, dit Cammie. Je vois la terre par la fenêtre du cockpit.

– Dors, chérie, répondit Tracy.

Elle venait de passer deux nouvelles heures à extraire un litre d'eau à partir de quatre litres d'eau de mer. Elle avait traîné Holly hors de son lit, qui était trempé de sueur, juste le temps de l'aérer. La respiration de Holly était convulsive et semblait s'interrompre complètement de longs moments. L'eau que Tracy posait sur sa langue, sur un linge imbibé, retombait depuis le coin gercé de sa bouche. Tracy dut aller dormir pour chasser cette image de son esprit.

– Je vois la terre, M'man, répéta Cammie d'une voix mécanique.

Elle essaya de tirer Tracy hors de sa couchette. Tracy ouvrit les yeux, tout d'un coup, et cela lui fit mal comme si on l'avait cognée. Cligner des yeux faisait mal.

– Je vois la terre.

Tracy se leva à grand-peine.

Cammie voyait de la terre… parce qu'elle était là.

Non pas un banc de sable avec un rocher et un bout de bois.

Tracy vit de la terre avec des arbres. Il y avait une plage. Et – elle pouvait à peine le distinguer dans la bouffée de brume matinale – ce qui pourrait être un édifice parmi les arbres. À vive allure, l'*Opus* dérivait le long de cette côte. Peut-être était-elle déserte. Peut-être était-elle habitée de brutes comme celles qui étaient venues les assassiner. Y avait-il moyen de tirer une bordée pour faire marche arrière ? Tracy monta sur le pont en courant et réussit à régler les voiles à nouveau. Elle était désormais capable de tourner légèrement le bateau, avançant lentement à la voile, remontant étonnamment au vent. Mais pas assez. Y avait-il une autre solution ? Quelle improbable ligne de conduite lui restait-il ?

Elle saisit Cammie par les épaules et dit :

– Fais de l'eau chaque jour. Promets-le-moi.

L'île s'éloignait un peu plus. C'était maintenant ou jamais. Tracy s'empara d'un gilet de sauvetage et bondit sur le pont, où elle défit les sangles du canot pneumatique et recula pendant qu'il se gonflait d'un coup, en une chose énorme, palpitante, orange, qui tremblait dans la brise. Dedans se trouvaient une bouteille d'eau d'un litre, des couvertures, et un harnais. D'autres équipements qu'elle ne parvenait pas à identifier. Des rames et des dames de nage étaient fixées par de solides pressions sur les côtés.

– Prends soin de tante Holly, dit Tracy. Fais le nécessaire pour qu'elle boive tout ce qu'elle peut avaler. Essaie de la faire marcher. Essaie de louvoyer. Continue de faire virer les voiles de bord, comme je l'ai fait. Fais du surplace, Cam.

– M'man ! Ne me laisse pas !

– Cammie, c'est peut-être notre seule chance. Aide-moi à le jeter par-dessus bord. Je suis forte. Je peux ramer jusque-là. Je prendrai la grosse lampe torche.

– Mais ça doit être à un kilomètre, au moins ! Qui sait sur qui tu vas tomber là-bas ? Et s'il n'y a personne et que je dérive, toute seule ?

– Cammie, dépêche-toi !

Elles se débattirent pour pousser le canot vers l'arrière du pont et le mettre à l'eau, en le retenant par les bouts. En descendant les marches, elle aperçut l'instrument que Lenny leur avait montré, celui qui pouvait diriger les sauveteurs sur un marin tombé à la mer. Un bout, se souvint-elle, retenait l'appareil submersible. Il enverrait un signal à partir de quelqu'un coincé dans un gilet de sauvetage. Fonctionnerait-il sur un bateau ? Elle n'en avait aucune idée mais savait que Cammie trouverait le moyen de le faire marcher.

– Chérie, le truc avec toutes les lettres. ERPID ou je ne sais plus quoi. Prends-le, attache-le et plonge-le dans l'eau. Mets un gilet de sauvetage et accroche-toi à l'échelle avec le corps dans l'eau. Fais-le aussi souvent que tu peux. Ce truc indique où tu te trouves.

– Pourquoi est-ce qu'on ne l'a pas fait avant ?

– Je… j'en sais rien. C'est peut-être qu'on avait chaque jour l'impression qu'on allait s'en sortir, j'imagine. Et on avait de quoi faire. En vérité, j'ai oublié.

– Prends-le, M'man !… M'man ! lança Cammie alors que Tracy débloquait les rames et se penchait en avant.

Elle se mit à ramer.

– M'man ! Prends la radio, au moins. Si tu ne le fais pas, je viens te chercher.

– Lance-la, alors, lui ordonna Tracy.

Cammie ramena son bras en arrière et visa de tout son cœur, de toute son âme. La radio atterrit au bout du pneumatique. Pour autant que le sache Cammie, cette radio était celle qui avait toujours des piles neuves.

– Écoute-moi, cria Tracy. Regarde-moi. Enfile ce truc et ne l'enlève plus. Trouve les bouts. Donne-en un à Olivia et apportes-en un autre à tante Holly. Si le vent forcit, attache-les aux anneaux en D ! Si ça souffle fort, affale les voiles pour qu'elles ne se déchirent pas.

– Attacher à quoi ?

La voix de Tracy faiblissait. Cammie devait tendre l'oreille pour la percevoir.

– À n'importe quoi ! hurla Tracy. Attachez-vous à

n'importe quoi, pourvu qu'il y ait un trou et que ça ne risque pas de lâcher. Je t'aime, Cammie !

– Je t'aime ! hurla Cammie en retour, mais son cri fut englouti et se perdit dans le ciel.

Alors que l'obscurité s'abattait, Sharon et Janis observaient le radar, penchées sur la radio.

– S'il y a quoi que ce soit là-bas, c'est un petit grain. Pas une dépression tropicale. Le précurseur d'un ouragan, Janis. Je vous dis que ce n'est pas ça. Ce n'est qu'un peu de pluie, c'est tout.

Elles guettèrent un contact de la part du garde-côte, qui arriva enfin. Ils suspendaient les recherches pour la soirée. Ils n'avaient rien repéré, et reprendraient au matin.

– Compris. Ici le voilier *Big Spender*, terminé.

– Nous avons alerté tous les navires possibles dans la zone ou non loin, capitaine Gleeman. Peut-être pourront-ils poursuivre les recherches cette nuit. À vous.

– Ça marche, répondit Sharon.

– Vous laissez la radio allumée toute la nuit ? demanda Janis. Et pourquoi iraient-ils poursuivre les recherches ?

– Pour le fun, ma chère. Et oui, je laisserai la radio allumée si je navigue toute la nuit, bien sûr, pour papoter si vous vous endormez, à défaut d'une autre raison. Il y a toujours quelqu'un d'éveillé prêt à discuter. Dans un moment, je laisserai Regin prendre la relève. Vous devriez aller vous reposer. Je vais y aller moi-même.

– Je ne pense pas pouvoir dormir.

– Bien, dans ce cas Regin aura de la compagnie. Il va apprécier. Attendez-vous à de longs récits sur son enfance choyée dans le Sud.

– Ça ne m'ennuie pas. J'aime bien l'écouter parler.

– Lui aussi, répondit Sharon avec un sourire.

– Je n'ai pas prié si longtemps ni aussi fort depuis ma première communion. Je m'inquiétais pour mon âme, à l'époque. Et aujourd'hui aussi.

– Pour ma part, je me suis toujours sentie ici plus proche de Dieu que nulle part ailleurs. Peut-être vous entendra-t-Il.

Janis continua :

– Je n'arrête pas de me dire que si je n'avais pas été une telle andouille, si je n'étais pas restée, j'aurais pu les aider. Encore que je sois parfaitement inutile en face d'un appareil, sauf en traitement de texte.

Reginald apparut, portant un pull-over sur son bas de pyjama. Un chapeau de pêcheur en toile était descendu sur son crâne chauve.

– Toujours rien ? demanda-t-il.

– Rien pour l'instant. Je vais aller me coucher, dit Sharon.

– Allez vous reposer, Janis, suggéra Reginald.

– Je ne peux pas.

– Allongez-vous ici dans ce cas, sur une bannette. Quand j'étais jeune, j'avais du mal à dormir. Mon père ne fermait jamais les portes, et on habitait loin, très loin, après la dernière maison de la rue. Aucun lampadaire en vue, mais ce gros caniveau avec une plaque d'égout juste devant la porte d'entrée. J'imaginais que quelque chose allait sortir de la bouche et s'introduire dans ma chambre pendant la nuit pour me tuer. Monter droit sur moi en glissant. Même si ma tante Patricia n'aurait jamais rien laissé passer. Elle vivait avec nous, et Seigneur, cette femme était redoutable…

Janis s'était endormie, et Reginald sourit.

Cammie lut les instructions de l'EPIRB, la balise de détresse satellite. Elle devait tirer sur un anneau pour l'activer, puis le plonger dans l'eau. Elle l'accrocha à un bout, fixa celui-ci à un gilet de sauvetage, tira sur l'anneau, et le jeta par-dessus bord, attendant de voir s'il remonterait à la surface. Une lumière se mit à clignoter, de sorte qu'elle pouvait garder un œil dessus.

La pluie se mit à tomber, fine puis forte, mais le vent était supportable. Il ne restait pas grand-chose qu'elle ne puisse supporter, songeait Cammie. Si ce n'est une : elle pensait à sa mère, en train de ramer dans le noir.

« Tracy est comme l'étoile Polaire », avait dit Olivia juste avant de trahir Tracy.

Et Cammie avait trahi Tracy. Pourquoi avait-elle passé des mois, des années, à lui en vouloir et à se rebeller ? Pourquoi avait-elle gâché ne serait-ce qu'une journée ? Quelle jeune imbécile elle avait fait. Elle sortit les deux seaux pour récupérer l'eau de pluie.

Après en avoir donné un peu à Holly, même si la plupart redégoulinait, Cammie mangea les dernières amandes. Olivia restait toujours tapie derrière sa porte close, avec, Cammie le savait, toute l'eau qu'elle avait faite la veille. À sa surprise, tandis qu'elle s'asseyait pour masser les épaules de Holly, cette dernière se mit à parler.

– Cam, dit-elle, tout ralentit. Tout est lent.

– Oui, tante Holly, répondit doucement Cammie, redoutant de savoir ce qu'elle voulait dire. Tu devrais essayer de te lever et de marcher.

Holly obtempéra, du mieux qu'elle put. Sa jambe était hypertrophiée et couverte de plaques rouges, épaisse et bulbeuse comme une saucisse crue.

– Tu te souviens, demanda lentement Holly une fois qu'elle se fut rallongée, quand tu venais chez moi, petite ? Quand je faisais les gardes de nuit et que tu allais au jardin d'enfant à mi-temps ?

– Je me rappelle l'herbe, dit Cammie en s'allongeant sur la couchette derrière Holly.

Elles avaient passé des heures ensemble étendues dans l'herbe, à regarder les fourmis construire résolument leurs fourmilières. Cammie titubait jusqu'à la porte de Holly sous le poids de son sac à dos, qui semblait énorme, et Holly ne manquait jamais de l'accueillir avec une blague. « Alors, mariée, Cammie ? » demandait-elle sans sourire, ou alors, feignant une mine terrifiée, elle arrêtait Cammie avant qu'elle ne pose son sac à dos et chuchotait : « Ne bouge pas. Je vais m'efforcer d'ôter cette énorme araignée de ton front avant qu'elle ne te morde. Je ne te promets rien, mais je ferai de mon mieux… »

Après quoi elle soulevait Cammie dans une énorme étreinte aussi câline que formidablement douce. Elle offrait à

Cammie des choses qui lui étaient totalement inconnues – des génoises fourrées et des gâteaux aux marshmallows, des Kit Kat et des bonbons en pâte à mâcher aux fruits, autant de friandises que Tracy, soucieuse de sa santé, n'avait jamais permis à Cammie d'entrapercevoir. Un après-midi d'avril, alors que Cammie se plaignait qu'elle ne pourrait jamais jouer dans son bac à sable, que l'été n'arriverait *jamais, jamais,* Holly se contenta de la prendre par la main et de la tirer dehors. À l'aide du tuyau d'arrosage, elle fit un creuset de boue pour Cammie, où la petite fille modela et sculpta pendant des heures. Incapable de résister, Holly s'assit dans la boue à côté d'elle. Tracy arriva pile au moment où elles se dirigeaient vers la porte de service. Horrifiée, elle laissa tomber son énorme sac et exigea de savoir pourquoi Holly ne l'avait pas appelée au travail pour lui dire que Cammie était tombée et s'était fait mal. Cammie se rappelait de quelle façon Holly l'avait rembarrée :

– La terre n'est pas une maladie. Empêche un enfant de se salir, et tu le fixeras au stade anal. Elle est lavable, Trace.

Cammie caressa le visage paisible de Holly. Est-ce que ça faisait mal ? Cammie pria pour que ça ne fasse pas mal. Combien de fois était-elle rentrée du lycée en se contentant de saluer Ev et Ian par la fenêtre d'un coup de klaxon en passant devant chez eux ? Trop occupée pour aller leur rendre visite, même une demi-heure… *Tante Holly,* avait envie de hurler Cammie, *ne dors pas ! Ne dors pas au point de ne plus pouvoir te réveiller.* La mère de Cammie était attentive, ingénieuse, protectrice, et douce. Mais tante Holly était drôle. Holly autorisait une Cammie âgée de sept ans à s'asseoir sur le canapé et prendre Ian et Evan, qui n'avaient qu'une semaine, chacun sur un bras, comme des petits ballons de foot, ne cessant de rassurer Tracy : les bébés sont pratiquement en caoutchouc, et que tant que Cam ne les secouerait ni ne les lâcherait, ils seraient heureux d'être là.

Elle avait donné à Cammie son premier tampon (Tracy redoutait le choc toxique) quand Cammie avait douze ans. Quand Cammie en avait eu seize, Holly lui avait offert sa première bière. « Ça sent la pisse, tu ne trouves pas ? » avait demandé tante Holly. Précisément.

C'est à Holly que Cammie avait confessé que personne ne l'avait invitée au bal de fin d'année. C'est tante Holly qui lui avait suggéré l'idée trop classe de mettre une grande robe démodée de princesse de conte de fée avec crinoline (toutes les autres filles portaient les mêmes fourreaux à bustier) et qui avait convaincu Jim de louer un habit. Cammie avait emmené son père comme cavalier, elle avait été invitée à danser par une quinzaine de garçons et sa photo avait fini à la une du journal local comme de celui de l'école.

Tante Janis était super, mais on aurait dit un clone de M'man.

Tante Holly faisait les choses à sa façon.

Holly s'apercevait maintenant que Cammie, sans avoir bougé le moindre muscle, la regardait.

– Pauvre bébé, dit-elle.

– Non, Holly, dit Cammie.

– Tu sais bien ce qui m'arrive. Et ta mère le savait, elle aussi.

– *Non !*

Cammie se couvrit les oreilles.

– Écoute, Cammie, personne n'abandonne jamais l'objet de son amour, grâce au…

Elle marqua une pause et fit un effort pour inspirer profondément.

– Au souvenir. Aide Ian et Evan à se souvenir. Je ne fais pas de cinéma. Ils ont besoin de toi. Ce ne sont que des gosses. Et puis, souviens-toi, toi aussi. Tout ce qui nous est arrivé ici ne veut pas dire que la vie soit mauvaise. Bien au contraire. La vie est… merveilleuse, Cam. Continue à te battre. Pardonne à Olivia. Tu es la seule chose bien qu'elle ait jamais faite. Pardonne-moi de t'avoir laissée tomber.

– Tu ne m'as pas laissée tomber ! Tu ne m'as jamais laissée tomber ! s'écria Cammie.

– J'aurais dû savoir plus tôt…

– Tante Holly, non !

– C'est comme ça, Cam. Et je n'ai plus peur maintenant. Je t'aime, Cam.

– Moi aussi, je t'aime.

– Va te coucher, et je te vois demain matin.

Cammie la laissa, emportant les outils de Lenny, son marteau et sa barre à mine. Elle entreprit d'arracher systématiquement les beaux panneaux vernis des marches du cockpit et du roof. Elle réduisit les bancs en miettes et en arracha les dossiers. Les mains en sang, elle lia ensemble toutes les planches, les petites pièces fendues au-dessus de la plus grande planche, le rembourrage des coussins par-dessus l'ensemble, puis elle les attacha à l'aide d'une corde de façon à ce que le tout flotte à côté du bateau. Elle aspira un maigre litre de carburant et trouva une mignonnette de rhum haïtien, le dernier liquide à bord à part les quelques doigts d'eau de pluie. Quand la pluie cessa, Cammie inonda de son mieux tous les débris de gnôle et d'essence.

Aussitôt qu'il fit noir, elle descendit les marches de l'échelle et mit à l'eau le bûcher funéraire. Puis elle jeta des allumettes enflammées sur la pile de planches et souffla jusqu'à ce qu'elle prenne feu. Les flammes s'élancèrent et crépitèrent tout en s'éloignant. On ne sait comment, la corde finit par se tendre, et sans que le bateau prenne feu. Ça brûlait encore quand Cammie s'allongea sur le lit de sa mère, s'enveloppa dans la couverture de Tracy, et versa ses curieuses larmes sèches, jusqu'à s'endormir.

VINGTIÈME JOUR

Janis se réveilla, le souffle court, un oiseau affolé dans les côtes. Avait-elle raté quelque chose ? Mais Reginald n'était plus là, et elle sentait une odeur de café frais. Sharon était au gouvernail.

– Ne culpabilisez pas, ma petite Demoiselle, dit Sharon. On avance bien, et vous étiez épuisée par le décalage horaire. Ça fatigue toujours, le stress, vous ne trouvez pas ?

– Sans doute, dit Janis. Je sais que vous m'auriez prévenue s'il y avait du nouveau…

– Eh bien, en fait, il y en a. On a repéré un signal, un signal électronique intermittent, à environ cent milles au nord du Honduras, et une vedette garde-côte américaine se dirige dessus. Et aussi, un voilier, *Sable*, je crois qu'il s'appelle, qui quittait Belize, il a capté un faible signal radio tard hier soir. Un SOS de quelqu'un dans un canot pneumatique. Un radeau de sauvetage, si vous voulez. Quelqu'un d'autre, dans un petit avion, un avion d'entreprise, a vu un feu, quelque chose brûler, dans le même coin.

– C'est Tracy ? cria Janis, bondissant de sa banquette. C'est leur bateau qui est en feu ?

– Je n'entends pas, dit Sharon. Attendez… Très bien. À vous. (Elle se tourna vers Janis.) Je ne sais pas au juste, et le pilote ou le capitaine non plus. Mais la personne qui a envoyé le message radio était une femme, et elle a dit qu'elle approchait d'une île qui lui semblait habitée.

– Alors ça aurait pu être Tracy ?

– C'était une femme.

– Comment peut-on ne pas savoir si une île est habitée ? demanda Janis. Soit elles sont habitées, soit elles ne le sont pas : ça ne figure pas sur la carte ?

– Les gens ont des îles privées, ma chère. Les riches, comme les pauvres. Les riches vivent là retirés du monde, et les pauvres peuvent se trouver là illégalement. Dans un cas comme dans l'autre, ils ne veulent pas figurer sur les cartes.

– Je vois, dit Janis. Un feu ? Un signal ? Je ne veux pas avoir l'air grossière, mais pourquoi ne m'avez-vous pas réveillée ?

– Et qu'est-ce que vous auriez pu faire ? On tire précisément un cap dessus, et maintenant, nous allons prendre un café et un petit-déjeuner, et voir ce que le jour nous apporte.

Ils mangeaient quand une voix chargée d'électricité statique demanda à prendre contact avec le voilier *Big Spender*. Sharon saisit la radio.

– Capitaine Gleeman, nous avons repéré l'*Opus*, une opération de sauvetage est en cours. Il y a trois personnes à bord, et apparemment trois décès, je suis désolé de vous l'apprendre. À vous.

– Poursuivez, dit Sharon. À vous.

– On rapporte qu'il manque également un passager. Nous ramenons les survivants à l'hôpital général San Felipe au Honduras pour évaluation. La marine a intercepté le trafiquant de drogue qui a apparemment attaqué ces femmes, elle prendra en charge le transport jusqu'à… Corpus Christi. Oui, c'est bien ça, pour le Texas Lutheran à Corpus Christi. Nous vous recontacterons quand l'évacuation sera achevée.

Le voilier doit être abandonné. Voulez-vous organiser son remorquage ? À vous.

– Oui, je m'en occupe, dit Sharon. Merci pour votre action courageuse, monsieur. À vous.

– Je vous en prie, capitaine Gleeman. Ici l'officier des télé-communications William Thane, terminé.

– Des décès ? demanda Janis doucement. Est-ce qu'il a dit si c'était ma nièce ? Tracy ? Ou votre ami ?

– C'est ce que nous redoutons, évidemment. Mais nous savons que l'un des contrebandiers est mort. Peut-être que le corps…

– Vous savez que c'était l'un d'eux.

– Oui, ma chère. J'espère pour vous que ce n'était pas votre cousine. Je sais combien vous l'aimez. J'espère pour moi que mon ami est vivant. Mais l'une de nous deux va perdre.

– Tous ceux… qui sont sur le bateau… me sont chers. Je ne connaissais pas Lenny, bien sûr. Mais je sais, d'après ce que vous m'en dites, qu'il doit être, ou avoir été, quelqu'un de bien. Mais on est amies depuis notre enfance. Olivia a vécu en Italie ces vingt dernières années, et même plus. Elle est tombée amoureuse pendant sa troisième année d'univer-sité à l'étranger. Elle étudiait l'art. Elle a épousé un homme âgé et riche, un type adorable, Franco Montefalco.

– L'établissement vinicole ? Ça fait des années que j'appré-cie ces vins. Je ne supporte pas le chianti, mais boire un Mon-tefalco, c'est comme boire du parfum.

– Il est mort d'un cancer du pancréas, d'une façon particu-lièrement horrible, l'année dernière. Et Livy a vendu l'entre-prise, et la croisière, c'était pour fêter son retour, vous comprenez… on avait toutes été à son mariage, dans les vignobles. Il y avait une arche de fleurs, rien que des magno-lias. Elle portait la robe de mariée de la mère de Franco…

– Vous avez l'air de l'aimer beaucoup, dit Sharon.

– En fait, c'est Tracy et elle qui étaient vraiment proches. Je n'étais qu'un parasite. Mais oui, où que se rende Livy, il se passait quelque chose d'excitant. On savait toutes qu'il lui arriverait quelque chose de merveilleux, et ç'a été le cas, pendant un temps. Elle était comme une princesse de conte de fées. Mais aujourd'hui, je ne sais pas. Elle est dure. Elle a toujours été, pas vraiment froide, mais…

– Je connais ce genre de personne. Distante, pourrait-on dire.

– C'est presque ça.

– Et donc, si quelqu'un est mort, vous espérez que c'est elle.

– Non ! s'écria Janis. Je ne souhaiterais pas une chose pareille à Olivia ! Mais Tracy est ma… Elle est plus qu'une cousine pour moi. On a grandi ensemble, et sauf quand elle était à l'université, on n'a jamais vécu à plus d'un kilomètre l'une de l'autre. Nos enfants… mes filles et Cammie sont plutôt comme des… Cammie est ma nièce, dans mon cœur, plutôt que ma cousine. Je les aime tellement. Et Holly ! Le cœur de Holly est aussi grand que sa tête. Tout le monde aime Holly. Elle a des jumeaux, ils n'ont que douze ans. (Sharon Gleeman pinça les lèvres et secoua la tête.) J'avais tellement envie de faire cette croisière, mais je n'ai pas pu. Mon mari était malade.

– J'espère qu'il va mieux maintenant, dit poliment Sharon.

– Oui.

– Vous devez être contente de n'être pas partie, j'imagine, étant donné ce qui est arrivé.

– En fait, non. J'aurais aimé être là. J'aurais aimé pouvoir faire plus. J'aurais aimé être avec Tracy, si Tracy est… blessée. Elle doit avoir besoin de moi, je pense, dit Janis. Ça devait être Tracy dans le canot pneumatique. Livy n'y serait jamais montée. Elle n'a pas l'habitude de travailler. Tracy n'aurait jamais permis que Cammie se retrouve en danger dans une petite embarcation en caoutchouc. Et Holly est forte, mais pas aussi solide et entraînée que Tracy. Tracy était une athlète. Elle est toujours prof de gym.

– Alors j'imagine qu'elle aura rejoint l'île.

– Je prie pour que ce soit le cas.

– Alors je prierai avec vous, si vous voulez. Une vieille

prière presbytérienne renégate n'est peut-être pas ce qu'il faut… Mais je me rappelle une prière de marin. Elle dit : « Même si mes voiles sont déchirées, en loques, mon mât couché, puisse le vent de la nuit me rafraîchir jusqu'au fond de l'âme ; même si les embruns salés me piquent les yeux, si les étoiles ne brillent point, accordez-moi juste de voir un autre matin. »

– C'est magnifique, dit Janis, et incapable de se retenir, elle ajouta : Au nom du Père et du Fils et du Saint Esprit, amen.

– Amen, renchérit Sharon.

Cammie était allongée sur le pont, au soleil. Le soleil lui semblait sain, comme s'il était à même de lui procurer une forme de nutrition. Ne contenait-il pas des vitamines ? Il devait en contenir, elle le savait. C'était la raison pour laquelle l'écran solaire pouvait être dangereux. Non, ce n'était pas ça. C'étaient les rayons IV. Non, les UV. C'était de la vitamine A, ou de la D ?

Et plus une goutte d'écran solaire.

Elle rêva de pouvoir s'allonger par terre, dans l'herbe, même l'herbe de la pelouse devant la maison, ou celle de la colline menant jusqu'à sa résidence universitaire, d'être allongée dans son étreinte forte et immobile, et de s'y agripper. La terre. Rien que de la bonne terre. La géographie de son univers avait été bouleversée.

Tante Holly, songea-t-elle.

Elle avait su dès l'instant où elle avait ouvert la porte de la cabine de Holly. Le bras ballant de Holly était encore tiède.

Cammie se rua sur le défibrillateur portable. Quand elle échoua à la ranimer, elle brisa de son poing le miroir de la salle de bains et, utilisant l'un des plus gros morceaux tombés dans le lavabo, le maintint devant les lèvres immobiles, bleues, de Holly. Il ne se forma aucune buée.

– Oh, tante Holly, cria Cammie, secouant sans fin l'épaule chérie, immobile dans son tee-shirt sur lequel on lisait : « *Les infirmières le font toute la nuit.* » Elle se mit à sangloter, enfouissant son visage dans la poitrine de Holly comme si celle-ci pourrait trouver un moyen de relever les bras pour la réconforter. Elle posa deux doigts sur le poignet de Holly. Pas une palpitation. Le bout du nez de Holly et ses doigts étaient déjà froids. Tout ce que Cammie pouvait faire pour Holly était pleurer sans larmes pour ses deux petits cousins, ignorant qu'ils n'avaient désormais plus de mère. Et il se pouvait qu'elle aussi soit orpheline de mère. Son esprit pas tout à fait adulte ne pouvait pas l'appréhender.

Un souvenir surgit dans son esprit, celui du troisième anniversaire de Ian et Evan – juste avant Noël, l'année de ses dix ans, quand Emma et Ali n'avaient qu'un ou deux ans de moins.

Pour une raison ou une autre, Holly leur avait cousu des tenues assorties, pas seulement pour ses fils, mais pour eux tous. Les filles portaient des jupes tricotées rouges avec des collants à rayures noires et rouges, et des hauts en velours noir à manches longues. Teddy, Ian et Evan portaient des barboteuses avec de petites bretelles sur les épaules. À dix-neuf ans, Cammie se rendait compte désormais que ces tenues étaient en fait adorables et toujours à la mode. À l'époque, elle aurait préféré mourir plutôt que d'enfiler la sienne.

Les parents ne cessèrent de les supplier et de les cajoler pour qu'ils se tiennent debout et sourient, rien qu'une fois, après quoi ils pourraient tous se jeter sur le gâteau et le dévorer.

Mais sur chaque photo, Emma se tenait avachie, ou bien c'était Cammie qui faisait la moue, jusqu'à ce que Holly éteigne son appareil photo. « Écoutez, les mômes, dit-elle, j'ai travaillé sur ces tenues jusqu'à ce que mes doigts ressemblent à des pelotes à épingles. Et je me fiche de savoir si vous les aimez ou pas. Mais vous allez vous lever et nous offrir une bonne photo de vous ou je donne ces galettes aux chiens. »

Aussi obtempérèrent-ils, gaiement, effrayés par quelque chose dans le ton de tante Holly. « Vous ne le savez pas encore, mais un jour vous regarderez cette photo et vous serez heureux de l'avoir. Vous serez heureux d'avoir une photo de vous tous, aujourd'hui précisément, tous ensemble, avant d'avoir grandi et d'être partis chacun de votre côté. Et vous regarderez des photos de vos parents et vous aurez du mal à vous rappeler qu'ils ont jamais été aussi jeunes. C'est comme ça. Je le sais. »

À Noël, Holly leur avait remis à chacun un tirage de la photo dans un solide cadre en étain. Celui de Cammie était toujours fixé sur le côté de sa bibliothèque, sa tenue dans sa « boîte à souvenirs », conservée pour sa fille à venir, peut-être. Elle aurait aimé avoir la photo maintenant. Elle aurait aimé pouvoir la serrer contre elle en cet instant. Tante Holly n'était pas vraiment vieille. Elle avait encore la moitié de sa vie devant elle. Sa mère non plus n'était pas vieille.

Tante Holly avait raison. Sauf que Cammie ne serait jamais assez âgée pour s'émerveiller que ses parents aient été aussi jeunes... Selon toute vraisemblance, elle était aussi âgée qu'elle le serait jamais. Si elle vivait, elle serait gentille avec Ted et l'aiderait à faire son chemin. Elle aimerait son père et le réconforterait. Elle aiderait Ian et Evan à se souvenir, et serait leur grande sœur.

Mais qui la réconforterait, elle ?

Doucement, elle sortit une couverture propre et l'étala sur le visage de Holly.

– Tu es une fille bien, tante Holly, chuchota-t-elle. Tu es une fille bien. Tu croyais au Ciel, et si... si Maman y est, tu la trouveras tout de suite, dans ce short écossais. Et vous pourrez traîner ensemble. Et je ferai pour Ev et Ian ce que tu as fait pour moi. Je leur apprendrai comment draguer, mais pas trop tôt. Je leur apprendrai qu'il ne faut pas avoir de la peine si quelqu'un s'en prend à eux...

Olivia passa la tête, faisant cliqueter la porte.

– Elle est morte, constata Olivia d'un ton morne.

– Va-t'en, la prévint Cammie sans se retourner. Va-t'en avant que je te fasse pire que ce que ma mère t'aurait fait.

– Elle est morte ?

– Va au diable, dit Cammie.

– Elle est morte ? Ça va nous porter malheur d'avoir un mort sur un bateau. Tu te souviens de ce qu'ils ont dit ?

– Olivia, pauvre conne. On trimballe les os d'un mort depuis le début. Tu ne veux pas prier pour Holly ? Si elle est morte, elle est au Ciel. Tu n'as pas envie de pleurer ? Pourquoi est-ce que je te pose la question ? Tu as un cœur de pierre.

– Ce n'est pas vrai, dit Olivia, les yeux se remplissant de larmes.

Il lui en restait, remarqua amèrement Cammie.

– J'ai peur, Camille.

– Ben, moi aussi. Mais tu as peur pour toi ! Je n'ai pas suffisamment peur pour voler de l'eau et de la nourriture. J'espère que Mario ou celui qui t'a eue et m'a conçue était un type un minimum correct, pour que j'aie au moins une chance d'être normale. Pour ton information, ma mère – ma vraie mère – nous a quittées hier sur un canot pneumatique, un pneumatique qui est peut-être déchiré par un corail à l'heure qu'il est, ou coupé en deux par un requin, pour essayer de nous sauver, Holly et moi, et même toi, espèce de salope. Reste loin de moi, ou tu vas le regretter.

– Je le sais. Je l'ai vue.

– C'est parce que c'est un être humain, et toi une chose.

– Cammie, je sais que c'était mal, ce que j'ai dit. Je suis aussi désespérée que toi. Holly l'était, elle aussi. Mais je suis celle qui t'a donné la vie.

– Merci, dit Cammie. Va te remaquiller, Olivia. Tu feras un plus joli cadavre. Tu sais, penses-y. Tu as volé des trucs qui auraient pu maintenir Holly en vie jusqu'à ce qu'on nous retrouve. Et elle était infirmière. Elle savait des choses qu'on ne sait pas. Tu aurais pu te tuer avec ton égoïsme, connasse. Comme ça, tu seras la dernière personne vivante sur ce bateau. Tu mourras toute seule, de soif. C'est une mort atroce. Si je commence à me sentir mal ou faible, je ne te montrerai pas comment marche le désalinisateur. Je déchirerai le mode d'emploi.

– Pardonne-moi, Cammie.

– Oh, je te pardonne. Holly me l'a demandé. Je te pardonne parce que tu n'es rien. Maintenant, j'aimerais être seule pour penser à la personne qui m'a sauvé la vie et à celle qui serait prête à donner la sienne pour moi.

Olivia se retira donc, tout ce qu'elle pouvait offrir comme amour ayant été rejeté.

Cammie s'efforça de ne pas penser à la mort. On ne sentait rien. Elle le savait. Elle baissa les yeux sur son ventre, sa poitrine, ses jambes. Elle n'aurait jamais pu imaginer une personne si brune, sèche et flétrie, comme une momie avec des morceaux de peau pelés. Elle s'allongea sur le flanc et s'efforça de ne pas avoir pas peur. Il n'y avait pas de raison d'avoir peur. Ce serait bientôt fini.

Elle crut que la voix qui la réveillait était celle de Dieu.

Elle retentissait, et venait du ciel.

Cammie jeta un regard et vit un homme de grande taille en uniforme militaire, debout sur le pont d'un grand bateau blanc. Non, ce n'était pas un uniforme, plutôt une combinaison de parachutiste bleue. Il n'avait pas de visage. Des lunettes de protection cachaient ses yeux, et sa tête était dissimulée sous un casque. Ç'aurait pu être Dieu. Il parlait dans un porte-voix. Est-ce que Dieu était américain ? Ou chacun entendait-il simplement Dieu dans sa propre langue ? Cammie ferma les yeux. Elle avait des hallucinations. Ça faisait partie de la fin, ça aussi, elle le savait.

– Vous pouvez vous lever, mademoiselle ? héla l'hallucination. M'dame… vous pouvez vous lever ?

Dieu était très embêtant. Cammie se mit péniblement à quatre pattes, puis debout.

– Êtes-vous blessée ? Pouvons-nous monter à bord ?

– Vous êtes qui ? cria Cammie.

Apparemment, l'homme ne l'entendait pas. Cammie se rendit dans la cabine où gisait Holly et prit le fusil de Lenny. Elle revint et le pointa sur Dieu.

– Wouahooo, mademoiselle ! Il est chargé ?

– Oui, hurla Cammie.

– Je suis le capitaine David Hodges des gardes-côtes américains, mademoiselle… Kyle ? Vous êtes Tracy Kyle ?

Cammie hésita.

– Mademoiselle Kyle, baissez votre arme, je vous en prie.

Cammie laissa tomber le fusil. Qu'est-ce que ça pouvait faire, de toute façon ? Il n'était sans doute pas réel. Elle n'avait pas bu d'eau depuis une éternité, lui semblait-il, même si cela ne faisait que… des heures ? Un jour et une nuit ? L'homme, secondé par un autre, lança un grand crochet métallique et ramena l'*Opus* vers lui, puis un pont métallique se déroula automatiquement. Avec précaution, le Dieu en bleu franchit le vide jusqu'à Cammie et, du pouce, fit signe aux autres sur le bateau, qui étaient tous ses doubles, ou ses triples. Peut-être bien des archanges.

– Bien. On va vous arrimer et on vous emmène, dit le soldat, le garde, le sauveur.

Il se servit d'un large filet pour attacher fermement Cammie à ses côtés et la faire passer dans les bras d'un autre dieu à lunettes.

– Dites-moi, j'hallucine ? demanda Cammie au deuxième homme.

Elle s'agrippa à son bras.

– Non, vous êtes vivante. Tout ceci est bien réel.

Sous la crasse, il vit que c'était une vraie beauté. Elle avait traversé l'enfer, à la voir. Pauvre gosse.

– Si vous hallucinez, alors moi aussi, dit l'homme. Vous nous avez fichu une belle trouille.

À bord, Cammie accepta un sachet de yaourt liquide déjà ouvert pour elle, et demanda :

– On est où ?

– Au large du Honduras, m'dame.

– Ça fait combien, depuis Saint Thomas, dans les îles Vierges ?

– Peut-être douze cents, quinze cents milles.

– On a dérivé si loin ?

– En tout cas, c'est là que vous êtes, dit-il.

– Il y a deux autres femmes à bord. Ma marraine Holly et

une autre femme. Ma marraine est morte la nuit dernière. Il y avait aussi ma mère avec nous…

Le visage de l'homme se décomposa.

Elle porta le regard plus loin et vit Olivia déjà sur le pont, qui agitait un fourre-tout zippé d'une main. Une fois Olivia ramenée à bord – portée, remarqua Cammie – et installée dans une chaise, elle aspira un sachet de Gatorade… Puis deux des hommes en uniforme s'adressèrent discrètement au capitaine. Cammie les entendit dire qu'ils avaient besoin d'un sac et d'une élingue. L'élingue retenait le portoir corset dans lequel ils posèrent doucement Holly, après avoir refermé la fermeture Éclair du linge blanc qui l'enveloppait.

Cette vision était d'une netteté insupportable.

Tout ceci était bien arrivé. Elle ne pourrait jamais se réveiller de ce cauchemar, de Michel et Lenny, Holly et sa mère, les contrebandiers. Cammie se mit à battre l'air des bras et hurler, et l'un des officiers ôta son couvre-chef. C'était une femme, qui prit place à côté de Cammie et lui attrapa les bras, de force, mais avec tendresse.

– Tu ne veux pas qu'elle repose chez elle ? demanda-t-elle à Cammie. Tu n'as pas envie de savoir qu'au moins, elle est rentrée chez elle ? Tu as été très courageuse. Tu as allumé un feu ; émis un signal. Tu as réussi à sauver ta mère.

– Ma mère est au large ! hurla Cammie en essayant de se libérer des bras pour pointer l'horizon.

– Attendez ! dit la femme à l'un des autres, qui avait commencé à manœuvrer le gouvernail pour s'éloigner. Elle dit qu'il y a un autre passager.

– Elle n'est pas sur le bateau. Elle a pris le canot de sauvetage et elle est partie vers la terre, vers une petite île qu'on a vue, avant que notre bateau… s'arrête. Pourquoi le bateau s'est arrêté ?

– Il est échoué sur un banc de sable.

– Elle a ramé. Elle est forte. Je ne pars pas d'ici sans ma mère.

– Du calme, dit Olivia.

– Du calme toi-même ! Mais qu'on la pousse par-dessus

bord ! Qu'on la laisse couler ! Je ne pars pas d'ici avant d'avoir trouvé où est ma mère. Je sais que ma mère est en vie. Écoutez, vous devez m'écouter. Elle avait une radio. Elle a dû appeler quelqu'un. Je vous en prie, ma mère est perdue quelque part par ici ! Cette femme n'est pas ma mère.

– Il faut qu'on t'emmène à l'hôpital, dit le jeune garde-côte qui avait aidé Cammie à grimper à bord de la vedette. Nos ordres sont de t'emmener à l'hôpital du Honduras immédiatement. Tu es en bonne santé. Mais tu as besoin d'être réhydratée et mise en observation. Ta mère, là, a elle aussi besoin de la même chose. Essaie de comprendre, s'il te plaît.

– Ce n'est pas ma mère ! C'est Tracy Kyle, ma mère. Ma mère, c'est Tracy Kyle, et elle est dans un canot pneumatique !

La vedette prit en rugissant la direction de la marina au Honduras, et l'*Opus*, avec ses tristes débris et fardeaux, ondula doucement sur les eaux immenses qui saignaient vers le ciel.

VINGT ET UNIÈME JOUR

Assise dans le carré du *Big Spender,* Janis faisait cliqueter ses ongles sur la table. En entendant Sharon approcher, elle fit mine de se ressaisir, ne serait-ce que par politesse. Elle ne voulait pas avoir l'air ingrate. Elle était redevable à Sharon : Sharon et Reginald avaient eu suffisamment confiance en elle, une étrangère, pour la prendre à bord. Ils l'avaient aidée – pour leurs propres raisons, mais également par pure compassion. Au moins, elle pourrait dire à Cammie, Ted et Jim qu'elle avait essayé. Elle pourrait dire à la mère et au père de Tracy qu'elle avait essayé. Ce qu'elle dirait à son propre mari, elle n'en avait pas la moindre idée. Dave devait savoir à l'heure qu'il était qu'elle n'attendait pas sagement auprès du téléphone dans une chambre tranquille à *L'Iguane d'or.* Eh quoi, il savait qui il avait épousé.

Sharon demanda enfin :

– Vous voulez savoir ce qui s'est passé ?

Janis acquiesça et Sharon lui fit part des diverses nouvelles relatives au sauvetage des gardes-côtes et du fait que, en quelques heures, sa jeune nièce et son amie Olivia avaient été soumises

326

à un examen préalable puis envoyées par avion dans un hôpital du Texas. La sœur de Holly, Berit, était en route pour organiser le rapatriement de Holly – son dernier voyage. Tracy restait introuvable. Elle avait pris le canot pneumatique et, sans qu'on sache pourquoi, laissé Cammie à bord de l'*Opus*.

La réalité, pour Janis, se fendit de force entre un avant et un après, quand elle s'efforça d'admettre qu'elle ne reverrait jamais plus Holly, ne l'entendrait plus jurer, ou rire à gorge déployée de ses propres blagues cochonnes, ou taquiner ses fils. Non. Cela n'était désormais plus permis. Il y aurait un temps pour faire son deuil. Elle devait se concentrer sur l'espoir d'une sorte de rédemption collective, une brèche dans la malchance par laquelle un bienfait, en échange de ce sacrifice humain, pourrait se glisser. Sa bouche se remplit de salive, comme elle l'avait fait au début de sa grossesse.

– Posez la tête sur vos genoux, dit gentiment Sharon Gleeman. Vous avez l'air mal fichue.

Janis s'exécuta.

– Et maintenant, vous allez rentrer ? demanda Janis quand elle se fut remise.

Sa question reflétait une pointe d'anxiété que Sharon ne détecterait pas, espérait-elle.

– Pas tout de suite, je crois, dit Sharon. Tu en penses quoi, Regin ?

– Je pense qu'on devrait ramener le bateau de Lenny. Il aurait fait la même chose pour nous, Sharon, dit Regin. Meherio pourra peut-être récupérer de l'argent de l'assurance, ou même le réparer et le revendre.

– Regin, plus personne ne voudra naviguer sur l'*Opus*, tu ne crois pas ? Les gens vont penser qu'il est maudit après ce qui s'est passé, ou aurait pu se passer. C'est idiot, bien sûr, mais il y a tellement de superstitions autour de tout ce qui touche à la mer.

Regin répondit du cockpit :

– N'en sois pas si sûre. J'ai entendu que la maison où Lizzie Borden a pris une hache…

– Épargne-moi tes histoires, répondit sèchement Sharon.

– Eh bien, c'est un *bed-and-breakfast* aujourd'hui. Il y a des gens qui pourraient avoir grande envie d'un bateau qui a une histoire, même si c'en est une du genre macabre.

Il s'interrompit et se tourna vers Janis.

– Faut excuser mes mauvaises manières. C'est de votre famille que je parle, je me rends compte.

– Et de votre ami, ajouta Janis. Inutile de vous excuser.

– Bon. Il y a des gens qui emménagent dans des maisons réputées hantées de tout temps. Ma grand-mère l'a fait. Elle racontait qu'elle ne s'asseyait jamais devant sa coiffeuse sans voir une femme en blanc passer la porte derrière elle. Dans le miroir, aussi nette que je vous vois. Elle ne s'est jamais sentie menacée.

– Pourquoi est-ce que ce sont toujours des femmes en blanc ? demanda Sharon sans s'adresser à personne en particulier. Pourquoi est-ce qu'elles ne choisissent pas une jolie cape bleu marine ou rouge ? Ça rend le métier de fantôme un peu assommant, tout ça.

– Sharon, on enterrait les gens dans des *linceuls*, autrefois, dit Regin. Les linceuls étaient blancs. Cette maison avait plus de cent cinquante ans. On ne pouvait pas s'attendre à une femme en tailleur à rayures Chanel et talons hauts…

– Bon, tout ça est extrêmement émoustillant. Mais revenons à nos moutons. D'après mon estimation, on devrait approcher des coordonnées que j'ai établies. C'est près de l'endroit d'où venait le signal électronique. On devrait y être dans moins d'une heure. Tu crois qu'on peut remorquer l'*Opus*, Regin, si on le trouve ?

– Il faudra qu'on fasse escale quelque part pour refueler. Sur le chemin du retour.

– Mais il ne va pas nous couler.

– Pas nous.

– Alors, dans ce cas, on va faire comme ça, dit Sharon. Ça vous ennuie si on fait ça pour nos amis ?

– Vous avez parlé d'un message radio, remarqua Janis. Vous pensez… Vous espérez aussi trouver ma cousine ?

– Ce n'est pas exclu, dit Sharon. Évidemment, on jettera un œil. Je ne voulais pas en parler. Mais vous ne pensiez tout de même pas qu'on ne ferait rien ?

– Je pensais que vous alliez laisser tomber. Ce serait raisonnable. Puisque la vedette n'a pas réussi à la trouver… les chances sont quasi inexistantes.

– Ils ont trouvé les autres. Le fait que la vedette n'ait pas réussi à la trouver ne signifie pas qu'on n'y arrivera pas. Ni qu'on y arrivera. Qui ne risque rien, Janis…

Avec assurance, et circonspection, Sharon Gleeman approcha de ce qui semblait à Janis un point infime sur ses cartes. Mais comment les gens font-ils ça ? Trouver un point grand comme un mouchoir de poche dans une mer immense et changeante sur laquelle un bateau avait peut-être été ballotté des heures auparavant, en faisant appel à une série de graphes et de lignes sur un papier, de points sur un écran… Janis, qui avait fait du camping, savait à quelle vitesse les courants peuvent emporter les embarcations. Mais même si cela rendait leur quête encore plus insensée, elle se sentit de plus en plus alerte et fervente alors que Sharon approchait de l'endroit où la vedette des gardes-côtes avait porté secours à Cammie. Elle prit les jumelles de Sharon et s'assit à l'arrière du bateau, dans le hamac qu'avait décrit Tracy, qui ressemblait plus à un trampoline à ses yeux. Elle balaya la mer lisse, de gauche à droite, de droite à gauche, tandis que le jour touchait au crépuscule.

C'est à cet instant qu'elle vit la lumière.

Deux éclats brefs suivis, un peu plus tard, d'un troisième. Deux éclats vifs, puis encore une fois, un moment plus tard, un troisième.

Elle se leva lentement. Elle ne voulait pas tomber.

– Sharon, dit-elle en regagnant le cockpit, regardez.

– Mmm, dit Sharon. Ça fait cinq minutes que je l'observe. J'essaie de comprendre ce que c'est. L'officier du Honduras a dit qu'ils appelaient ça l'île de l'Os.

– Parce qu'il y a des cannibales ? demanda Janis tout en songeant : Maintenant, ils savent que je suis complètement cinglée.

– Non, la légende raconte qu'elle appartenait à un reclus au nom fâcheux de monsieur Bone. Sa maison y est toujours, ça, j'en suis sûre. Je crois avoir également entendu dire, mais bien sûr, ce sont des racontars, qu'il y avait un fils, aussi, qui ne voulait pas de la maison mais refusait de l'abandonner. Ce qui fait que peu à peu, cette énorme bâtisse, construite avec des briques apportées par bateau depuis l'Angleterre, et avec des jardins à l'anglaise entretenus par des domestiques espagnols, est tombée en ruines…

– Il y a quelqu'un là-bas. Cette lumière.

– Oui.

– Vous y allez ?

– Je ne sais pas qui c'est, au juste, dit Sharon. Je vais faire le tour par-derrière et voir s'il y a un mouillage naturel. L'île fait moins d'un kilomètre de long.

Elle s'éloigna de la lumière au moteur, à angle droit de celle-ci ; et Janis vit qu'elle commençait à clignoter furieusement, allumé, éteint. Allumé, éteint. Allumé, éteint.

– Apparemment, le seul endroit pour mouiller se trouve pile devant cette lumière. Il y a une espèce de crique, Janis. Il faudra qu'on prenne l'annexe, vous et moi, et qu'on aille s'amarrer à un de ces grands arbres. Au moins un, après on ramène rapidement les bouts. On ferait mieux d'appeler, je pense…

– Ici le voilier *Big Spender*, dit Sharon dans sa radio. Qui est là ? Qui êtes-vous ?

Aucune réponse.

– Les piles sont peut-être mortes, dit Janis.

– Ou bien quelqu'un essaie de nous attirer dans un traquenard, commenta Regin.

– Les chances que ça arrive deux fois dans la même semaine sont aussi grandes que celles de te voir pousser une perruque complète le temps qu'on rentre à Charlotte Amalie, dit Sharon. Ne sois pas si négatif.

Elle s'interrompit et dit :

– Ah. Je vois quelque chose.

– Vous voyez quelque chose ? cria Janis. Vous la voyez ? Je ne la vois pas !

Elle pensait que Sharon parlait de Tracy.

– Je vois l'*Opus*, à environ un mille à tribord, dit Sharon. (Elle s'empara des jumelles.) Seigneur, c'est un désastre. Il y a des câbles et des lambeaux qui pendouillent de partout. Et un tas de morceaux de bois brûlés. Bon… j'ai déjà vu pire. Ce bateau était en partie brûlé quand Lenny l'a acheté.

– Plutôt deux milles à mon avis, Sharon. La visibilité est bonne ici.

Un autre message arriva. La personne décédée à bord était une femme, du nom de Holly Solvig, d'après les survivantes. Il n'y avait aucune preuve de la violence décrite par la jeune femme et aucune trace de l'équipage, du canot de sauvetage, ou de l'annexe.

– Len a abandonné son bateau, dit Sharon d'un ton songeur.

– Il n'aurait jamais fait ça, dit Regin. Peut-être dans une situation critique.

– C'est marrant que le bateau soit resté là. Il doit être échoué sur quelque chose. Tu crois qu'on pourra le dégager si les marées…

– Peut-être. Tout dépend de ce qui le retient. Ça ne va pas être du gâteau.

Janis se dit que trente années passées ensemble sur un espace de moins de dix mètres carrés avaient uni Sharon et Regin par une sorte de télépathie.

– On n'a qu'à s'approcher au moteur, en tâchant d'éviter ce sur quoi il est posé… Peut-être que ce n'est qu'un banc de sable, Regin.

– Sharon, Sharon, attendez ! Regardez la lumière, supplia Janis.

– Je regarde. Impossible de voir au-delà, expliqua Sharon. Ça pourrait être une espèce de balise.

Sur ce, la radio grésilla. On entendit une voix rauque :

– Aidez-moi.

Les mots étaient indistincts et confus, la voix pâteuse.

– À l'aide. Tracy Kyle, de Westbrook, Illinois. Je suis sur… avec un…

– Tracy ! hurla Janis. C'est ma cousine. Sharon, c'est ma cousine, oh, c'est ma cousine !

Et en moins d'un quart d'heure, la grande Tracy s'effondrait dans les bras de Janis qui, malgré ses vingt centimètres de moins, était si transportée d'allégresse qu'elle aurait soulever ainsi Tracy jusqu'à Chicago. Le visage de Tracy n'était que piqûres d'insectes infectées, ecchymoses, peau pelée. Il manquait une manche à sa chemise, et ses cheveux courts étaient emmêlés et plaqués, comme ceux d'un vilain garnement. Elle soutenait un poignet, le gauche, duquel sa main pendait mollement. Les brûlures semblaient sérieuses. Janis avait l'impression qu'on avait maintenu le nez de Tracy sous un gril, plutôt qu'exposé au soleil. Ses jambes étaient couvertes de coupures profondes et gonflées, violacées à partir des genoux. C'était la vision la plus invraisemblable que Janis ait jamais eue.

– Je t'ai retrouvée. Je t'ai retrouvée, murmurait Janis alors que Tracy s'écroulait, trop faible.

Janis et Sharon portèrent autant qu'elles traînèrent Tracy dans l'annexe.

– Je t'ai retrouvée.

Les lèvres et la langue de Tracy étaient si gercées et gonflées qu'elle ne pouvait parler. Les mots qu'elle a prononcés pour nous appeler auraient été ses derniers, se dit Janis. Elle fit signe de vouloir de l'eau.

– Un tout petit peu, dit Sharon. Trop à la fois vous rendrait malade.

Elle rinça un linge propre et permit à Tracy de le sucer, mais même ainsi, elle ne parvenait pas à refermer complètement la bouche. Sharon déchira un sachet stérile de gel hydratant citronné, en glissa sur la langue de Tracy et l'étala sur ses lèvres.

Tracy fit tout son possible, mais aucun son ne sortit. Sharon lui donna une gorgée de Gatorade. Enfin, en émettant un son qui rappelait à Janis le grincement de l'embrayage, elle dit :

– ... moi.

Regin les aida à la hisser à bord du *Big Spender*.

– Je ne vous laisse plus. Vous êtes en sécurité maintenant, dit Sharon. Allongez-vous sur la couchette.

Regin tira sur le couvre-lit, dégageant des draps rayés tout propres. Tracy s'affala en arrière, et fit signe à Janis de se pencher vers elle. Janis s'exécuta, et Tracy tendit le bras, la main sale comme une patte.

– Cammie… murmura-t-elle. Holly.

– Elle est sauvée, Trace. Elle est en sécurité à l'hôpital, au Texas, dit Janis, prenant soin de ne pas mentionner Holly. Ils viennent te chercher. Sharon a appelé. Pour t'amener auprès de Cammie.

Tracy hocha la tête et émit un son que Janis prit pour un « bien ».

Janis se releva de sa position accroupie et étreignit Sharon d'abord, puis Regin.

– Merci de m'avoir épargné ce qui aurait été l'une des pires tragédies de ma vie, et de ma famille, dit-elle.

– Quand la vedette arrivera, vous partirez avec elle, dit Sharon. Allez vous occuper des vôtres. Vous l'avez bien mérité, vous vous êtes bien accrochée.

Janis garda le silence et réfléchit un moment. Puis elle répondit :

– Si ça ne vous fait rien, je crois que j'aimerais rester. Vous avez dit que ça ne serait pas facile de dégager l'*Opus*. Je ne suis pas marin, mais je suis relativement jeune et forte, et je peux aider. Il me semble que je dois ça à Lenny. Je ne sais pas ce qui s'est passé là-bas, mais je sais que s'il était votre ami, ça devait être un type bien. Je devine qu'il aurait tout fait pour les sauver. Et ce qui s'est passé, ça doit être un truc comme… de se faire percuter par une voiture. On fait tout bien, quelque chose dérape, et ensuite tout dérape. Le destin, j'imagine. Il n'avait pas l'air du genre à abandonner son bateau.

– On peut dire que vous avez raison, dit Regin. Lenny avait le cœur gros comme ça. Et un grand sens des responsabilités. La voile, c'est comme le vol, Janis. C'est sans danger, mais ça ne pardonne pas.

– Donc, j'aimerais lui faire l'honneur de vous aider, dans la mesure de mes faibles moyens, à ramener l'*Opus* à la femme et au petit garçon de Lenny.

Sharon sourit.

– C'est quelque chose que j'apprécie chez quelqu'un, Janis. Le cran. Bienvenue à bord.

Une heure plus tard, une infirmière ouvrait la porte donnant sur la pièce plongée dans le noir dans laquelle dormait Cammie, sous calmants légers.

Elle s'était débattue comme une forcenée pour sortir de son siège durant tout le vol vers le Texas. L'infirmière espagnole assise à ses côtés lui parlait gentiment, mais son accent ne faisait que susciter chez Cammie un mouvement de répulsion. Elle n'entendait qu'Ernesto lui demandant de se dévêtir. Espèce d'enfant gâtée, pensa l'infirmière. Salope de Yankee.

À l'hôpital, ils s'étaient étonnés de la force de Cammie. Il avait fallu un médecin et une infirmière fortement charpentée pour la traîner hors de la salle des urgences, où on avait à nouveau vérifié qu'il n'y avait pas de fractures ni de lésions internes – avec des radios, cette fois-ci. Il n'y avait pas de chirurgien plastique dans l'équipe, mais quelqu'un avait trouvé un médecin, une femme réputée pour son habileté, prête à se déplacer un jour de congé. Elle administra vingt milligrammes de Valium à Cammie, anesthésia ses coupures les plus profondes, en nettoya les bords, et répara les plaies avec la précision d'un pointilliste. C'était une très belle fille. C'était une belle jambe et une jolie main. L'infection qui s'était déclarée se serait rapidement répandue, mais les antibiotiques intraveineux en viendraient à bout en quelques jours.

Le medecin, qui avait elle-même une fille de quatorze ans, oignit les brûlures de Cammie et appliqua de la gaze sur les plus graves. Elle avait pour elle un système immunitaire jeune et fort. On avait du mal à imaginer comment elle avait pu être aussi abîmée en trois semaines, à peine. Il fallait vraiment que tout ait très mal tourné. Après tout, elles avaient bénéficié de la protection du bateau, même si le docteur avait entendu dire qu'il avait des avaries. Elle se souvint d'une famille qu'elle avait vue une fois, une mère et deux enfants, ramenés à terre par une vedette, trouvés dans un canot pneumatique où ils avaient passé trois semaines sous le soleil dans le golfe après que leur monocoque de location avait dessalé dans l'ouragan Daniel. Comment ils s'étaient débrouillés pour *ne pas* toucher terre, c'était un mystère. Le père, un Britannique qui avait été autrefois équipier sur un yacht de course, était avec eux. L'un de ces tristement célèbres capitaines de voiliers de location, il avait été assez arrogant pour tenter une longue traversée avec des connaissances qui étaient à leur apogée dix ans auparavant. Il avait appris que faire de la voile, ce n'était pas comme de faire de la bicyclette. Pour sa défense, le peu d'eau qu'il avait réussi à mettre de côté, il l'avait donné aux enfants. Lui et son plus jeune fils étaient malgré tout morts en quelques heures, l'enfant d'hypothermie. Le medecin avait vu le désespoir de la mère et songé, sans charité, que cette femme avait épousé un imbécile.

Une fois que la doctoresse eut fini son ouvrage, satisfaite de constater que l'état de Cammie était stable, et qu'elle était, au moins physiquement, tirée d'affaire, elle la confia à deux autres infirmières. Elles firent de leur mieux pour éponger Cammie de la tête aux pieds comme un bébé, évitant les bandages et les pires brûlures. Quelque peu domptée par la douleur provoquée par les soins, elle se calma. Elles se lamentèrent sur sa longue et épaisse chevelure, qu'il faudrait certainement couper. Pour finir, elles fourrèrent la longue crinière de Cammie sous un bonnet chirurgical. Elles l'obligèrent à s'allonger sur un lit frais. Elle repoussa aussitôt les draps pour se lever, réclamant sa mère, arrachant son intraveineuse, exigeant un téléphone pour appeler son père. Elles la forcèrent à se rallonger. Elle se releva. Elles la maintinrent gentiment clouée au lit. Elle se leva dès qu'elles eurent le dos tourné. Pour finir, elles l'attachèrent avec des entraves, et l'épuisement eut raison d'elle.

L'infirmière espagnole sortit d'un pas décidé quand Cammie se mit à crier. Une autre prit sa place, une de celles qui avaient aidé à baigner Cammie plus tôt. Elle secoua doucement l'épaule de Cammie.

– Chérie, dit-elle avec un mélodieux accent jamaïcain, j'ai un message téléphonique pour vous de la part d'une certaine Janis Loccario. Elle dit que votre mère se porte bien.

– Combien de fois, lui demanda Cammie avec lassitude, les yeux fermés et les poings serrés, faudra-t-il que je vous le répète ? La femme qui est venue avec moi, c'est pas ma mère. C'est ma mère biologique. Ma vraie mère m'a adoptée. Ma vraie mère est Tracy…

– … Kyle, de Westbrook, Illinois. Votre mère sera bientôt là. Votre tante Janis et le capitaine Sharon Gleeman, l'équipage du voilier *Big Spender*, ils ont retrouvé votre mère. Je sais ce que je dis, ma petite. On l'a ramenée au Honduras dans un bateau de pêcheurs qu'ils ont hélé. Dans quelques heures, elle sera rapatriée par avion dans cet hôpital. Un rapide. (L'infirmière rit.) Ils le sont tous, non ?

Cammie souleva la main de l'infirmière et la pressa contre ses lèvres tout abîmées.

Quand Tracy Kyle fut enfin amenée en ambulance, les médecins et les infirmières responsables de son cas établirent qu'elle s'était cassé le poignet en se hissant à tâtons sur la côte de l'île de l'Os, tandis que le canot pneumatique, qui venait de s'échouer sur un récif sous-marin, achevait de se dégonfler. Elle était très sale, mais ils la nettoyèrent à l'éponge suffisamment pour pouvoir détacher les chairs nécrosées de ses brûlures. Certaines d'entre elles, sur les épaules et sur le nez, nécessiteraient peut-être des greffes si on ne voulait pas qu'elle reste défigurée. Elle était déshydratée, mais les liquides y remédieraient bientôt. Ses électrolytes sanguins étaient détraqués. Ses lèvres étaient lacérées, mais les lèvres cicatrisaient. Un œil gravement gonflé et infecté avait besoin de baume, d'un cache, et de tous les bons vœux possibles. On ne pouvait rien faire de plus. Ils placèrent son poignet dans un plâtre qui lui laissait les doigts libres et installèrent une perfusion de liquides, glucose, sels, antibiotiques, substances nutritives, et sédatifs.

Somme toute, elle n'allait pas trop mal.

Pour finir, ils l'emmenèrent en chariot dans une chambre sombre où reposait Cammie Kyle, en train de dormir, et la firent basculer sur le deuxième lit.

L'une des infirmières commença à tirer un rideau autour d'elle.

– Non, non, dit l'infirmière jamaïcaine. Ce qu'il faut qu'on fasse, c'est qu'on pousse ce lit à côté de sa petite. Comme ça, quand elle se réveillera, elle verra Cammie.

Ensemble, elles déplacèrent la table de nuit métallique placée entre les lits et rapprochèrent le lit de Tracy autant que le permettaient les tuyaux qui la reliaient à ses moniteurs et au bouton d'appel.

Durant la nuit, Cammie se réveilla et, tandis que ses yeux s'accoutumaient à l'obscurité, que son corps se révoltait contre la douleur, regarda autour d'elle. Elle leva la main et tâta ses cheveux, ses magnifiques cheveux. Il faudrait les raser, comme ceux de Sinéad O'Connor. Quelqu'un avait tenté de les peigner. Ses points de suture la lançaient. Elle s'était ouvert la main en brisant le miroir de la salle de bains de Holly. Et elle s'apprêtait à presser le bouton pour obtenir plus de médicaments quand elle remarqua sa compagne de chambre, une forme immobile sous une couverture légère. Au travers des stores de la fenêtre, le clair de lune luisait juste assez pour que Cammie distingue le profil caractéristique, les cheveux châtain courts de sa mère.

– M'man, chuchota-t-elle. Maman.

Tracy ne fit pas un geste.

Cammie pressa doucement le bouton d'appel. Une infirmière répondit avec efficacité :

– Oui. Que puis-je faire pour vous ?

– J'ai vraiment mal, dit Cammie. Et je veux que quelqu'un me dise si ma mère est en danger, s'il vous plaît.

– Je serai là dans un petit instant, mademoiselle Kyle.

Cammie regarda sa mère dormir, mesurant la respiration de Tracy au soulèvement de sa poitrine. Quand l'infirmière entra, elle braqua un crayon lumineux sur Cammie plutôt que d'allumer les néons. Elle secoua sa poche intraveineuse et y injecta de quoi apporter aussitôt un immense soulagement au corps endolori de Cammie. Comme elle faisait demi-tour, celle-ci murmura :

– Ma mère va comment, pas trop mal ?

– Elle a un poignet cassé, et quelques brûlures graves, mais surtout, un œil très infecté.

L'infirmière perçut l'inquiétude dans le regard furtif que Cammie lança à sa mère et s'empressa d'ajouter :

– Elle va vivre et se remettre, mademoiselle Kyle. Et son œil ne sera pas définitivement abîmé, je ne pense pas. Elle va s'en sortir, vraiment. Ne vous en faites pas.

Cammie se mit à pleurer, et les larmes piquantes qui roulaient sur ses joues à vif lui procuraient un réconfort pervers.

– J'aime ma mère, dit-elle doucement comme s'il s'agissait d'une rune magique, d'une incantation au pouvoir guérisseur.

– Je t'aime, moi aussi, répondit Tracy d'une voix râpeuse en tendant la main jusqu'à ce que le bout de leurs doigts s'atteignent.

VINGT-DEUXIÈME JOUR

Vêtue d'une jupe sage et d'un chemisier en dentelle blanche, Meherio Amato guettait le bateau de son mari. Elle se tenait très droite, et le renflement de son ventre n'était perceptible qu'en raison de son extrême minceur. Elle était seule, impassible. Sa sœur avait pris Anthony pour la journée, et Meherio avait décliné l'offre de l'accompagner.

Lorsque *Big Spender* entra dans le port, remorquant l'*Opus*, une foule se rassembla lentement tout en se tenant respectueusement à distance derrière Meherio. Il y avait là Marie, la boulangère, et le patron du bar Quinn Reilly, le bijoutier Avery Ben, et Abel, le rémouleur ; ainsi que le propriétaire du bateau de plongée sur lequel Lenny et Michel avaient travaillé. Tous pensaient à la mort. Ils gardèrent le silence tandis que Sharon Gleeman sautait avec adresse par-dessus bord et que Reginald lui lançait les amarres avant de donner la main à la femme inconnue de tous qui portait un jean et de grandes lunettes de soleil, et dont les courts cheveux auburn ramenés en avant masquaient le visage. Quinn Reilly regretta de ne pas avoir ouvert sa réserve ce fameux dimanche. Le bijoutier regretta ne pas avoir fait un meilleur prix à Michel pour le bracelet. Marie se remémora les plaisanteries stupides de Lenny et le sourire tranquille de Michel. Quant à Abel, le rémouleur, il se demanda s'il n'était pas temps pour lui de rentrer en Arizona et de faire connaissance avec sa petite-fille qu'il n'avait vue qu'en photo.

Meherio s'avança, tendit la main à Reginald et accepta l'étreinte de Sharon. Une ambulance fendit la foule et un petit paquet blanc fut discrètement chargé à l'arrière.

– Ma chère, avec l'aide des pêcheurs qui nous ont secourus, je l'ai enveloppé dans la voile d'artimon de l'*Opus* et j'ai cousu solidement. Je ne savais pas ce que vous voudriez faire.

Meherio porta son regard vers le large.

– Je pense que d'ici quelques jours, on prendra un petit bateau, mon frère et moi, pour aller là où jouent les marsouins.

– Vous accepteriez qu'on vous accompagne ?

– J'apprécierais, Sharon. J'aimerais lui offrir des hibiscus : on en portait le jour de notre mariage.

– Je m'en occupe, deux gerbes tressées, intervint Reginald. Ce sera notre modeste contribution. C'était un homme bien, et son amitié va nous manquer.

– Parfois la mer ne nous aime pas, dit Meherio. Elle préférerait qu'on la laisse tranquille.

– C'est tout à fait possible, répondit Sharon. Mais ça va moins me plaire sans Lenny. Peut-être que je ne vais pas continuer. Ça ne sera plus jamais comme avant. Il faut que je vous dise, Meherio, que Janis a tenu à rester avec nous en mémoire de Lenny.

– Merci, Janis. Je suis désolée pour votre amie, et profondément heureuse pour votre sœur et sa fille. On a des nouvelles de Michel ?

Sharon secoua la tête avec regret.

– Je suis vraiment désolée, Meherio. Je sais que vous ferez ce qu'il faut pour que vos bébés sachent qui était leur père.

– Oui, en mémoire de lui. Ou bien si j'aime quelqu'un d'autre un jour. Ça me paraît impossible pour l'instant ; mais Lenny aurait aimé que je donne un père à ses enfants.

– Vous comptez vendre l'*Opus* ? demanda Janis.

– Je ne sais pas, répondit Meherio. Mon frère m'a dit qu'il aimerait peut-être le garder avec moi. Et Michel en possède des parts, si jamais il revient.

– Comment pourriez-vous supporter de le voir naviguer à nouveau ? s'écria Janis sans réfléchir.

– Beaucoup de femmes l'ont fait, dit Meherio.

Cammie courut le long du couloir de l'hôpital pour se jeter dans les bras de son père et de son frère, et Tracy insista pour marcher, même si elle avait besoin d'une canne.

Pendant trois jours, mari et frère s'étaient relayés à leur chevet, mais là, c'était différent. Ils ramenaient à la maison des personnes indemnes, des personnes saines et sauves vêtues de pantalons de treillis neufs et de chemisiers qui pendaient sur elles comme sur des épouvantails (Jim avait acheté des vêtements de leurs tailles au grand magasin local), mais qui semblaient, à Tracy et Cammie, des pièces de stylistes.

Ted manquait ce jour-là un tournoi de base-ball. À la place, il sanglotait dans les bras de Tracy comme lorsqu'il avait six ans et ne la dépassait pas de cinq centimètres.

– Je ne vais plus nulle part, chéri, dit-elle tandis que Ted essayait de se contrôler, sans succès. Je ne partirai plus jamais nulle part. Pas avant longtemps.

– Je crois que je suis une vraie mauviette, dit-il. Désolé, M'man.

– Mais non, t'es formidable, lui dit Cammie. Les filles trouvent ça sexy un garçon qui pleure. (Ted lui adressa un sourire rayonnant.) Viens là. (Ted s'avança vers elle, puis s'arrêta.) Viens là, Ted, mon joli frérot. Je t'aime tant.

Et elle s'aggripa si fort au cou de son frère que ses pieds décollèrent du sol.

Jim fit monter Tracy et Cammie avec précaution dans le taxi qui devait les conduire à l'aéroport. Elles pouvaient lire sur son visage l'effet que leurs blessures faisaient aux gens. Jim n'en revenait pas de ce qu'une description faite au téléphone puisse donner une image aussi fausse de la réalité, et il s'efforçait de maîtriser ses réactions. Les brûlures sur les jambes de sa femme brillaient comme du plastique rose. Son visage était ravagé. De la magnifique chevelure noire de Cammie ne restait qu'une coiffe de plumes plaquées sur le crâne. Jim la caressa doucement.

— Mon bébé, dit-il. Tes beaux cheveux.

— Au moins ils n'ont pas été obligés de me tondre, Papa. Il n'y avait aucune chance de venir à bout de ce tapis de nœuds sans les couper. Ça repoussera.

— Ça va prendre des années.

— Oui, mais j'ai des années devant moi maintenant.

— Il faut qu'on se dépêche, chérie, dit Jim. Le taxi attend en double file. Et Janis, elle fait quoi ?

— Elle rentre dans deux jours, répondit Tracy. Elle est restée pour le service funéraire de Lenny Amato. On jette sa dépouille à la mer demain. Malgré tout ce qui s'est passé, Jim, elle a aimé l'île, tu sais. Vraiment. Elle voyait ce qui la rendait magique. Magique et traître.

— Et Olivia ?

— Ah oui, dit Cammie.

— Quoi ? s'enquit Tracy.

— Elle... tout va bien, M'man... elle est venue dans notre chambre le premier soir, juste avant que tu arrives, M'man, dit Cammie.

Tracy se figea.

— J'étais plutôt dans les vapes...

— Qu'est-ce qu'elle a dit ? Et pourquoi est-ce qu'on n'en a pas parlé ? En famille ?

— Je ne pensais pas nécessaire... qu'elle se joigne à nous. Je comptais le dire à tout le monde. Elle a dit qu'elle sortait de l'hôpital. Elle allait bien. Ça, on le savait.

— Il y a autre chose, et tu le sais bien, l'encouragea Tracy.

— Bien sûr, elle a dit qu'elle était désolée pour tout.

— Et ?

– Que si un jour j'avais envie de la voir, je la trouverais à l'adresse qu'elle m'a écrite sur un bout de papier, son adresse e-mail ou je ne sais pas quoi.

– Bien sûr que tu peux le faire, dit Tracy, et Jim acquiesça.

– Je sais que je peux. Mais j'ai jeté l'adresse parce que… la vérité, c'est que je suis contente que tout ça soit arrivé. Enfin, pas qu'il se soit passé ce qui s'est passé. Mais je suis contente que ça se soit passé de cette façon. J'ai vu qui elle était vraiment. Qui elle est. Je me l'imaginais comme une vraie princesse quand j'étais petite, M'man. Elle m'envoyait des choses ravissantes et elle vivait dans un château. Elle m'avait promis que je pourrais venir passer l'été chez elle pour mes seize ans, même si elle ne m'a jamais invitée. Si vous m'aviez tout dit, j'aurais peut-être eu envie de la connaître mieux.

– Ç'aurait été genre, *Venez donc dans mon parloir…* commença Tracy.

– … *dit l'araignée à la mouche,* termina Cammie. Plus ou moins.

– Et tu n'as pas eu peur ? demanda Jim.

Il avait entendu le compte-rendu de Tracy et avait passé une heure à s'excuser inutilement de n'être pas venu directement au Honduras : son passeport avait expiré, malgré les rappels constants de Tracy ; et sa femme et sa fille étaient déjà au Texas lorsqu'il avait obtenu une dérogation spéciale pour prendre l'avion.

Cammie se prit à plaisanter.

– Peur ? Je lui ai dit de sortir de ma chambre avant que ma mère arrive parce qu'elle n'avait aucun droit d'être là. Je lui ai dit qu'elle n'était rien pour moi. Et que je n'avais aucune question à lui poser sur mes « origines ».

– À ton avis, elle est allée où ? demanda Jim.

– En Europe, elle a dit qu'elle retournait en Europe.

Ils restèrent tous assis un moment en silence, imaginant Olivia errant d'un lieu de villégiature à un autre, un fantôme vêtu de Michael Kors.

– Il faudra aller chez Holly dès notre arrivée pour voir Chris et les garçons, suggéra doucement Tracy.

– On y est déjà allés, et ils vont aussi bien que possible, leur apprit Ted.

– Mais on doit y aller, nous aussi, dit Cammie, les larmes aux yeux, soudain.

– Qu'est-ce qui ne va pas ? Qu'est-ce qui se passe ? s'écria Jim.

Surpris, le chauffeur de taxi sursauta sur son siège.

– Il faut vraiment qu'on passe voir Chris et les garçons en rentrant de l'aéroport, même s'il est tard, insista Tracy.

– C'est ce que je me disais, moi aussi. C'est comme si on l'abandonnait, expliqua Cammie.

– Vous aurez tout le temps, essaya de les convaincre Jim. Tracy, tu dois te recoucher. Dans ton lit à toi. Ton visage est à vif. Tu as le bras en écharpe. Et on dirait que ma fille est passée sous un camion.

– Mais ce qui est bizarre, c'est qu'on n'est pas si gravement blessées que ça, dit Tracy.

– Et encore plus bizarre, ce n'était pas si terrible, dit Cammie, dont les sanglots diminuaient, d'une voix rauque comme elle cherchait son souffle. Une expérience comme celle-là, ça… remet les choses à leur place. Quand on manque mourir, eh ben en fait, on vit. Je sais que ça fait cliché. Il m'est arrivé des trucs vraiment incroyables… Je ne sais pas comment dire…

– Tu as connu plus d'épreuves qu'on n'en croise normalement en une vie entière, répondit Jim. Chérie, n'essaie pas d'en faire quelque chose de plus transcendant que ce que c'était.

– Mais j'ai appris des choses, objecta-t-elle.

Inutile d'essayer d'expliquer ; son père était tout bonnement trop terre à terre.

Cammie essaya de codifier ces enseignements, ces choses qu'elle ne pouvait expliquer : les secrets et ce qui en découle, les limites et ce qu'il y a au-delà, la mort et ce qui pourrait être pire que la mort, l'amour et ce qui aurait pu devenir amour, brusquement arraché.

– J'ai appris que j'aimais la mer, et que je la hais, se contenta-t-elle de dire.

– Ce n'est pas l'endroit idéal pour se retrouver seul, dit Jim.

– Non, en effet, mais c'est aussi un bon endroit pour être seule, lui répondit Cammie. Tante Janis a appelé, elle a dit que Meherio lui avait expliqué qu'on prend la mer parce qu'on a la mer en nous. C'est de là qu'on vient.

– John Kennedy a dit ça, lui aussi. Et quelqu'un d'autre avant lui. Ce sont des fadaises pour illuminés, dit Jim. Vous avez failli mourir, toutes les deux.

– Très bien, dit Cammie. Tu as sans doute raison.

Mais elle était persuadée du contraire. Une vision de Michel, ses cheveux fauve tressés en dreadlocks par l'eau salée, lui traversa l'esprit ; Michel penché au-dessus d'elle, les étoiles indifférentes et les nuages gris de la nuit encadrant ses épaules nues. Soudain, Cammie s'aperçut qu'elle ne se rappelait pas la couleur des yeux de Michel, mais qu'elle pouvait encore sentir ses mains et l'odeur de lavande de son cou. Elle revit Holly, le fusil armé, et Ernesto recroquevillé dans le bateau qui prenait l'eau, et les immenses voiles étincelantes la première fois qu'elles avaient pris le vent. Elle s'était promis d'écarter les souvenirs qu'elle avait de Michel jusqu'à ce qu'elle puisse se retrouver seule, pour les ressortir alors de leur petit paquet bien serré et les examiner un à un. Elle renouvela sa promesse.

Son père n'y était pas. Elle l'aimait et se réjouissait qu'il n'ait pas vécu ça. Mais elle était également – et paradoxalement – désolée pour lui et pour tout ce qu'il ne saurait jamais.

Chris leur ouvrit la porte. Tracy se dit qu'elle devait être aussi choquée par son aspect qu'il l'était par le leur. Il avait perdu au moins cinq kilos, peut-être plus.

– Chris, dit-elle doucement, on ne restera pas longtemps. On peut entrer, s'il te plaît ?

– Trace, vous serez toujours les bienvenus ici, répondit Chris poliment.

Son visage, tel un film sautant quelques images, passa du

sourire mécanique à la grimace, avant de se décomposer, adoptant les traits d'un homme âgé.

– Tracy, dit-il, Dieu merci vous êtes saines et sauves. Venez voir la famille.

Prenant une profonde inspiration, les quatre membres de la famille Kyle entrèrent dans une pièce pleine de parents de Holly. Il y avait peut-être trente personnes. Tracy se rendit compte avec un choc que ce soir était celui de la… oh, mon Dieu… de la veillée funèbre de Holly, et que son enterrement aurait lieu le lendemain. Tracy reconnut la sœur de Holly, Berit, même si elle n'avait jamais rencontré son mari et ses enfants. On la présenta à des tantes et des cousins, tous dotés de solides prénoms norvégiens – des noms de travailleurs, comme disait Holly, qui évoquaient des marques d'outils : Kelsvig, Haaldag, Brotte. Les hommes se levèrent. Berit finit par se ressaisir, comme si elle s'éveillait, et s'approcha pour envelopper Tracy, brièvement, dans ce qui passait dans la famille étendue de Holly pour une étreinte, mais qui serait apparu comme une poussée accidentelle dans un bus à n'importe qui d'autre.

– Berit, dit Tracy, je suis sincèrement désolée. Holly était ma meilleure amie.

– La mienne aussi, répondit Berit.

– Je sais bien que ce n'est pas ce que vous attendez, mais je vous demande pardon pour ma part de responsabilité dans tout cela, poursuivit Tracy en s'adressant à l'assemblée. Je comprendrais que vous me haïssiez. Si elle n'était pas venue…

– Personne ne te déteste, Trace, dit Chris, à part les garçons. Et en fait, pas vraiment. Les enfants… ont tendance à voir les choses de manière très tranchée.

– Où sont-ils ? demanda Cammie en s'écartant de derrière son père.

Elle perçut un suffoquement et la tentative simultanée de couvrir ce dernier par un bruit de cuillers et de tasses entrechoquées, à la vue de sa peau et de ses cheveux. Il y avait de la nourriture partout, de roboratifs plats de pâtes nageant dans des sauces à la viande et d'aériennes pâtisseries saupoudrées de sucre glace bâties autour d'un soupçon de fruits, lesquelles, Cammie le savait, se désintégreraient en une lampée de flocons sucrés à la première divine bouchée. Les offrandes collectives auraient suffi à assurer trois repas aux personnes présentes dans la pièce, ainsi qu'aux habitants du pâté de maisons le lendemain. De toute évidence, le deuil creusait un trou qui demandait à être comblé, mais les mots ne faisaient qu'y tomber comme autant de cailloux. La nourriture, particulièrement celle de Holly, offrait au moins une consolation. Cammie en eut l'eau à la bouche un instant, avant d'être envahie par la nausée. Les infirmières l'avaient prévenue qu'elle serait tentée de trop manger les premiers jours, et que ce serait dangereux. Il lui faudrait manger lentement, des plats sains et simples, éviter les épices, les pizzas.

Berit et les autres s'empressèrent de remplir une assiette pour Ted, et des tasses de café pour Tracy et Jim.

Cammie partit à la recherche de Ian et Evan. Ils étaient introuvables. Elle traversa la cuisine et sortit sur la véranda arrière.

Le mélange de souvenirs et d'odeurs – amidon, tissu, détergent, cardamome – la replongea en enfance. Cette maison, tout comme la sienne, avait sa propre odeur, indétectable par ses habitants. Mais Cammie avait lu que l'odorat est le plus puissant de nos sens. Elle s'attendait à voir Holly partout. Dans le coin petit-déjeuner, elle s'arrêta pour regarder ce qui faisait l'orgueil de Holly – sa magnifique piscine enterrée. Elle se revit là lorsque la piscine n'était encore qu'un patio avec une table de pique-nique en plastique – une petite Cammie avec des tresses, à qui Holly expliquait que la division à plusieurs chiffres, c'était facile une fois qu'on avait pigé le truc. Elle laissa échapper un léger gémissement. Pourrait-elle jamais oublier l'image des marins portant la forme enveloppée, si petite, de la passerelle à la vedette ? Tante Holly, songea-t-elle, reviens, s'il te plaît. Un claquement mat attira son attention.

Evan et Ian étaient au fond du jardin, shootant à tour de

rôle dans leur filet de football. Ian gardait le but, puis c'était au tour d'Evan. Ian portait les cheveux longs à présent. Cela lui allait bien. Il était bronzé et bientôt bâti comme un adolescent. Evan, quant à lui, était pâle et voûté, comme un gosse qui n'aurait rien fait de ses journées à part regarder la télé dans le noir. Comme ils avaient changé depuis Noël !

— Coucou, lança doucement Cammie à travers la moustiquaire.

Elle ouvrit la porte et s'assit sur les marches de la véranda. Une dernière fois, Evan shoota brutalement dans le ballon et s'approcha d'elle en traînant les pieds, la tête basse. Ian tourna vers elle un regard bleu glacial. Les yeux de Holly.

— T'as plus de cheveux, commenta Ian.

— Ça te plaît ? demanda Cammie.

— Pas mal. C'était joli avant, dit Evan.

— Ils n'arrivaient pas à les démêler. Vous ne vous souvenez sûrement pas, mais je pleurais quand votre mère me les brossait. Elle me disait : « Il faut souffrir pour être belle. »

— Ouais, répondit Ian succinctement, lui coupant la parole.

— Venez vous asseoir à côté de moi, demanda Cammie. Rien qu'une minute.

Nerveusement, conscients comme ils ne l'avaient apparemment jamais été auparavant que Cammie était une fille avec des seins et autres attributs, les garçons obtempérèrent. Holly avait toujours soutenu qu'ils étaient frères mais pas identiques, même si personne n'arrivait à les distinguer. Cammie le reconnaissait à présent. Ian serait plus blond, plus grand. Ils étaient comme des frères désormais, ressemblants mais reconnaissables.

— Alors… les garçons…

Que voulait-elle leur dire ? Elle aurait aimé les prendre dans ses bras, mais ils étaient trop vieux pour cela désormais.

— Eh ben, je crois que tout ce que je peux dire, c'est que ça craint. Je vois pas ce que je pourrais dire d'autre pour vous réconforter. Et même si ça craint maintenant, ça risque d'être de pire en pire pendant un moment, à mon avis. Et je peux être là pour vous, et votre papa aussi ; mais ça craindra quand même. Personne ne peut remplacer tante Holly.

Evan posa son front sur une main. Ian contempla la nuit au loin, là où les lumières du jardin se perdaient dans un sombre entrelacs de lilas. Cammie s'interrompit. Puis elle demanda d'une voix douce :

– Je peux vous raconter un truc ?

Les deux garçons gardèrent le silence. Pour finir, Ian haussa les épaules.

– Là-bas, on a été attaquées par des pirates, commença Cammie. C'était des trafiquants de drogue, deux types sud-américains et un Américain d'à peu près mon âge. Ils avaient de l'héroïne dans un vieux bateau. Ils ont essayé de nous violer. Pas le jeune Américain, on avait plutôt l'impression qu'il n'était pas vraiment avec eux. Mais les deux autres types étaient monstrueux. Des vraies bêtes. Et juste à la fin, ils ont décidé qu'ils allaient m'emmener. Ils allaient m'emmener avec eux, me violer et me tuer.

Elle jeta un coup d'œil à droite comme à gauche. Les garçons la regardaient, pas franchement intéressés, mais plutôt enfermés dans leur hébétude ou abrutis par leurs exercices de foot machinaux et répétitifs. Cammie hésita. Elle ne voulait pas faire de cette histoire un roman d'aventures. Elle souhaitait faire passer… quelque chose. Aie confiance en toi, se dit-elle. Tu peux y arriver.

– On les avait tenus à distance pendant des heures et des heures, presque une journée, avant ça. On leur avait fait boire du whisky à flots, tellement qu'ils se sont écroulés ivres morts. Mais au bout du compte, ils ne voulaient plus me lâcher, et c'était la fin.

Cammie prit une inspiration hésitante. Tout cela paraissait si lointain. Elle n'arrivait pas à entrer en contact avec la fille qui l'avait vécu. Chaque nouveau pas qui la ramenait dans sa vie normale éloignait cette fille de Cammie à la vitesse de l'éclair.

Elle poursuivit.

– Pendant tout ce temps-là, personne ne savait où… où

était votre maman. Elle était déjà malade. Elle avait un empoisonnement du sang, à cause d'une piqûre ou d'une coupure. Ça aurait pu arriver à n'importe laquelle d'entre nous. Mais c'est à elle que c'est arrivé. Enfin voilà, elle était malade, et allongée dans sa cabine. On priait toutes pour qu'elle n'en sorte pas. Mais ce qu'elle était en train de faire, Ian, Ev, c'était d'assembler le fusil du capitaine. Elle savait comment s'y prendre. Même malade comme elle était. Elle avait brisé la serrure d'un coffre en métal avec un marteau, en avait sorti ce fusil, l'avait assemblé et chargé. Et juste au moment où ils allaient m'emmener, elle s'est traînée au-dehors. Avant qu'ils aient eu le temps de réagir, elle a tiré sur le type qui me tenait ; puis elle a tiré sur l'autre… et puis elle a fait un trou dans le bateau. Elle n'a pas raté un coup.

Les visages des garçons étaient indéchiffrables dans le crépuscule.

Puis Ian s'assit, redressant les épaules.

Cammie, enhardie, continua.

– Maintenant, je ne sais pas si je vaux autant que ça. Je ne suis pas en train de vous dire que c'était donnant-donnant. Elle vous aimait plus que tout au monde. Elle n'a jamais voulu vous laisser. Mais elle nous a sauvé la vie à toutes. Elle a été tellement courageuse. Et elle a dit, elle a dit qu'il fallait que je vous dise… qu'on n'a pas eu de chance… mais que… la vie…

– … est belle, dit Evan en se mettant à pleurer, sans sanglots mais sans essayer d'essuyer les larmes sur son visage ni les ruisseaux qui lui coulaient du nez.

– Ev, Ian, ce n'est pas une grande consolation. Je ne peux pas vraiment être votre sœur. Je ferai de mon mieux, et je serai là pour vous. Je vous le promets. Mais elle me manquera toute ma vie. Et à vous aussi. Je voulais juste que vous sachiez que c'était une héroïne. Une vraie héroïne. C'est tout.

Cammie se recroquevilla et laissa échapper les sanglots qu'elle avait retenus, retenus fort en elle comme un nœud. Elle pleura jusqu'à manquer d'air et trembler, écroulée contre la moustiquaire, cherchant son souffle. Tandis que l'obscurité s'épaississait, Evan d'abord puis Ian posèrent maladroitement une main sur chacune de ses épaules. C'est le contraire qui aurait dû se passer, songea Cammie.

Mais cela n'avait aucune importance.

Holly ne lui en aurait pas tenu rigueur.

AOÛT

Deux enveloppes blanches identiques, cartonnées, arrivèrent en même temps, l'une pour Tracy et l'autre adressée à Camille Kyle, aux bons soins de la famille Kyle. Tracy était seule dans la salle à manger, en train de préparer sa liste de fournitures pour le nouveau cours de gym de ses élèves du collège, lorsque sonna le facteur.

– Vous faites plaisir à voir, Tracy, dit-il.

Il apportait le courrier jusqu'à la porte désormais, ce qu'il ne faisait jamais auparavant.

– Merci, Denny, lui répondit-elle comme chaque jour depuis six semaines.

Feuilletant des brochures, le papier cristal aisément identifiable des factures d'assurances, une carte postale de Janis à Puerto Rico pour un colloque dentaire, elle s'interrompit soudain, étonnée de voir l'esquisse d'un bougainvillée en fleur sur ce qu'elle avait pris pour une publicité pour un shampoing ou des photos de famille. Après avoir décollé le rabat, elle laissa tomber le contenu sur la table. Son bon œil s'emplissant de larmes et l'autre piquant sous son pansement, elle examina la photo 18×24 aux couleurs éclatantes. Elle se rappelait maintenant l'instantané pris par un Asiatique à vélo qui sillonnait les quais. C'était juste avant qu'elles n'embarquent pour la première fois sur l'*Opus*.

Elle détourna le regard, mais pas assez vite.

Elle les avait vus. Ils étaient tous là : Holly avec les pouces pointés vers sa forte poitrine et son tee-shirt sur lequel était inscrit en lettres bleu vif « *UNE INFIRMIÈRE, ET TOUT VA MIEUX !* », Tracy pas tout à fait prête, selon son habitude, avec ses lunettes de soleil perchées de travers qui lui donnaient un air pas tant cinglé qu'éméché – l'air d'une vieille fille britannique « en congé », avec ses longues jambes blanches de grande perche dépassant de ce malheureux bermuda écossais. Tracy l'avait fourré, en compagnie de tous ses autres vêtements de croisière récupérables (plus tous ceux que Cammie jugeait « mémé »), dans un sac destiné à une œuvre charitable quelques semaines auparavant. Si mince à présent que rien dans sa penderie ne lui allait, exception faite de sa robe de mariée, elle se sentait tout de même mieux – en dépit des innombrables bleus et tensions qui lui infligeaient quelques subites morsures de douleur – que depuis la première fois où elle avait porté cette robe. Jim et elle faisaient l'amour trois ou quatre fois par semaine ; ils allaient au cinéma ; ils faisaient installer une piscine enterrée. Avec émotion mais fierté, ils recevaient Chris et les garçons autour d'un barbecue. Ils consultaient un thérapeute – le même que Cammie – qui secondait Jim dans son devoir d'écoute de l'horreur traversée par Tracy. Le médecin leur avait suggéré d'instaurer un rituel quotidien d'un quart d'heure ensemble, au cours duquel ils « feraient le point » – pas nécessairement sur leurs problèmes, ou pour se complimenter, seulement pour maintenir l'autre au premier plan de l'existence. Ces moments de communion avaient pour effet de revigorer un mariage qui était déjà bien plus harmonieux que la plupart de ceux qu'ils connaissaient.

Il était plus solide qu'aucun de ceux que connaissait Tracy, à l'exception de celui de Chris et Holly.

Tracy regarda le miel se dissoudre somptueusement tandis qu'elle engloutissait une deuxième tasse de thé. Elle émietta sa tartine grillée et en savoura chaque miette minuscule – ce qu'elle ferait peut-être jusqu'à la fin de ses jours, réalisait Jim. Désormais Tracy restait debout, hypnotisée – jusqu'à ce que Jim l'interrompe – par l'odeur des légumes en train de frire dans l'huile, par le jus d'une orange ou des pastèques coupées en tranches, le beurre fondant sur le maïs. Il lui fallait une demi-heure pour avaler un repas.

Et elle devait faire un effort surhumain pour se retenir de hurler quand Ted laissait couler l'eau en se brossant les dents. Tracy secouait les bouteilles de lait jusqu'à faire tomber la dernière goutte au fond du verre, elle lavait et réutilisait les pots de confiture jusqu'à ce que Jim se mette à les appeler « notre cristallerie ». Toujours soigneuse, elle réorganisait ses tiroirs, caressant ses tee-shirts propres et ses soutiens-gorge. Elle classa tous les albums de photos par ordre chronologique, avec des étiquettes. Elle trembla de peur, honteuse, pendant un quart d'heure avant d'entamer son premier jogging, puis courut près de deux kilomètres, s'effondrant sur l'herbe de Hale Hill, avant de s'arrêter pour faire de la balançoire dans le jardin d'enfants en attendant que sa transpiration sèche, rentra chez elle en marchant lentement, écoutant la musique humaine des voix dans chaque jardin. La vraie musique, même les vieux airs de Broadway, la mettait en larmes. Et elle passa en boucle un CD d'Emmylou Harris jusqu'à ce que Jim menace de rouler dessus avec la voiture. Même s'il s'écoula des semaines avant que Tracy se résolve à prendre le volant, sans parler d'entrer dans un magasin, lorsqu'elle y parvint enfin, ce fut pour savourer de ses doigts les différentes textures des tissus comme une aveugle ou un nouveau-né.

Et elle se réveillait, frissonnante, stupéfaite de se trouver en sécurité dans des draps de coton blanc, secs et propres, tandis que ses rêves – humides et froids, sales et accompagnés d'une odeur de maladie et de sueur – s'évanouissaient en tanguant dans la nuit, montant et descendant sans fin.

Même avec cela, même avec les souvenirs qui remontaient à la surface chaque fois qu'elle passait en voiture devant chez Holly ou qu'elle commençait par erreur à composer son numéro de téléphone, chaque seconde de sa vie était d'une douceur indicible.

Tracy était presque réticente à l'idée de regarder la photo.

Elle finit pourtant par le faire.

Il y avait Lenny, abritant du soleil son crâne chauve à l'aide d'un journal en faisant tout un cinéma, ainsi qu'Olivia, une masse confuse de voile crème et noir et de chair laiteuse, ses immenses lunettes de soleil brillant comme de la glace noire, tournée vers Cammie. Oh, Cammie – souriant d'un air satisfait et lorgnant du côté de Michel, qui arborait la pose d'un hercule torse nu. Les longs cheveux noirs de Cammie bouclaient en s'échappant de sa casquette des Chicago Cubs. Elle portait le haut de bikini aigue-marine qu'on avait été obligé de découper. Sur la photo, il était à nouveau flambant neuf, rien à voir avec la loque répugnante et maculée de sang qu'ils avaient remise à Jim dans un sac d'hôpital, sac qu'il avait jeté à la poubelle une fois dehors, pendant qu'un photographe d'un journal local s'empressait de faire un cliché.

Avant de pouvoir s'en empêcher, Tracy se prit à penser à quel point Cammie était belle quand elle était... elle se rendit compte qu'elle s'apprêtait à penser : « Quand Cammie était jeune. »

Quelle sottise !

Cammie avait dix-neuf ans.

Elle n'avait jamais que dix-neuf ans.

Aucune d'entre elles n'était plus âgée que six semaines auparavant. Pourtant, elles avaient l'impression d'avoir vieilli. Ce que disaient les penseurs était vrai, le temps ne s'écoulait pas à la même vitesse pour tout le monde – il passait à une allure folle et cruelle pour les amoureux ; il s'éternisait pour ceux qui attendaient.

Quelle sorte de temps les avait tenues, en suspension, pendant dix-sept jours et une éternité ?

C'est absurde, songea Tracy. Cammie était un peu plus elle-même chaque jour. Sa fille avait pris cinq kilos. Elle ne levait plus vers sa mère un regard hanté quand cette dernière passait la tête le soir, veillant sur elle presque comme si Cammie était une enfant. Cam était invariablement éveillée, les doigts refermés sur le drap blanc intact, son corps marquant à peine la surface, un nouveau roman policier ouvert et non lu posé sur le léger renflement de son ventre. Elle avait toujours du mal à dormir la nuit. Les gens qui n'étaient pas au courant – en existait-il encore ? – aimaient bien sa coiffe de plumes noires de garçon manqué, même s'ils levaient les yeux au ciel à l'adresse de Tracy et demandaient : « Comment a-t-elle pu couper des cheveux aussi splendides ? » Il y avait là-dessous une histoire que Tracy tâchait d'éviter de raconter, généralement sans succès.

Oui, Cammie était belle – vraiment jolie avec ses grands yeux de lunes imaginaires, sous cette crinière de lutin.

C'était le portrait craché d'Olivia, réalisa soudain Tracy.

Elle pressa son front entre ses paumes.

– C'est quoi, M'man ? murmura Cammie, réveillée par la sonnette, et qui entrait dans la cuisine.

Elle veillait souvent tard le soir, puis dormait une bonne partie de l'après-midi, souvent dans le lit de Tracy du côté ombragé de la maison. Une fois par semaine, en général après sa séance de thérapie, elle expliquait à Tracy que le psychologue l'avait assurée que les visions qui l'empêchaient de dormir disparaîtraient avec le temps. Pour le moment, il était normal qu'elle rembobine le film pour lui trouver diverses issues. C'était ce qui arrivait à la plupart de ceux qui avaient été victimes de crimes ou qui avaient survécu à une catastrophe. C'était, disait Cammie, un processus qui faisait partie de la guérison. Cammie reprendrait les cours au second semestre. D'ici là, tout cela aurait partiellement été relégué au fond de sa mémoire.

Mais il était encore trop tôt. Pour l'instant, la distanciation n'était réelle que lorsqu'elle était éveillée. Pendant son sommeil, elle était là-bas, implorant sous un soleil implacable, à bord de l'*Opus*.

– Oh, tante Holly, roucoula Cammie, suivant du doigt l'ovale du visage bien-aimé. M'man, t'as vu comme elle était belle et jeune…

Cammie sembla regretter sa phrase et demeura absente un moment, comme concentrée sur un son au loin qu'elle essayait d'identifier. Puis son regard se ranima.

– Il faut que tu l'encadres, M'man, dit-elle.

– Je le ferai certainement un jour. Il y en a une pour toi, aussi, dit Tracy.

– Tu crois que c'est Meherio qui les a envoyées ? demanda Cammie en s'asseyant et en se frottant le front du bout de trois de ses doigts fins.

Toujours pas de vernis ou d'ongles longs, remarqua Tracy. Ces derniers étaient coupés droit et limés juste assez pour ne pas accrocher ses vêtements.

– Ça doit être le photographe, je suppose.

– Mais c'est une enveloppe de l'*Opus*, observa Cammie, montrant du doigt l'adresse de l'expéditeur.

Tracy remarqua alors qu'une étiquette comportant un numéro de téléphone écrit à la main était collée sur l'enveloppe de Cammie, mais pas sur la sienne. Elle résista au désir de l'arracher des mains de sa fille.

– J'imagine qu'ils paient le photographe pour faire de même pour tous les bateaux, suggéra Tracy, dont tout le corps était crispé d'impatience.

Cammie ouvrit son enveloppe. Lorsqu'elle décolla le rabat, la grande photo s'échappa, mais aussi une petite enveloppe carrée – avec une marque d'eau pale couleur citron vert. Elle n'était pas cachetée. Cammie en sortit un instantané, une fleur séchée et une simple feuille de papier à lettre pliée.

Michel lui souriait, perdu dans une élégante chemise blanche qui paraissait l'engloutir comme le peignoir d'un boxeur professionnel. Ses doigts étaient recourbés, semblant jouer sur les accoudoirs rembourrés d'un fauteuil roulant – et ses pieds, dans des chaussures soigneusement lacées, pendaient avec une négligence révélatrice des énormes revers d'un pantalon kaki. Le côté d'une chaussure pendait lui aussi du repose-pieds.

– Il est… vivant, souffla Cammie, comme pour elle seule.

Elle leva la main pour la refermer sur la minuscule croix et le collier de coquillages qu'elle n'avait jamais retirés.

Tracy vint rejoindre Cammie de l'autre côté de la table.

– Il est si maigre, et regarde, il est sérieusement blessé, dit-elle. Tu crois que… ?

– Je n'en sais rien, dit Tracy.

– Je devrais aller le voir, dit Cammie.

– Non, dit Tracy, avant d'ajouter : franchement, je ne sais pas. Tu as envie ?

– Lui voudrait que je vienne, dit Cammie.

– Mais t'envoyer cette photo, sans un mot, qu'est-ce qu'il essaie de te dire ?

– Il y a un mot, dit Cammie.

Elle toucha la fleur du bout du doigt – une bougainvillée, la fleur qu'il avait posée derrière son oreille ce jour-là à Saint John. Elle s'effrita, comme l'aurait fait une aile de papillon ôtée de son épingle. Tracy s'assit avec impatience.

– C'est pour moi, fit remarquer gentiment Cammie, et elle emporta la feuille et les photos dans sa chambre.

« *Très chère Cammie*, lut-elle.

Meherio et ma mère sont des infirmières acharnées, et il n'est plus prévu que je meure, comme le jour où j'ai failli précipiter dans sa tombe un vieux pêcheur basque. Il me croyait mort quand il m'a trouvé. Le rocher sur lequel je me suis écrasé avec l'annexe l'a éventrée. Je n'ai rien senti, mais je ne grimperai plus jamais en haut du mât. J'ai de la chance de n'avoir pas eu d'autres blessures que celles de mes jambes. Le docteur dit que je pourrai quand même être père un jour, même si je ne vois pas quelle femme voudrait d'un pareil fantôme. Peut-être que tous ceux de l'Opus sont des fantômes, Meherio, Sharon, Regin, Lenny et moi. Meherio et son frère travaillent dur pour réparer le bateau, et bientôt on y célèbrera des fêtes et des mariages. Elle me dit que je suis associé, bien sûr, mais il se pourrait bien que c'en soit fini de mes jours en mer. Je t'écris pour te dire à quel point je suis désolé, au-delà de ce que je peux exprimer avec des mots, et à quel point je suis heureux que vous ayez survécu. Un jour, tout ceci ne sera plus qu'un mauvais rêve. Meherio vous adresse son meilleur souvenir et je demeure,

Ton ami,

Michel Eugène-Martin »

Cammie retourna la feuille et examina le verso dans l'espoir d'y trouver autre chose. Il n'y avait rien, à part le numéro de téléphone écrit à la main sur la grande enveloppe. Était-ce le sien ? Celui d'un bureau ? Souhaitait-il qu'elle l'appelle ? « Ton ami… »

Il ne souhaitait pas qu'elle appelle ni qu'elle vienne. Il avait honte. Personne n'aurait pu se sentir plus honteux d'une telle impuissance. Oh, Michel, pensa-t-elle. Elle laissa la cascade d'images qu'elle avait en mémoire se déverser : Michel grimpant dans les cordages, sa grâce insouciante et athlétique, son dos encordé doté du genre de musculature qui ne s'acquiert pas en salle de gym. La photo retournée sur ses genoux, elle se remémora son large sourire effronté le soir où elle était sortie de l'eau en pataugeant. Elle se revit, incroyablement naïve et en même temps, oui, ravissante, une Vénus pleine d'espoir sortant de l'écume. Où était passé ce Michel-là ? Il avait parlé des fantômes de l'*Opus*. En était-elle un, elle aussi ?

Cammie examina à nouveau la photo et vit des choses dont elle ne se souvenait pas. Il y avait un tatouage bleu et rouge menaçant représentant quelque chose, un dragon peut-être, sur l'avant-bras nu de Michel – des avant-bras si fins à présent, ceux d'un adolescent. Un tatouage ! Cammie ne connaissait aucun garçon qui ait un tatouage, à part ceux qui avaient fait l'armée. Elle ne… sortait pas avec des garçons tatoués.

Comme Michel l'avait dit, il faisait bien partie d'une espèce différente.

Elle ne pouvait pas nier le mélange de sentiments qui l'agitaient, pitié et soulagement, regret et douceur. Et culpabilité.

Une immense culpabilité. De manière totalement fortuite, en échange d'un jeu, un simple jeu de passion entre un garçon et une fille, Michel avait payé le prix fort. Elle aussi avait payé, même si sa dette ne durerait pas éternellement – oh, ce n'était pas possible ! Michel ! Cammie avait envie de flanquer son poing dans sa paume devant les innombrables injustices qui avaient frappé l'*Opus*. Elle était tout juste assez jeune pour imaginer que continuer à vivre, en ayant perdu la vue, l'ouïe, ou une jambe, ne pouvait être qu'une simple survie, un piège malheureux qu'on endurait pour les autres. Était-il seulement content d'avoir survécu, après avoir vécu si intensément de tout son corps ? Son corps. Elle déglutit péniblement, une boule dans la gorge. C'était fini. Ce qu'il avait été n'était plus. Elle pensa à Olivia, à la dépendance de Franco, qui lui inspirait une telle répulsion. Était-elle aussi lâche, elle, Cammie ? À ce point reptile qu'elle pouvait absorber la chaleur mais qu'elle serait incapable d'en prodiguer en retour ?

Non. Mais elle ne pouvait pas mentir.

Elle se rappelait s'être sentie minuscule, engloutie dans les bras de Michel. Il était mince et en même temps si fort, la serrant contre lui d'une manière à la fois exigeante et protectrice. Elle s'était sentie aussi flexible que la jeune pousse. Cela avait été le seul moment de désir dénué de toute ambiguïté – sentiment de posséder et d'être possédée – que Cammie ait jamais connu. Le moment où elle aurait pu, au bord d'une piscine sans fond, sauter dedans pour s'y laisser subsumer. Ce souvenir était désormais aussi plat que la photo. Elle ne savait pas qui était vraiment Michel. Et elle n'était pas à la hauteur. Elle devait se sortir de là, prudemment, comme elle détacherait une boucle d'oreille prise dans une maille d'un pull-over de prix.

Elle aussi avait honte.

Mais aucun d'eux ne devait d'excuses à l'autre.

Un jour, Cammie espérait qu'une femme de l'île, une amie, une ancienne maîtresse, lui donnerait des enfants, l'aiderait, le chérirait, dirait des mots tendres à cet homme tendre qui méritait au moins cela. À cette idée, elle sentit une aiguille chauffée à blanc la transpercer. Mais elle se força à l'évacuer de son esprit. Voudrait-il seulement la revoir ? Ou qu'elle le voie ? Certainement pas. Un instant grisant partagé par deux jeunes animaux vigoureux. Voilà tout ce que cela aurait dû être. Bien sûr, c'était ce qui avait suivi, cette impitoyable accumulation de malchance, de désespoir et de drame, qui lui avait donné du poids, en avait tracé le contour, avait donné du relief à chaque mot et en partie façonné l'histoire à laquelle Cammie s'agrippait des deux mains, durant ces jours de fournaise sur le bateau et même plus tard, dans sa chambre, dans ses rêves agréables et coupés du monde. Mais dès l'instant où Cammie vit la photo de Michel, la substance de l'histoire commença à se dissoudre : toute pression achèverait de la réduire en poussière.

Était-elle tout simplement en train de rationaliser sa peur ?

Si c'était le cas, on n'était pas loin de la vérité.

Elle s'autorisa à goûter une dernière fois ce qu'avait été leur histoire ; et ce mélange avait le goût de l'eau de mer, ou des larmes.

Doucement, elle glissa la photo et la lettre de Michel dans leur petite enveloppe, avant de les remettre dans la grande pochette cartonnée, avec la grande photo. Elle se rendit dans la pièce où se trouvait l'ordinateur familial et déposa le tout au plus profond de la vaste corbeille à papiers de son père, le recouvrant pour que Jim n'aille pas le remarquer. Puis elle retourna dans sa chambre, ferma la porte et s'allongea sur son lit. Elle s'endormit aussitôt.

Le lendemain matin, Tracy fut tirée du sommeil par le bruit des camions-poubelle.

Ça lui arrivait tout le temps.

Le jour de ramassage des poubelles était passé du lundi au vendredi ; et cela la perturbait. Ted, qui avait une petite amie, s'était mis à rentrer tard. La moitié du temps, il sortait la grande poubelle mais oubliait de ramasser les sacs dans les corbeilles de la maison. Tout en criant d'attendre par la porte de derrière, Tracy courut récupérer les sacs en plastique dans les salles de bains, le bureau, sa chambre, celle de Ted, les nouant en chemin. Elle omit la chambre de Cammie, sachant que Cammie dormirait jusqu'à midi, pour se recoucher et faire la sieste plus tard. Tracy piqua un sprint jusqu'au trottoir et tendit les sacs aux jeunes gens en équilibre sur le rebord du camion, qui venaient juste de vider la grande poubelle dans la benne.

Elle aperçut alors Cammie qui sortait de la maison en courant, vêtue d'un simple caleçon et d'un tee-shirt raccourci et qui criait :

– Non ! Ils ont pris les ordures ?

– Oui, dit Tracy, sauf quelques sacs…

Elle venait de leur remettre le petit ballot de sachets plastique.

– Posez ça ! hurla Cammie pour couvrir le grondement du camion. Je suis désolée ! S'il vous plaît, posez ces sacs ! Rendez-les-moi !

Haussant les épaules de manière expressive, les hommes laissèrent choir les sacs sur la pelouse.

Tombant à genoux, Cammie éventra les sacs. Des rasoirs jetables, des mouchoirs en papier froissés et des emballages de savonnettes se répandirent sur l'herbe de l'allée. Dans un violent crissement de freins, le camion s'arrêta devant la maison voisine. Tracy jeta un coup d'œil autour d'elle. Il était sept heures du matin et il n'y avait aucun voisin en vue. Elle alla chercher rapidement un sac à déchets végétaux et entreprit de ramasser les ordures au fur et à mesure que Cammie jetait un sac de côté avant de s'attaquer au suivant. Encore du papier roulé en boule, des emballages de barres Granola, des plans.

Enfin, Cammie repéra la bordure avec la fleur de bougainvillée et s'en empara. L'étiquette écrite à la main dans le coin de laquelle était inscrit le numéro de téléphone n'était pas salie, il était toujours lisible. Assise au milieu d'un tas de serviettes en papier et de trognons de pommes, elle porta la grande enveloppe d'abord à sa poitrine puis, fermant les yeux, à sa joue. Sans bruit, Tracy ramassait les ordures avant qu'elles ne s'envolent. Le vent se levait, et retournait les feuilles. Ajouté à une certaine odeur métallique qui se répandait dans l'air, il annonçait la pluie. Elle ne voulait pas que l'allée finisse couverte de mouchoirs en papier détrempés.

Comme si elle s'éveillait, Cammie dirigea son regard vers les branches du châtaignier que son père avait planté à sa naissance. Son corps lui disait que cela faisait des mois et des mois – une saison, une année – qu'elle n'était sortie de si bon matin. Son corps lui disait qu'il aurait dû faire froid à présent, un temps d'école. Mais ce n'était pas le cas : l'air était chaud, lourd et humide ; et l'herbe, fraîchement tondue. L'arbre faisait comme une ombrelle dense et brillante, à peine parsemée çà et là de taches jaunes, une poignée de cosses et de feuilles brunes craquantes à son pied. On n'était pourtant qu'en août. C'était encore l'été.

Tremblante, Cammie ouvrit la pochette de carton blanc : elle avait beau avoir secoué les sacs de toutes ses forces, elle ne l'avait pas égarée, cette petite enveloppe vert pâle nichée tout au fond.

Réalisation : Nord Compo

Cet ouvrage
a été achevé d'imprimer
sur Roto-Page
par l'Imprimerie Floch
à Mayenne en avril 2009

N° d'édition : 01 – N° d'impression : 73493
Dépôt légal : avril 2009

Imprimé en France